독자의 1초를
아껴주는 정성을
만나보세요!

세상이 아무리 바쁘게 돌아가더라도 책까지 아무렇게나 빨리 만들 수는 없습니다.

인스턴트 식품 같은 책보다 오래 익힌 술이나 장맛이 밴 책을 만들고 싶습니다.

땀 흘리며 일하는 당신을 위해 한 권 한 권 마음을 다해 만들겠습니다.

마지막 페이지에서 만날 새로운 당신을 위해 더 나은 길을 준비하겠습니다.

즐거운
프로그래밍
경   험

모두의
SQL

누구나 쉽게 배우는 데이터 분석 기초

김도연 지음

길벗

모두의 SQL

SQL for everyone

초판 발행 · 2018년 9월 21일
초판 11쇄 발행 · 2023년 8월 30일

지은이 · 김도연
발행인 · 이종원
발행처 · (주)도서출판 길벗
출판사 등록일 · 1990년 12월 24일
주소 · 서울시 마포구 월드컵로 10길 56(서교동)
대표전화 · 02)332-0931 | **팩스** · 02)323-0586
홈페이지 · www.gilbut.co.kr | **이메일** · gilbut@gilbut.co.kr

기획 및 책임편집 · 안윤경(yk78@gilbut.co.kr) | **디자인** · 배진웅 | **제작** · 이준호, 손일순, 이진혁
영업마케팅 · 임태호, 전선하, 지운집, 박성용, 차명환 | **영업관리** · 김명자 | **독자지원** · 송혜란, 윤정아

교정교열 · 김희정 | **전산편집** · 박진희 | **출력 및 인쇄** · 예림인쇄 | **제본** · 예림바인딩

ISBN 979-11-6050-577-1 93000
(길벗 도서번호 006977)

정가 18,000원

독자의 1초를 아껴주는 정성 길벗출판사

길벗 | 길벗 IT실용서, IT/일반 수험서, IT전문서, 경제실용서, 취미실용서, 건강실용서, 자녀교육서
더퀘스트 | 인문교양서, 비즈니스서
길벗이지톡 | 어학단행본, 어학수험서
길벗스쿨 | 국어학습서, 수학학습서, 유아학습서, 어학학습서, 어린이교양서, 교과서

페이스북 · www.facebook.com/gbitbook

지금까지 SQL을 설명한 책을 꽤 많이 봤지만 이런 책은 본 적이 없습니다. 《모두의 SQL》은 초급자에게 SQL을 어떻게 활용할 수 있는지 알려 주는 책으로, 데이터 관점에서 SQL을 다룬 저자의 다양한 경험이 고스란히 녹아 있습니다. 불친절한 내용들로 도배되어 있는 다른 책들과 달리 족집게 과외처럼 필요한 부분만 콕 집어서 설명하므로 실무자에게도 도움이 많이 될 것입니다. 특히 저처럼 SQL를 활용하고 싶었지만 어디서부터 어떻게 배워야 할지 몰라 막막했던 학생과 실무자에게 적극 추천합니다.

김일환_11번가 영업 기획팀 매니저

그동안 저자는 '비전공자를 위한 SQL 기초 강의'를 계속 진행하면서 저 같은 비전공자를 위한 SQL 학습 방법을 고민해 왔습니다. 《모두의 SQL》은 단순히 이론에 치우친 SQL 학습서가 아닌 현업에서 다양한 경로로 시시각각 쌓이는 방대한 데이터베이스에서 전략적인 인사이트를 어떻게 발견할 수 있는지 알려 주면서 기초를 다져 주는 책입니다. 빅데이터 시대와 4차 산업혁명 시대에 막막함을 느끼는 대한민국의 수많은 마케터에게 이 책을 추천합니다. 자신만의 새로운 경쟁력을 발견할 수 있을 것입니다.

조혜리_CJ푸드빌 마케터, CRM 컨설턴트

온라인을 넘어 오프라인 비즈니스에 이르기까지 데이터 분석 영역은 성공적인 비즈니스의 핵으로 자리잡은 지 오래 입니다. 이 과정에서 데이터베이스 엔지니어의 전유물로만 여겨졌던 데이터베이스 조작 언어인 SQL은 데이터 분석을 위한 기본으로 인식되기 시작했고, IT 영역을 넘어 기획/마케팅 영역에 이르기까지 활용 범위가 빠르게 확대되고 있습니다. 최근 모 소셜커머스의 마케터 채용 공고에 SQL 활용 여부가 필수 요건으로 기재된 것을 보았습니다. 더 이상 감에 의존한 마케팅이 아닌 데이터를 통해 트렌드를 읽고 인사이트를 도출해야 하는 시기가 도래했다는 방증입니다. 이러한 변화의 선상에서 SQL을 통해 경쟁 우위를 갖고자 하는 현업 마케터와 기획자에게 《모두의 SQL》은 그 길을 열 수 있도록 돕는 확실한 열쇠가 될 것입니다.

최준호_하나투어 서비스 기획 팀장, 《처음부터 다시 배우는 웹 기획》 저자

고객 CRM 데이터를 기반으로 캠페인을 기획하는 마케터로, 비개발자이자 비전공자이지만 누구보다 SQL이 필요한 사람입니다. 그동안은 개발자에게 도움을 받아 고객 데이터를 받아 보았습니다. 《모두의 SQL》을 보기 전까지는 SQL 쿼리를 직접 작성해 본 적이 없었는데도 이 책은 개념이나 내용이 쉽게 설명되어 있어 이해하기 쉬웠습니다. 특히 실무에서 사용할 수 있는 예제가 많아 더욱 유용했습니다. 기본 개념과 쿼리를 익히는 데는 닷새가 걸렸고 12장을 익히는 데는 이틀이 걸렸습니다. 이 책 덕분에 원천 데이터(raw data)에 접근할 수 있는 권한을 얻게 되었으며, 이미 작성된 SQL을 수정할 수 있게 되었고, 간단한 데이터는 직접 쿼리를 작성해서 볼 수 있게 되었습니다. 실무에서 자유자재로 사용하려면 시간이 더 필요하겠지만 이 책 덕분에 SQL에 첫발을 내딛을 수 있었습니다.

실습 환경_윈도 10(64비트) | 김세련_피플펀드컴퍼니 마케터

기존에 나온 SQL 책들이 전공자를 대상으로 해서인지 늘 시작하다 어려워서 내려놓곤 했습니다. 반면 《모두의 SQL》은 데이터를 가공하는 초급자(IT 비전공자)에게 딱 맞는 책이라 정말 열심히 공부할 수 있었습니다. 그동안 회사에서는 정해 놓은 것만 사용하고 이미 가공된 자료를 만들어 놓은 쿼리로 추출한 후 엑셀로 가공했는데, 이 책을 보면서 SQL로 처음부터 세심하게 가공할 수 있다는 걸 알았습니다. 특히 12장 예제는 제가 사용했던 쿼리와 비교해 볼 수 있어 유용했습니다. 요즘은 소셜커머스에서 MD나 비전공자/비전문가도 SQL을 많이 쓰는 추세입니다. 데이터를 다양한 각도에서 보기 위해서인데, 그러한 측면에서 볼 때 이 책은 정말 훌륭한 SQL 지침서가 될 것입니다.

실습 환경_윈도 10(64비트) | 권보경_NHNentertainment EC사업팀

데이터를 분석하려면 SQL을 피해갈 수 없습니다. SQL을 알면 데이터를 불러오고 가공하는 속도도 빨라지고 성능도 확연하게 좋아지기 때문입니다. SQL의 필요성을 절감하면서도 바쁘다는 핑계를 대며 시작하지 못했는데, 베타테스트를 신청한 덕분에 퇴근 후 틈틈이 SQL을 실습해 볼 수 있었습니다. 《모두의 SQL》에는 이해하기 쉬우면서도 실무에 활용할 만한 문법이 알차게 담겨 있습니다. 또한 책에 실린 코드 역시 빠짐없이 잘 실행됩니다. 데이터베이스를 다루는 일을 하고 있어서인지 실무 활용 팁이 무척 마음에 들었습니다. 데이터베이스를 다룰 일이 있지만 SQL 학습을 시작하기가 두렵거나 망설여지는 분이라도 이 책만 있다면 SQL에 쉽게 입문할 수 있을 것입니다.

실습 환경_윈도 10(64비트) | 임은경_데이터 컨설턴트

머리말

지금까지 SQL 문법을 설명하는 책은 많았지만 어떻게 활용하고 응용하는지를 설명한 책은 찾아보기 어려웠습니다. 이 책을 선택한 독자는 SQL이 무엇이고 어떻게 활용하는지 알고 싶은 분일 것입니다. 이 책의 목적은 명확합니다. '방대한 SQL 영역을 책 한 권으로 모두 전달할 수는 없다. 그러므로 초급자나 실무자가 실무 환경에서 가장 잘 활용할 수 있는 우선순위가 높은 내용을 위주로 전달하자!'입니다. 그래서 필자의 경험을 바탕으로 추린 기본으로 알아야 하는 내용과 중요한 내용을 책에 담았습니다. 또 SQL을 활용하는 데 있어 초급자나 실무자가 가장 궁금해 할만 한 것이 무엇일지, 어떻게 해야 쉽게 이해할지 고민하며 책을 엮었습니다. 이 책이 독자들에게 SQL을 학습하고 SQL을 활용하는 데 길잡이가 되어 준다면 목적을 달성한 거라 여깁니다.

많은 기업이 데이터베이스와 데이터를 활용하려고 노력합니다. 하지만 그것이 결코 쉽지 않다는 사실을 발견합니다. 데이터는 요술 방망이가 아닙니다. 원하는 결과를 내기 위해 노력을 들여 가공해야 하는 원석일 뿐입니다. 원석을 가공하는 과정의 어려움 때문에 활용 가치를 포기하고 과거로 회귀하는 안타까운 선택을 하는 기업도 있습니다. 시대 흐름을 역행하는 선택을 할 때는 매우 심각하고 신중해야 하며 누군가는 책임을 져야 합니다. 반대로 어려움을 극복하고 기존의 무지에서 벗어나 의미 있는 결과를 찾아낸다면 기업은 한 단계 올라설 것입니다. SQL은 데이터를 가공(조작과 분석)하기 위한 필수 도구 중 하나입니다. 장인의 손끝에서 매우 훌륭한 작품이 나올 수도 있지만 그렇지 못할 수도 있습니다. 이 책을 통해 도구의 가치와 사용법에 대한 감을 잡아 의도하는 성과를 달성하길 기대합니다.

본업과 집필을 병행하는 작업은 그리 만만하지 않았습니다. 제게 기회를 주고 한 해 동안 믿고 기다려 준 길벗출판사 안윤경 차장님과 관계자에게 감사드립니다. 또 집필부터 출판까지 조언과 응원을 아끼지 않은 가족, 친구, 동료들에게 감사의 마음을 전합니다.

여름, 아름다운 바다가 보이는 제주에서

김도연

 SQL이 뭐예요?

 SQL은 데이터베이스와 데이터를 활용하기 위해 사용하는 데이터베이스 표준 언어입니다. 데이터 간의 관계를 이용하는 대표적인 언어로 단순 검색뿐만 아니라 데이터를 정의하고 조작할 수 있습니다. SQL은 영어 문법과 유사한 직관적인 문법 체계를 갖추고 있어 익히기 쉽습니다.

 SQL로 무엇을 할 수 있나요?

 SQL은 데이터베이스 운영과 데이터 조작을 위한 애플리케이션 프로그래밍의 필수 요소입니다. 데이터베이스에서 직접 데이터를 분석할 수 있고 복잡한 데이터 분석을 위해 데이터를 손쉽게 가공할 수 있습니다. 처음은 데이터베이스 구축과 조작 언어로 시작했지만 문법이 간결하고 사용이 편리해 데이터 분석과 관련된 분야에서도 많이 사용되고 있습니다.

 누가 SQL을 사용하나요?

 과거에는 데이터베이스와 프로그래밍과 관련된 언어로 여겨 IT엔지니어들이 주로 사용했습니다. 하지만 최근에는 데이터 활용의 중요성이 강조되면서 데이터베이스와 데이터를 다루고 분석하려는 실무자, 학생, 연구자 등 데이터와 관련된 업무를 하는 많은 사람이 사용하고 있습니다.

이 책은 크게 세 부분으로 구성하였습니다. 초보자와 비전공자가 데이터를 분석할 때 필요한 SQL에 초점을 맞춰 구성하려고 노력했습니다. 마지막 실무 프로젝트에서는 실제 데이터를 바탕으로 매출을 분석해 볼 수 있습니다.

준비하기
(1~2장)

데이터베이스와 SQL이 무엇이고 어떻게 학습해야 할지 알아봅니다. SQL을 익히는 데 필요한 Oracle Database Express와 Oracle SQL Developer의 설치 방법과 사용 방법을 알아봅니다.

SQL 기초 익히기
(3~7장)

데이터를 출력하기 위한 명령어인 SELECT 문의 기초 문법, 함수, ERD, 조인, 서브쿼리에 대해 알아봅니다. 데이터를 조작하고 분석하는 SQL 명령어 중 가장 기초적이고 많이 사용하는 핵심 요소 위주로 설명하며 실무 활용 팁을 함께 소개합니다.

SQL 레벨업 +
실무 프로젝트
(8~12장)

데이터베이스의 데이터를 직접 조작할 수 있는 DML과 DDL 및 필수 지식에 대해 알아봅니다. 12장에서는 이 책에서 배운 SQL 문법을 활용해 실제 업무 환경과 유사한 환경에서 실무 분석 프로젝트를 진행합니다. 프로젝트를 통해 SQL을 어떻게 활용할 수 있는지 감을 잡을 수 있습니다.

효과적인
SQL
학습 방법

SQL과 관련된 각종 이론과 기술을 모두 익히려 하면 내용도 어렵고 분량이 많아 시작하기 전에 지칠 수 있습니다. 우리는 실무에서 사용할 수 있는 데이터 조작과 분석을 위한 필수 SQL 지식만으로도 충분합니다. 그래서 필자는 독자들에게 T자 학습법을 제안합니다.

T자 학습법은 가장 중요한 것을 순서대로 익히고, 이후에 확장 지식을 더 깊게 익혀 나가는 방식입니다. 그 모양이 알파벳 T자와 비슷해서 T자 학습법이라고 정했습니다. 다음 그림처럼 SQL을 이용한 데이터 조작과 분석을 위해 필수라 여기는 요소를 익히고, 어느 정도 수준이 되었을 때 확장 지식을 익혀 나가는 방식입니다. 이 책은 T자 학습법에 따라 SQL의 핵심 지식 위주로 구성하였습니다.

이 책을 실습하는 데 사용하는 Oracle Database Express와 Oracle SQL Developer는 2장에서 안내하는 대로 내려받아 설치합니다. 책 전체의 SQL 쿼리와 12장 실습에 필요한 매출 분석 데이터를 제공합니다.

예제소스
내려받기&
활용법

① 길벗출판사 홈페이지(www.gilbut.co.kr)에 접속합니다.

② 도서명으로 검색하여 **자료실 → 실습예제**에서 예제 파일을 내려받습니다.

③ 2장을 참고해서 Oracle Database Express와 Oracle SQL Developer를 준비합니다. 이때 반드시 Oracle Database Express 11g를 설치해야 합니다(책에서 사용하는 Oracle Database Express Edition (XE) Release 11g와 Oracle SQL Developer 설치 파일은 길벗 출판사 홈페이지나 데이터 셰프의 레시피(www.datachef.co.kr)에 서도 내려받을 수 있습니다).

④ sqldeveloper.exe 파일을 더블클릭하면 오라클이 실행됩니다.

⑤ 각 SQL 쿼리는 직접 입력하거나 예제 파일의 '모두의SQL쿼리.txt'에서 복사해 사용합니다.

⑥ 12장의 '실무 프로젝트'는 12장의 앞부분을 참고해 준비합니다.

목차

1장

관계형
데이터베이스와 SQL

기업에서 가장 많이 쓰는 데이터베이스인 관계형 데이터
베이스에 대해 살펴봅니다. SQL이 무엇이고 다른 데이터
베이스의 종류에는 어떤 것이 있는지 알아봅니다. SQL
을 배우면 좋은 점과 관계형 데이터베이스의 구성 요소에
대해 살펴봅니다.

01 이제는 데이터의 시대

SQL FOR EVERYONE

현대의 데이터 처리 기술은 스마트폰과 같이 일상생활에 밀접한 앱 애플리케이션을 비롯하여 비즈니스, 국방, 의료 등 매우 다양한 분야에서 활발하게 활용되고 있습니다. 아울러 우리가 무의식적으로 접하는 모든 것이 데이터와 밀접하게 관련되어 있습니다. 혹자는 데이터를 '21세기의 원유'라고도 표현하는데 데이터가 지닌 잠재 가치가 그만큼 크다는 의미입니다.

그림 1-1 변화하는 데이터 환경

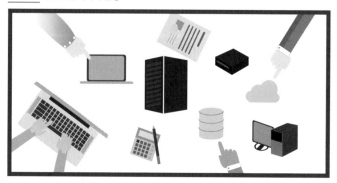

과거에는 데이터가 일부 전문가들이 다루는 영역이었고 일반인에게는 생소한 개념이었습니다. 하지만 지금은 대용량 데이터 처리 기술과 인터넷이 발전하고 페이스북과 같은 소셜 미디어가 활성화되면서 빅데이터(big data)[1] 시대로 접어들었습니다. 이제는 IT전문가뿐만 아니라 영업 관리자, 마케터, 서비스 기획자 같은 비전공 실무자도 데이터 분석에 관심을 갖게 되었습니다.

---

1 디지털 환경에서 생성되는 데이터로 규모가 방대하고 생성 주기도 짧은 문자와 영상 데이터를 포함하는 데이터 개념입니다.

비전공 실무자가 데이터 시대를 맞이하는 방법

여러분이 현재 영업팀에 근무하고 있다고 가정하겠습니다. 여러분은 다양한 매출 데이터와 상품 데이터를 분석한 후 리포트를 만들어 상사에게 제출해야 합니다. 데이터를 분석하려면 먼저 데이터가 있어야 합니다. 가지고 있는 데이터가 없으면 데이터를 ① 관련 부서(IT팀 등)에 요청하거나 ② 직접 데이터베이스를 조작하여 수집해야 합니다.

데이터 수집 방법 ① : 관련 부서에 요청한다

먼저 관련 부서나 담당자에게 데이터를 요청하는 방법입니다. 담당자는 여러분에게 가공한 데이터를 제공하는데, 보통은 엑셀 파일이나 텍스트 형태로 가공된 자료를 제공합니다.

그림 1-2 방법 ① – 관련 부서에 요청하기

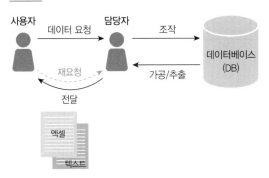

관련 부서인 IT팀에서 받은 엑셀 파일을 살펴봤더니 매출 데이터가 일별로 가공되어 있습니다. 여러분에게 필요한 데이터는 영업점별로 정리된 월별 데이터입니다. 데이터가 원하는 형태가 아니므로 IT팀에 재가공을 요청하거나 여러분이 직접 수정해야 합니다. 영업점이 수천 개가 넘기 때문에 직접 수정하려면 수십 시간이 걸릴 수 있습니다.

수십 시간 동안 데이터를 가공할 수는 없으므로 IT팀에 데이터 재가공을 요청합니다. 하지만 이번에는 관점이 다른 데이터가 도착합니다. 여러분이 전달한 주제는 '마케팅(marketing)'이었고 실제로 원한 것도 '마케팅 분석(marketing)' 데이터였습니다. 하지만 재가공된 데이터는 '시장 분석(market)' 데이터입니다. 여러분은 또 다시 IT팀에 데이터를 요청해야 합니다. 무언가를 요청하여 제공받는다는 것은 커뮤니케이션에 따라 실수와 누락이 있을 수 있기 때문에 데이터를 직접 다루는 것에 비해 문제가 생길 가능성이 높습니다(실제로 이런 일은 꽤 자주 발생합니다).

그림 1-3 나와 담당자 간 생각의 괴리

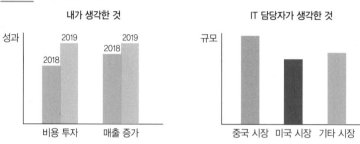

여러분이 알 수 있는 것과 알고 싶은 것이 다른 경우도 있습니다. 가령 여러분이 마케팅팀에 근무 중인데 좀 더 나은 캠페인을 계획하고 싶어서 매번 알던 정보 외에 '개별 고객 중 누가 반응했으며, 상품을 어디서 얼마나 구입했는지' 등 좀 더 많은 정보를 얻고 싶을 수 있습니다. 하지만 대부분은 정해진 보고서 폼 외의 정보를 어디서 어떻게 알아내야 하는지 알기 어렵습니다.

그림 1-4 알 수 있는 것과 알고 싶은 것

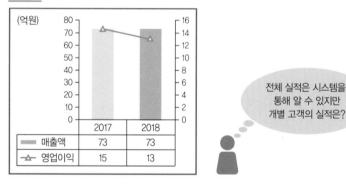

이처럼 일반적인 환경에서 데이터를 수집하고 가공하는 데는 제약이 너무 많습니다. 하지만 여러분이 직접 데이터베이스에 접근할 수 있고 데이터를 다룰 수 있다면 이야기는 달라집니다. 즉, 앞에서 이야기한 ②처럼 '데이터베이스를 직접 조작'할 수 있다면 어떤 일이 생길까요?

데이터 수집 방법 ② : 직접 데이터베이스를 조작한다

다음은 데이터베이스에서 직접 데이터를 수집하는 방법입니다. 이 방법을 이용하면 데이터베이스를 마음대로 조작하여 결과물을 추출할 수 있습니다.

그림 1-5 방법 ② – 직접 데이터베이스 조작하기

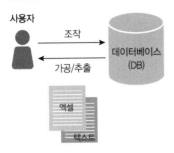

여러분이 SQL 문을 알고 있다면 단 몇 줄의 SQL 쿼리문을 사용하여 원하는 데이터를 몇 분만에 추출할 수 있습니다. 최소한의 시간으로 데이터를 정리할 수 있다 보니 정리된 데이터를 바탕으로 분석하고 고민하는 데 더 많은 시간을 쓸 수 있습니다. 생각만 해도 멋지지 않나요? 이것이 바로 비전공자나 현업 실무자가 데이터베이스를 다룰 수 있을 때 얻을 수 있는 장점입니다.

2 데이터 분석 과정

지금까지 살펴본 일련의 과정을 보면 데이터 분석 과정을 유추할 수 있습니다. 일반적으로 데이터 분석 과정은 다음과 같습니다.

그림 1-6 데이터 분석 과정

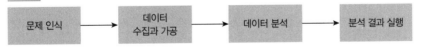

전체 과정에서 데이터 수집과 가공에는 많은 시간과 노력이 필요합니다. 데이터를 분석하기 위해 데이터를 수집하여 가공하고 처리하는 과정을 전처리(pre-processing)라고 하는데, 어떤 사람은 데이터 전처리 과정이 데이터 분석 과정의 70~80%를 차지한다고 이야기할 정도입니다.

이 과정을 일일이 수작업으로 한다면 매우 긴 시간이 필요합니다. 하지만 SQL을 익혀 두면 다음처럼 2단계와 3단계의 일부를 손쉽게 진행할 수 있습니다.

그림 1-7 데이터 분석 과정

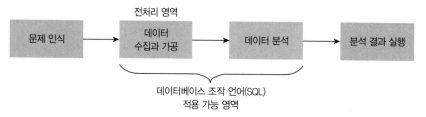

그렇다면 SQL은 어느 정도까지 익혀야 하는 걸까요? 필자의 경험에 따르면 기업에서는 현업 실무자가 SQL을 사용해 기술 통계(기초 산술, 평균, 분산, 표준편차 등)까지만 자유롭게 처리할 수 있다면 (경우에 따라 다르겠지만) '충분'합니다. 그러므로 기술 통계 영역을 벗어난 높은 수준의 통계적 분석 영역은 SQL을 통한 데이터 처리가 가능해진 후 그다음 단계로 생각하고 학습하는 것이 좋습니다.

3 정형 데이터와 비정형 데이터

데이터베이스에 대해 본격적으로 이야기하기 전에 데이터의 형태에 대해 살펴보겠습니다. 데이터는 크게 정형 데이터(structured data)와 비정형 데이터(unstructured data)로 나눌 수 있습니다.

그림 1-8 정형 데이터와 비정형 데이터

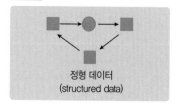

정형 데이터
(structured data)

- 틀이 잡혀 있는 데이터, 체계화된 데이터
- 높은 안정성, 유연하지 못한 구조
- 금융, 제조 등 대부분 기업의 업무용 데이터베이스

비정형 데이터
(unstructured data)

- 틀이 잡혀 있지 않고 사전 정의가 없는 데이터
- 다양하고 방대한 양의 데이터, 별도의 분석 처리 기술이 필요
- 텍스트, 이미지, 음원 데이터, 빅데이터

정형(구조화, structured) 데이터는 구조와 관리 체계에 규칙이 정해져 있는 데이터를 말합니다. 책에서 다루는 오라클 데이터베이스는 이러한 정형 데이터를 다루는 관계형 데이터베이스 시스템(RDBMS)에 속합니다. 이어서 배우겠지만 기업에서는 안정성 때문에 관계형 데이터베이스를 많이 사용합니다. SQL은 정형 데이터로 만들어진 관계형 데이터베이스를 조작하는 언어입니다.

비정형 데이터는 정형 데이터에 상반되는 개념입니다. 비정형 데이터는 최근 빅데이터가 주목을 받기 시작하면서 부각된 데이터 형태인데, 정형 데이터 외의 모든 데이터가 비정형 데이터입니다. 이를테면 이메일 내용과 소셜미디어 포스트, 각종 텍스트 문서, 음원과 이미지, 스마트폰에 기록되는 각종 행동 정보와 기계에서 출력되는 각종 메시지와 로그(log, 기록)[2] 등을 말합니다.

책에서는 정형 데이터, 관계형 데이터베이스 중 하나인 오라클을 다루려 합니다.

그림 1-9 빅데이터와 정형 데이터의 영역

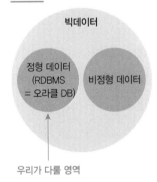

우리가 다룰 영역

4 데이터베이스란?

데이터는 어떤 것들의 '기록 정보'이고, 이러한 데이터를 모아 둔 것을 데이터베이스라고 합니다. 과거에는 이런 정보들을 문서에 직접 손으로 기록하여 관리하는 수밖에 없었습니다. 하지만 지금은 IT 기술이 발달하면서 정보들을 컴퓨터로 관리할 수 있게 되었습니다. 이로

---

2   로그는 엄밀하게 말하면 정형과 비정형의 중간 형태인 반정형(semi-structured) 데이터지만 편의상 비정형 데이터로 구분하겠습니다.

써 데이터를 좀 더 일관되고 효율적으로 관리할 수 있게 되었고, 데이터를 여러 가지 형태로 가공하거나 분석하는 것뿐만 아니라 신속하게 찾아내 출력할 수 있게 되었습니다.

여러분이 쓰고 있는 컴퓨터의 저장 장치(하드디스크나 SSD)도 어떤 의미에서는 파일 시스템 형태의 데이터베이스라고 할 수 있습니다. 데이터베이스는 DB(DataBase)와 이를 관리하는 시스템인 DBMS(DataBase Management System)로 구분합니다. 보통은 이 두 가지를 구분하지 않고 제조사의 이름을 따서 [제조사]-DB라고 부르기도 하는데 엄밀히 말해 DB와 DBMS는 다른 개념입니다. 오라클, MySQL, MS SQL 등 각 제조사의 DBMS는 고유의 기능과 특성을 지니고 있으며, 상호 호환되지 않는 경우도 있지만 넓은 의미에서 보면 모두 관계형 데이터베이스이며 SQL이라는 데이터베이스 조작 언어를 통해 관리됩니다.

데이터베이스는 설계, 운영, 저장 방식에 따라 여러 종류로 나뉩니다. 어떤 것이 있는지 간단히 알아보겠습니다.

관계형 데이터베이스

관계형 데이터베이스는 열(column, 컬럼)과 행(row, 로우)을 갖는 2차원 테이블을 중심으로 설계된 데이터베이스입니다. 수많은 데이터를 '키(key)'와 '관계'라는 연결 고리로 연결하여 원하는 데이터를 조회하고 가공하는 방식의 데이터베이스입니다.

그림 1-10 관계형 데이터베이스 구조

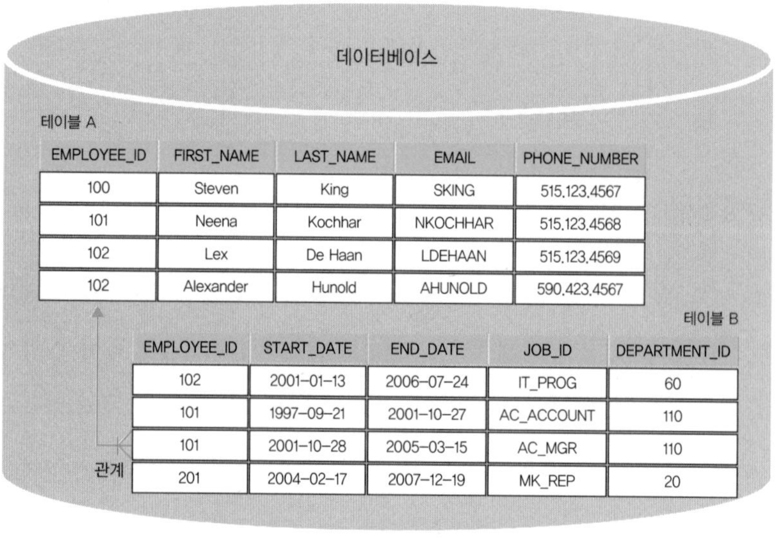

데이터베이스

테이블 A

EMPLOYEE_ID	FIRST_NAME	LAST_NAME	EMAIL	PHONE_NUMBER
100	Steven	King	SKING	515.123.4567
101	Neena	Kochhar	NKOCHHAR	515.123.4568
102	Lex	De Haan	LDEHAAN	515.123.4569
102	Alexander	Hunold	AHUNOLD	590.423.4567

테이블 B

EMPLOYEE_ID	START_DATE	END_DATE	JOB_ID	DEPARTMENT_ID
102	2001-01-13	2006-07-24	IT_PROG	60
101	1997-09-21	2001-10-27	AC_ACCOUNT	110
101	2001-10-28	2005-03-15	AC_MGR	110
201	2004-02-17	2007-12-19	MK_REP	20

관계

관계형 데이터베이스는 현재 업무용으로 가장 많이 쓰이는 방식이며, 역사가 오래되었음에도 불구하고 변화에 맞춰 지속해서 발전해 나가고 있는 데이터베이스입니다. 대표적인 종류에는 오라클, DB2, MySQL, MS SQL Sever 등이 있습니다.

계층형 데이터베이스

계층형 데이터베이스는 가장 오래된 형태의 데이터베이스로 우리가 사용하는 개인 컴퓨터의 저장 장치에서 주로 사용하는 방식입니다. 여러분의 컴퓨터에 계층 구조로 저장되어 있는 폴더와 파일을 생각하면 됩니다. 직관적이기 때문에 개인용 저장 장치에 주로 쓰이지만 기업용 데이터베이스에서는 거의 쓰지 않습니다.

그림 1-11 계층형 데이터베이스 구조

객체 지향 데이터베이스

객체와 객체 식별자, 속성과 메서드, 클래스, 클래스 계층 및 상속, 복합 객체 등 객체 지향 데이터 모델을 지원하는 데이터베이스입니다. 애플리케이션 개발을 위한 대표적인 프로그래밍 언어인 자바(Java)와 C++ 같은 객체 지향 언어의 객체 지향 프로그래밍(object-oriented programming)에 적합한 데이터베이스입니다.[3]

---

3   많이 쓰는 데이터베이스 유형이 아니므로 프로그래밍 언어의 '객체'라는 개념을 중심으로 설계된 데이터베이스라는 점만 알면 됩니다.

그림 1-12 객체 지향 데이터베이스 구조

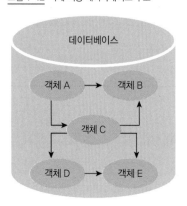

XML 데이터베이스

W3C(World Wide Web Consortium)의 XML 표준 문서 구조를 계층형 트리 형태로 저장하거나 관리하기 위해 만든 데이터베이스입니다. 데이터 중심 기반 또는 XML 문서 중심의 데이터베이스입니다. 기본이 되는 XML 문서 형태로 저장/검증하며 문서 단위, 요소(element) 단위 검색 기능, 검색어 색인 저장 기술을 활용합니다. 데이터 처리를 위해 XQuery라는 언어를 사용합니다.[4]

그림 1-13 XML 데이터베이스 구조

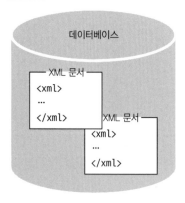

---

4   객체 지향 데이터베이스와 마찬가지로 많이 쓰는 데이터베이스 유형이 아니므로 XML 문서를 중심으로 설계된 데이터베이스라는 점만 기억하세요.

5 SQL이란?

SQL은 관계형 데이터베이스를 조작하기 위해 만들어진 표준 언어로 데이터베이스 관리 시스템(DBMS)과 통신하기 위한 언어입니다. 1970년대에 SEQUEL이라는 관계형 데이터베이스 조작 언어를 기초로 만들어졌으며, 1980년대부터 ANSI(American National Standards Institute)와 ISO 표준을 따르고 있습니다.

SQL의 동작 방식과 특징은 다음과 같습니다.

그림 1-14 SQL 동작 방식

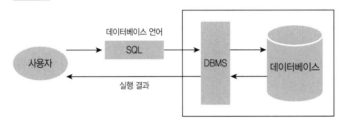

1 | **사용하기 쉽다.**

구조와 문법 체계가 직관적이며 익히기 쉽습니다.

2 | **절차가 없는 비절차적 언어이다.**

실행 순서와 관계없이 처리 내용을 기술합니다.

3 | **관계형 데이터베이스의 데이터를 조작할 수 있다.**

데이터를 정의, 검색, 조작할 수 있습니다.

4 | **표준 언어다.**

데이터베이스뿐만 아니라 다양한 분야에서 응용할 수 있습니다.

SQL 명령어의 종류

SQL 명령어는 특성에 따라 데이터 조작어(DML, Data Manipulation Language), 데이터 정의어(DDL, Data Definition Language), 데이터 제어어(DCL, Data Control Language), 트랜잭션 제어어(TCL, Transaction Control Language)로 나눠집니다.

그림 1-15 SQL 명령어의 분류

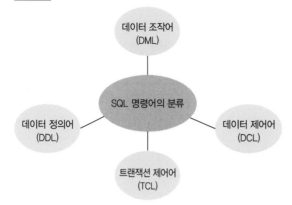

표 1-1 SQL 명령어의 분류

구분	명령어	설명
DML (Data Manipulation Language)	SELECT INSERT UPDATE DELETE	– 데이터베이스에서 데이터를 검색(SELECT) – 데이터베이스 테이블[5]에서 새로운 행을 삽입(INSERT)하고, 기존의 행을 수정(UPDATE)하거나 삭제(DELETE)
DDL (Data Definition Language)	CREATE ALTER DROP RENAME TRUNCATE	테이블의 데이터를 정의하고 구조를 생성하거나 수정 또는 제거
DCL (Data Control Language)	GRANT REVOKE	데이터베이스에 대해 접근 권한을 부여하거나 제거
TCL (Transaction Control Language)	COMMIT ROLLBACK SAVEPOINT	DML로 실행한 변경 사항을 저장 관리

이 중에서 데이터를 조작하고 분석하는 데 가장 기본으로 사용되는 SQL 명령어는 DML이며, 이 책에서 주로 다룰 내용입니다.

---

5   테이블(table)은 데이터베이스의 기본 저장 구조로 27쪽에서 자세히 다룹니다.

SQL로 할 수 있는 것과 활용 영역

SQL은 사용자의 의도에 따라 매우 다양하게 활용할 수 있습니다.

1 | 애플리케이션 개발에 사용한다(데이터 처리).

2 | 데이터를 추출, 수집, 가공할 수 있다.

3 | 데이터를 검색하고 분석할 수 있다.

4 | 그 외에도 여러 응용 분야에서 사용할 수 있다(SAP, R, SAS 등).

주로 다음 영역에서 활용됩니다.

그림 1-16 데이터 분석 관련 SQL 활용 영역

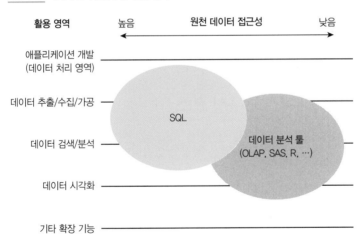

여러분이 업무 도메인을 담당하는 실무자 또는 서비스 기획자 또는 마케터 또는 애플리케이션 개발자일 수 있습니다. 필자는 직업과 상관없이 이러한 모든 업무 분야에서 SQL을 활용하고 데이터를 분석하는 것이 중요하다고 여깁니다.

관계형 데이터베이스의 구성 요소와 테이블

SQL FOR EVERYONE

관계형 데이터베이스 모델(RDM, Relational Database Model)은 관계(relation)로 데이터를 표현하는 모델입니다. 데이터 설계가 유연하고 사용하기 쉬워 빠르게 대중화되었습니다. 이로 인해 데이터를 관리하기 위한 강력한 애플리케이션과 제품군을 제공하는 종합 솔루션 기업이 나타났는데 그중 대표적 기업이 오라클 사입니다.

오라클 사의 관계형 데이터베이스는 국내 여러 기업에서 활용되고 있으며, 이 책의 모든 내용은 오라클 사의 오라클 데이터베이스를 기준으로 설명하고 실습합니다.

그림 1-17 오라클 사 로고

1 관계형 데이터베이스의 구성 요소

관계형 데이터베이스의 구성 요소는 다음과 같은 특징이 있습니다.

1 │ 테이블(table), 뷰(view), 인덱스(index) 등의 객체[6]로 구성되어 있다.

2 │ 데이터를 저장하는 개체(entity)[7]와 관계(relation)들의 집합이다.

3 │ 일관성, 정확성, 신뢰성을 위한 트랜잭션, 무결성, 동시성 제어 등의 개념이 존재한다.

---

6 일부 책에서는 객체(object)와 개체(entity)를 같은 의미로 사용하지만, 이 책에서는 객체(object)를 테이블, 뷰, 인덱스 등과 같은 데이터베이스 구성 요소로 쓰고, 개체(entity)를 속성으로 구성된 테이블(table)을 지칭하는 것으로 한정하여 쓰겠습니다.

7 정보를 저장하고 관리하기 위한 집합을 말합니다.

관계형 데이터베이스의 주요 객체는 다음과 같습니다.

표 1-2 관계형 데이터베이스의 객체

종류	설명
테이블(TABLE)	행과 열로 구성된 기본적인 데이터의 저장 단위로, 가장 많이 다룬다.
뷰(VIEW)	하나 이상의 테이블로부터 데이터를 선택하여 만든 부분 집합이자 가상의 테이블
인덱스(INDEX)	주소를 사용하여 행을 빠르게 검색할 수 있다.
시퀀스(SEQUENCE)	고유한 번호를 자동으로 생성한다. 주로 키를 생성하는 데 사용한다.
동의어(SYNONYM, 시노님)	관리 편의성과 보안을 위해 객체에 별칭을 부여한다.

책에서는 데이터베이스의 다양한 구성 요소 중에서 데이터를 담는 그릇이라 할 수 있는 테이블을 주로 다룹니다. 관계형 데이터베이스 시스템에서는 테이블과 데이터 값에 대한 연산(더하기 빼기, 크다 작다 등)이 일어납니다. 또 세밀한 조작을 위해 명령어와 함수를 사용합니다.

 2 테이블 : 데이터 저장과 관리의 핵심

관계형 데이터베이스는 테이블이라는 저장 구조를 사용합니다. 테이블의 역할은 다음과 같습니다.

1 | 데이터를 저장하고 관리한다.

2 | 데이터의 접근을 통제하고 검색, 삽입, 수정, 삭제를 위한 체계를 제공한다.

데이터베이스를 한마디로 요약하면 다음 그림처럼 테이블이 모여 있는 집합이라고 할 수 있습니다.

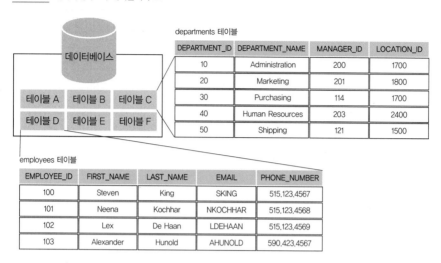

그림 1-18 데이터베이스와 테이블의 구조

departments 테이블

DEPARTMENT_ID	DEPARTMENT_NAME	MANAGER_ID	LOCATION_ID
10	Administration	200	1700
20	Marketing	201	1800
30	Purchasing	114	1700
40	Human Resources	203	2400
50	Shipping	121	1500

employees 테이블

EMPLOYEE_ID	FIRST_NAME	LAST_NAME	EMAIL	PHONE_NUMBER
100	Steven	King	SKING	515.123.4567
101	Neena	Kochhar	NKOCHHAR	515.123.4568
102	Lex	De Haan	LDEHAAN	515.123.4569
103	Alexander	Hunold	AHUNOLD	590.423.4567

테이블은 열(column)과 행(row)으로 만들어진 엑셀(Excel) 시트를 떠올리면 이해하기 쉽습니다. 우리는 엑셀 안에 담긴 데이터를 조작하기 위해 엑셀 시트에 데이터를 입력하고 엑셀 수식을 적용하여 원하는 값을 계산합니다.

그림 1-19 엑셀 데이터 시트

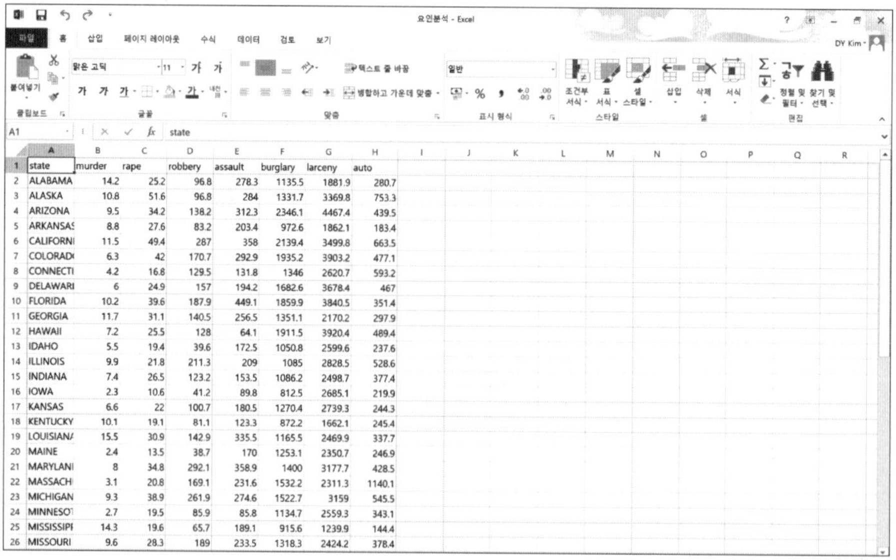

마찬가지로 관계형 데이터베이스도 테이블을 이용해 데이터를 조작하고 연산하여 원하는 데이터를 출력합니다.

그림 1-20 데이터베이스 테이블

	EMPLOYEE_ID	FIRST_NAME	LAST_NAME	EMAIL	PHONE_NUMBER	HIRE_DATE	JOB_ID	SALARY
1	100	Steven	King	SKING	515.123.4567	03/06/17	AD_PRES	24000
2	101	Neena	Kochhar	NKOCHHAR	515.123.4568	05/09/21	AD_VP	17000
3	102	Lex	De Haan	LDEHAAN	515.123.4569	01/01/13	AD_VP	17000
4	103	Alexander	Hunold	AHUNOLD	590.423.4567	06/01/03	IT_PROG	9000
5	104	Bruce	Ernst	BERNST	590.423.4568	07/05/21	IT_PROG	6000
6	105	David	Austin	DAUSTIN	590.423.4569	05/06/25	IT_PROG	4800
7	106	Valli	Pataballa	VPATABAL	590.423.4560	06/02/05	IT_PROG	4800
8	107	Diana	Lorentz	DLORENTZ	590.423.5567	07/02/07	IT_PROG	4200
9	108	Nancy	Greenberg	NGREENBE	515.124.4569	02/08/17	FI_MGR	12008
10	109	Daniel	Faviet	DFAVIET	515.124.4169	02/08/16	FI_ACCOUNT	9000
11	110	John	Chen	JCHEN	515.124.4269	05/09/28	FI_ACCOUNT	8200
12	111	Ismael	Sciarra	ISCIARRA	515.124.4369	05/09/30	FI_ACCOUNT	7700
13	112	Jose Manuel	Urman	JMURMAN	515.124.4469	06/03/07	FI_ACCOUNT	7800
14	113	Luis	Popp	LPOPP	515.124.4567	07/12/07	FI_ACCOUNT	6900
15	114	Den	Raphaely	DRAPHEAL	515.127.4561	02/12/07	PU_MAN	11000
16	115	Alexander	Khoo	AKHOO	515.127.4562	03/05/18	PU_CLERK	3100
17	116	Shelli	Baida	SBAIDA	515.127.4563	05/12/24	PU_CLERK	2900
18	117	Sigal	Tobias	STOBIAS	515.127.4564	05/07/24	PU_CLERK	2800
19	118	Guy	Himuro	GHIMURO	515.127.4565	06/11/15	PU_CLERK	2600
20	119	Karen	Colmenares	KCOLMENA	515.127.4566	07/08/10	PU_CLERK	2500
21	120	Matthew	Weiss	MWEISS	650.123.1234	04/07/18	ST_MAN	8000

테이블은 관계형 데이터베이스에서 가장 기본이 되는 저장 구조이며, 관계형 데이터베이스는 한 개 이상의 테이블로 구성되어 있습니다. 테이블의 수직 항목을 '열(컬럼, column, 속성)'이라고 하고, 수평 항목을 '행(로우, row, 항목)'이라고 합니다(앞으로 열과 행으로만 부르겠습니다).

그림 1-21 단순 테이블 구조

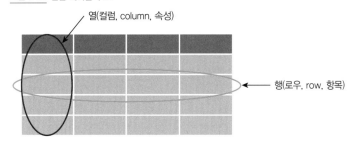

열은 데이터의 속성을 대표하는 한 종류의 데이터 타입(자료형)만을 갖습니다. 예를 들어 하나의 열에는 문자와 숫자 타입의 데이터를 섞어 쓸 수 없습니다. 행에는 각 항목의 개별 값이 저장되어 있습니다. 예를 들어 직원 테이블에는 사원번호, 이름, 부서, 직급 등의 개별 값이 행으로 저장되어 있습니다. 관계형 데이터베이스에서 테이블은 가장 중요한 개념 중 하나이며 데이터 조작을 위한 저장 구조의 시작과 끝입니다.

> **NOTE**
> 테이블은 관계형 데이터베이스뿐만 아니라 엑셀, 통계 프로그램인 R, 매트랩, SAS, HIVEQL 등 다양한 응용프로그램에서 기본 저장 단위로 사용됩니다. 엑셀 시트와 닮은 직관적 형태의 2차원 저장 구조는 데이터 처리 영역 전반에 걸쳐 두루 활용되므로 반드시 알아 두기 바랍니다.

우리가 앞으로 실습할 Oracle Database Express 안에 있는 employees(직원) 테이블을 조회하여 출력하면 다음과 같이 표현됩니다.

그림 1-22 데이터베이스 테이블 조회 결과

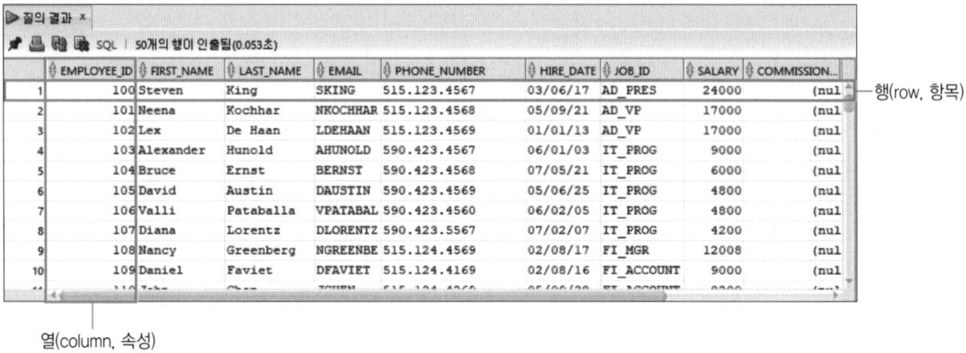
질의 결과
SQL | 50개의 행이 인출됨(0.053초)
행(row, 항목)
열(column, 속성)

	EMPLOYEE_ID	FIRST_NAME	LAST_NAME	EMAIL	PHONE_NUMBER	HIRE_DATE	JOB_ID	SALARY	COMMISSION...
1	100	Steven	King	SKING	515.123.4567	03/06/17	AD_PRES	24000	(nul
2	101	Neena	Kochhar	NKOCHHAR	515.123.4568	05/09/21	AD_VP	17000	(nul
3	102	Lex	De Haan	LDEHAAN	515.123.4569	01/01/13	AD_VP	17000	(nul
4	103	Alexander	Hunold	AHUNOLD	590.423.4567	06/01/03	IT_PROG	9000	(nul
5	104	Bruce	Ernst	BERNST	590.423.4568	07/05/21	IT_PROG	6000	(nul
6	105	David	Austin	DAUSTIN	590.423.4569	05/06/25	IT_PROG	4800	(nul
7	106	Valli	Pataballa	VPATABAL	590.423.4560	06/02/05	IT_PROG	4800	(nul
8	107	Diana	Lorentz	DLORENTZ	590.423.5567	07/02/07	IT_PROG	4200	(nul
9	108	Nancy	Greenberg	NGREENBE	515.124.4569	02/08/17	FI_MGR	12008	(nul
10	109	Daniel	Faviet	DFAVIET	515.124.4169	02/08/16	FI_ACCOUNT	9000	(nul

SQL을 활용해 데이터를 조작하고 분석하는 방법을 익히려면 실습용 데이터베이스 관리 시스템을 설치해야 합니다. 우리는 오라클 사의 공개용 데이터베이스인 Oracle Database Express를 사용합니다.

2장

실습 환경 만들기

소규모 서버 구축과 오라클 데이터베이스를 학습할 때 많이 사용하는 Oracle Database Express(Oracle XE, 오라클 익스프레스)와 Oracle SQL Developer를 설치하겠습니다. Oracle Database Express와 Oracle SQL Developer는 오라클 사에서 내려받아 설치할 수 있으며 무료입니다. SQL 코드 편집을 쉽게 도와주는 Oracle SQL Developer의 사용법도 함께 알아보겠습니다.

Oracle Database Express 설치하기

SQL FOR EVERYONE

1 한국 오라클 공식 사이트는 https://www.oracle.com/kr/입니다. 책에서는 Oracle Database 11g Express Edition을 사용할 것입니다(데이터 셰프의 레시피(https://www.datachef. co.kr/) 웹사이트를 방문하면 Oracle Database Express 11g와 Oracle SQL Developer 설치 파일을 내려받을 수 있습니다. 또한, 설치 방법도 동영상으로 확인할 수 있습니다).

그림 2-1 한국 오라클 사이트

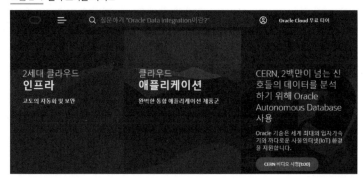

> **NOTE**
>
> **오라클 계정 만들기**
>
> Oracle Database Express를 내려받으려면 오라클 사용자 계정이 필요하므로 오라클 홈페이지에서 회원 가입을 통해 계정을 미리 만들어 둡시다.
>
> **1** 한국 오라클 사이트인 https://www.oracle.com/kr/index.html에 접속합니다. 오른쪽 위의 **사람 모양 아이콘**을 클릭하면 다음 화면처럼 메뉴가 나타납니다. 오라클 계정의 **계정 만들기**를 클릭합니다.
>
> 그림 2-2 오라클 계정 만들기 화면
>
>

2 다음 화면이 나오면 각 항목을 채웁니다. 개인 정보 정책 동의 항목인 **클릭하여 아래 모든 사항에 동의** 항목을 체크하고 **계정 만들기**를 클릭합니다.

그림 2-3 계정 만들기 정보 입력과 개인 정보 정책 동의

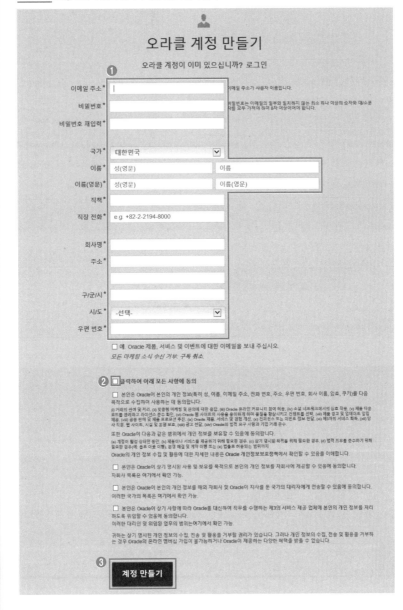

3 신행이 완료되면 이메일 확인 요청 화면이 나옵니다.

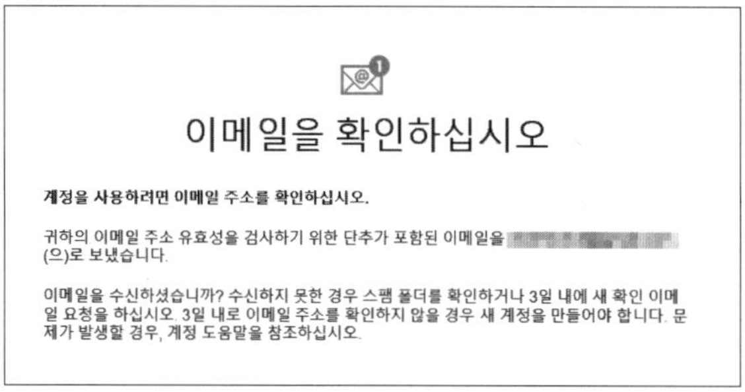

그림 2-4 이메일 확인 요청

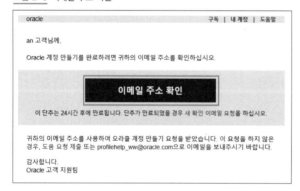

이메일을 확인하십시오

계정을 사용하려면 이메일 주소를 확인하십시오.

귀하의 이메일 주소 유효성을 검사하기 위한 단추가 포함된 이메일을 ▓▓▓▓▓▓▓ (으)로 보냈습니다.

이메일을 수신하셨습니까? 수신하지 못한 경우 스팸 폴더를 확인하거나 3일 내에 새 확인 이메일 요청을 하십시오. 3일 내로 이메일 주소를 확인하지 않을 경우 새 계정을 만들어야 합니다. 문제가 발생할 경우, 계정 도움말을 참조하십시오.

4 가입할 때 입력한 이메일 계정으로 로그인해서 보면 다음과 같은 메일이 와 있습니다. **이메일 주소 확인**을 클릭합니다.

그림 2-5 이메일 주소 확인

oracle   구독 | 내 계정 | 도움말

an 고객님께,

Oracle 계정 만들기를 완료하려면 귀하의 이메일 주소를 확인하십시오.

이메일 주소 확인

이 단추는 24시간 후에 만료됩니다. 단추가 만료되었을 경우 새 확인 이메일 요청을 하십시오.

귀하의 이메일 주소를 사용하여 오라클 계정 만들기 요청을 받았습니다. 이 요청을 하지 않은 경우, 도움 요청 제출 또는 profilehelp_ww@oracle.com으로 이메일을 보내주시기 바랍니다.

감사합니다.
Oracle 고객 지원팀

5 성공하면 다음 화면이 나옵니다. **계속**을 클릭해 오라클 첫 화면으로 이동합니다.

그림 2-6 계정 생성 완료

성공. 계정을 사용할 수 있습니다.

Oracle.com 페이지 상단에 있는 링크에서 언제든지 귀하의 오라클 계정을 업데이트하십시오.

2 https://www.oracle.com/database/technologies/xe-prior-release-downloads.html에 접속합니다.

그림 2-7 내려받기 위치로 이동

> **NOTE**
>
> 오라클 사의 홈페이지가 자주 개편되어 내려받기 위치가 계속 변경됩니다. 설치 파일은 길벗 출판사 홈페이지에서 '모두의 SQL'로 검색하여 [자료실]에서 내려받거나 데이터 셰프의 레시피(https://www.datachef.co.kr/)에서 내려받을 수도 있습니다.
>
> 또한, Oracle Database Express 11g를 사용해야 합니다. 이후 버전을 사용하지 않는 이유는 1. 기본으로 제공되는 실습 DB가 없고 2. 우리 학습에 필요 이상으로 무거우며, 3. 설치/삭제가 어렵기 때문입니다. 우리 책의 목적은 SQL을 익히는 거라 현재 책 버전 11g가 안성맞춤입니다. 상위 버전을 설치하지 마시기 바랍니다. 그럼에도 오라클을 사용하는 이유는 '실제 현업에서는 오라클을 많이 사용'하기 때문입니다.
>
> 설치가 어려운 환경이라면 책 56쪽의 '온라인에서 책 실습하기'를 참고해주세요.

3 다음 화면이 나오면 운영 체제에 맞는 **Oracle Database 11g Express Edition**을 클릭합니다. 윈도 64비트는 첫 항목인 Windows x64, 윈도 32비트는 두 번째 항목인 Windows x32를 선택합니다. 필자는 64비트를 사용하므로 첫 번째 항목에서 **Oracle Database 11gR2 Express Edition for Windows x64**를 클릭합니다.

그림 2-8 Oracle Database 11gR2 Express Edition 선택

4 I accept the Oracle License Agreement를 선택해 라이선스 정책에 동의합니다.

그림 2-9 Oracle Database 11gR2 Express Edition 라이선스 동의 페이지

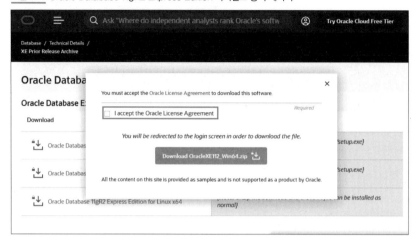

5 다운로드 버튼이 활성화되면 클릭하여 내려받습니다. 정상적으로 내려받기가 진행되면 다운로드 폴더에 Oracle Database 11g Express Edition 설치 파일이 저장됩니다.

그림 2-10 Oracle Database 11gR2 Express Edition 내려받기

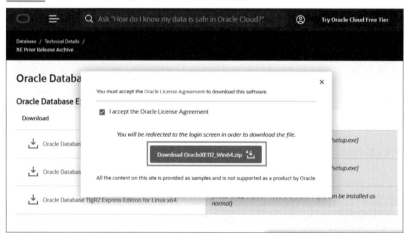

운영체제의 비트 수 확인하기

운영체제의 비트 수는 윈도 메뉴에서 **설정 → 시스템 → 정보**를 클릭한 다음 **디바이스 사양**의 **시스템 종류**에서 확인할 수 있습니다(윈도 10). 혹은 바탕화면에 있는 **컴퓨터** 아이콘을 마우스 오른쪽 버튼으로 클릭하고 **속성**을 선택하여 확인할 수 있습니다(윈도 7).

그림 2-11 운영체제의 비트 수 확인

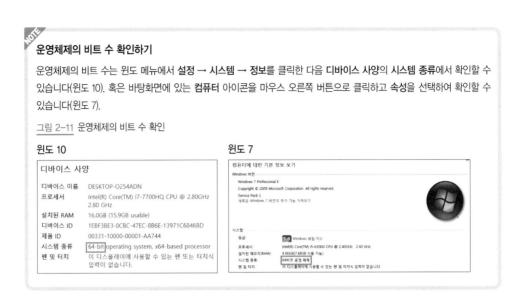

6 내려받은 압축 파일이 있는 폴더로 이동해 압축을 풉니다. DISK1 폴더가 생깁니다. DISK1 폴더 안에 있는 setup.exe 파일을 더블클릭해 실행합니다. 이때 '이 앱이 디바이스를 변경할 수 있도록 허용하시겠습니까?'라는 경고 창이 뜨면 **예**를 클릭합니다.

그림 2-12 DISK1 폴더에서 setup.exe 더블클릭

7 설치 화면이 나오면 **Next**를 클릭해 설치를 시작합니다. Oracle Database Express를 설치하려면 저장 용량이 최소 650MB 정도는 있어야 합니다.

그림 2-13 setup.exe 파일을 실행한 화면

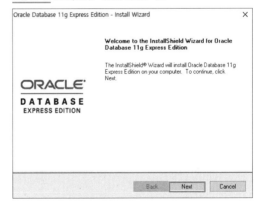

8 라이선스를 확인하고 I accept the terms in the license agreement를 선택한 후 Next를 클릭합니다.

그림 2-14 라이선스 동의 화면

9 설치할 항목에 대한 정보가 나옵니다. 기본으로 C:\oraclexe\ 폴더에 설치됩니다. 원하는 위치로 경로를 변경할 수 있지만 여기서는 기본으로 두고 Next를 클릭합니다.

그림 2-15 설치 경로 지정 화면

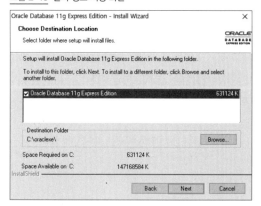

10 SYS와 SYSTEM 데이터베이스 계정에서 쓸 비밀번호를 설정하고 Next를 클릭합니다(설정한 비밀번호는 계속 사용해야 하므로 잊지 마세요!). 필자는 oracle11로 설정했습니다.

그림 2-16 비밀번호 설정 화면

11 설치가 진행될 환경에 대해 알려 줍니다. **Install**을 클릭하여 설치를 계속 진행합니다.

그림 2-17 설치 진행 전 설정 요약 화면

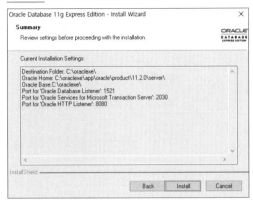

12 몇 분 기다리면 설치가 완료됩니다. **Finish**를 클릭하고 컴퓨터를 재부팅합니다. 재부팅하지 않으면 Oracle Database Express를 실행했을 때 오류가 발생할 수 있으므로 꼭 재부팅하세요.

그림 2-18 설치 완료 화면

NOTE

Oracle Database Express를 제거하는 방법

Oracle Database Express 버전을 바꾸고 싶거나 잘못 설치되었다면 제거하고 다시 설치해야 합니다. Oracle Database Express는 다음 순서로 제거합니다.

1 먼저 Oracle Database Express 데이터베이스가 구동 중이라면 윈도 메뉴에서 Oracle Database 11g Express → Stop Database를 클릭해 데이터베이스를 중지시킵니다.

그림 2-19 Stop Database 실행

2 윈도 메뉴에서 Windows 시스템 → 제어판 → 프로그램 → **프로그램 및 기능**을 클릭합니다. Oracle Database 11g Express Edition 항목을 더블클릭하여 프로그램을 제거합니다.

그림 2-20 제어판 화면

3 프로그램을 정말 제거할 것인지 묻는 메시지 창이 나오면 **예**를 클릭합니다.

그림 2-21 프로그램 제거 확인 창

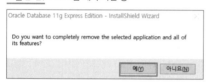

4 Oracle Database Express가 제거되었다는 창이 나오면 Finish를 클릭합니다.

그림 2-22 데이터베이스 제거 완료 화면

1   오라클 공식 다운로드 사이트인 https://www.oracle.com/kr/downloads/에 접속합니다.[1]

그림 2-23 내려받기 위치로 이동

2   다음 화면이 나오면 마우스 휠을 스크롤해서 화면을 내리고 **개발자 툴** 항목의 **SQL Developer**를 클릭합니다.

그림 2-24 오라클 사이트에서 SQL Developer 선택

개발자 툴		
	ADF Faces	Developer Studio
	Application Express Standalone	SQL Developer
	BI Publisher	SQL Developer Data Modeler
	BPEL Process Manager	StorageTek
	Developer Suite 10g	Team Productivity Center
	Developer Tools for Visual Studio	TopLink
	Enterprise Pack for Eclipse	VM: Pre-Built VirtualBox VMs
	Forms & Reports Services	VM: Oracle VM Templates
	JDeveloper & ADF	Warehouse Builder

---

1   길벗 출판사 홈페이지에서 모두의 SQL로 검색하여 [자료실]이나 데이터 셰프의 레시피(https://www.datachef.co.kr/)에서도 내려받을 수 있습니다. 설치가 어려운 환경이라면 책 56쪽의 '온라인에서 책 실습하기'를 참고해주세요.

3 자신의 운영 체제에 적합한 버전을 선택하여 내려받습니다. 필자는 Windows 64-bit with JDK 8 included를 내려받겠습니다. 각 파일 옆의 **Download**를 클릭하면 내려받을 수 있습니다.

그림 2-25 다운로드 페이지

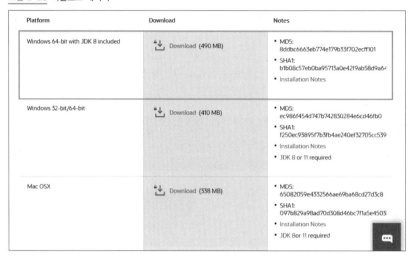

4 다음 화면이 나오면 **I Accept the Oracle License Agreement** 항목을 선택하여 라이선스에 동의합니다. 내려받기 버튼이 활성화되면 버튼을 눌러 파일을 내려받습니다.

그림 2-26 라이선스 동의 화면

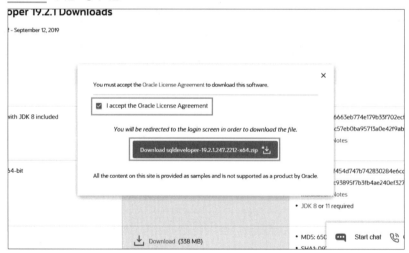

JDK를 포함하는 파일을 내려받자

Oracle SQL Developer는 기본적으로 JDK가 별도로 설치되어 있어야 하는데 따로 설치하려면 번거롭습니다. 꼭 설치 파일에 with JDK 8 included가 표기되어 있는 파일을 내려받습니다.

사용하는 컴퓨터가 윈도 32비트라면 JDK를 따로 내려받아 설치해야 합니다. 32비트 설치 버전 아래에 표시된 링크를 클릭하면 JDK를 내려받을 수 있는 페이지로 이동합니다.

그림 2-27 윈도 32비트라면 JDK 8 required 링크를 클릭하기

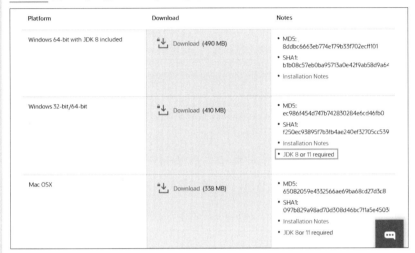

Platform	Download	Notes
Windows 64-bit with JDK 8 included	Download (490 MB)	• MD5: 8ddbc6663eb774e179b33f702ecff101 • SHA1: b1b08c57eb0ba95713a0e42f9ab58d9a64 • Installation Notes
Windows 32-bit/64-bit	Download (410 MB)	• MD5: ec986f454d747b742830284e6cd46fb0 • SHA1: f250ec93895f7b3fb4ae240ef32705cc539 • Installation Notes • JDK 8 or 11 required
Mac OSX	Download (338 MB)	• MD5: 65082059e4332566ae69ba68cd27d3c8 • SHA1: 097b829a98ad70d308d46bc7f1a5e4503 • Installation Notes • JDK 8or 11 required

Windows x86이 윈도 32비트 버전입니다. JDK(Java Development Kit)는 Java와 관련된 애플리케이션을 개발하거나 실행하기 위한 패키지 모듈입니다. jdk-8u181-windows-i586.exe 파일을 내려받아 설치합니다.

그림 2-28 JDK 따로 내려받기

Java SE Development Kit 8u181

You must accept the Oracle Binary Code License Agreement for Java SE to download this software.

○ Accept License Agreement ○ Decline License Agreement

Product / File Description	File Size	Download
Linux ARM 32 Hard Float ABI	72.95 MB	⬇jdk-8u181-linux-arm32-vfp-hflt.tar.gz
Linux ARM 64 Hard Float ABI	69.89 MB	⬇jdk-8u181-linux-arm64-vfp-hflt.tar.gz
Linux x86	165.06 MB	⬇jdk-8u181-linux-i586.rpm
Linux x86	179.87 MB	⬇jdk-8u181-linux-i586.tar.gz
Linux x64	162.15 MB	⬇jdk-8u181-linux-x64.rpm
Linux x64	177.05 MB	⬇jdk-8u181-linux-x64.tar.gz
Mac OS X x64	242.83 MB	⬇jdk-8u181-macosx-x64.dmg
Solaris SPARC 64-bit (SVR4 package)	133.17 MB	⬇jdk-8u181-solaris-sparcv9.tar.Z
Solaris SPARC 64-bit	94.34 MB	⬇jdk-8u181-solaris-sparcv9.tar.gz
Solaris x64 (SVR4 package)	133.83 MB	⬇jdk-8u181-solaris-x64.tar.Z
Solaris x64	92.11 MB	⬇jdk-8u181-solaris-x64.tar.gz
Windows x86	194.41 MB	⬇jdk-8u181-windows-i586.exe
Windows x64	202.73 MB	⬇jdk-8u181-windows-x64.exe

JDK를 설치했다면 다시 다음 화면으로 돌아와 Windows 32-bit/64bit 오른쪽에 보이는 **Download**를 클릭해 내려받습니다.

그림 2-29 윈도 32비트용 Oracle SQL Developer 내려받기

5 내려받은 압축 파일을 더블클릭해 압축을 풉니다. 압축을 풀면 해당 폴더 안에 sqldeveloper 폴더가 있습니다. 필자는 이 폴더를 C 드라이브 바로 아래로 옮겼습니다.[3]

그림 2-30 Oracle SQL Developer 폴더의 sqldeveloper 폴더를 C 드라이브 바로 아래로 옮겨 둔 화면

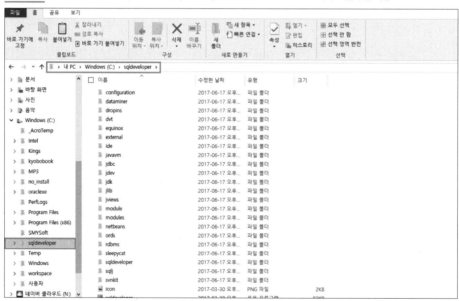

6 Oracle SQL Developer는 별도로 설치하지 않고 바로 실행할 수 있습니다. **sqldeveloper.**

---

3 꼭 C 드라이브 아래가 아니어도 됩니다. 원하는 위치에 두면 됩니다.

exe(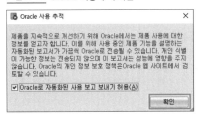 sqldeveloper) 파일을 더블클릭해 실행합니다.

그림 2-31 sqldeveloper.exe 파일 실행

svnkit	2018-06-12 오후...	파일 폴더	
icon.png	2018-04-05 오후...	PNG 파일	2KB
sqldeveloper.exe ──더블클릭	2018-04-05 오후...	응용 프로그램	82KB
sqldeveloper.sh	2018-04-05 오후...	SH 파일	1KB

7 실행할 때 다음 창이 뜨면 **확인**을 클릭합니다.

그림 2-32 Oracle 사용 추적 화면

> **Oracle 사용 추적**   ×
>
> 제품을 지속적으로 개선하기 위해 Oracle에서는 제품 사용에 대한 정보를 얻고자 합니다. 이를 위해 사용 중인 제품 기능을 설명하는 자동화된 보고서가 가끔씩 Oracle로 전송될 수 있습니다. 개인 식별이 가능한 정보는 전송되지 않으며 이 보고서는 성능에 영향을 주지 않습니다. Oracle의 개인 정보 보호 정책은 Oracle 웹 사이트에서 검토할 수 있습니다.
>
> ☑ Oracle로 자동화된 사용 보고 보내기 허용(A)
>
> 확인

8 정상으로 실행되면 다음 화면이 나타납니다.

그림 2-33 Oracle SQL Developer를 실행한 화면

9 먼저 오라클 시스템 접속 계정을 만들어야 합니다. 왼쪽 상단에 있는 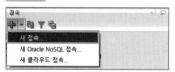 아이콘을 클릭하고 **새 접속**[4]을 클릭합니다.

그림 2-34 시스템 접속 계정 만들기

10 새로 만들기/데이터베이스 접속 선택 화면이 나타나면 접속 이름, 사용자 이름, 비밀번호를 입력합니다. 책에서는 다음과 같이 입력합니다.

- 접속 이름(Name)[5] : **oracle**
- 사용자 이름 : **SYSTEM**
- 비밀번호 : **oracle11** ········ Oracle Database Express를 설치할 때 설정한 비밀번호를 입력

그림 2-35 데이터베이스 접속 정보 입력

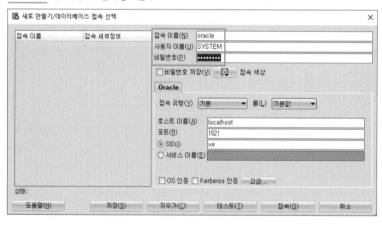

11 설정 정보를 모두 입력했다면 **테스트(T)**를 클릭합니다. 왼쪽 하단에 '상태: 성공'이 나오면 완료된 것입니다. **비밀번호 저장**을 체크하면 사용할 때마다 비밀번호를 입력하지 않아도 됩니다. **접속(O)**을 클릭합니다.

---

4 최신 버전에는 **새 데이터베이스 접속**으로 표시됩니다.

5 최신 버전에서는 Name으로 표시됩니다.

그림 2-36 접속 테스트 성공

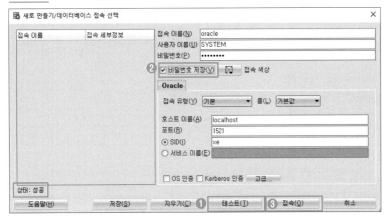

12 다음 화면이 나타나면서 데이터베이스에 접속되어 '워크시트'[6]가 열립니다.

그림 2-37 워크시트 화면

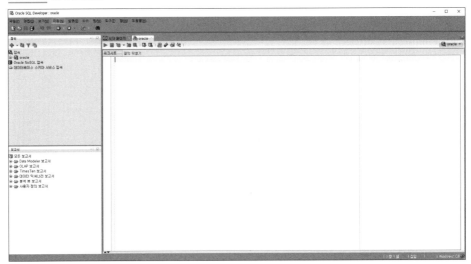

---

6 SQL 작성 작업을 위한 코드 편집 창을 말합니다.

13 SHOW USER;을 입력하고 워크시트 왼쪽 상단에 있는 ▶ 아이콘을 눌러 명령어를 실행합니다. [스크립트 출력] 화면에 'USER이(가) "SYSTEM"입니다.'가 나오면 SYSTEM 계정으로 접속된 것입니다.

그림 2-38 SHOW USER; 실행 화면

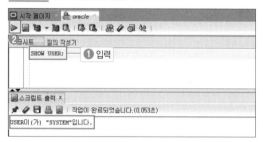

14 이제 실습하는 데 쓸 HR 계정을 사용할 수 있도록 활성화할 차례입니다. HR 계정은 Oracle Database Express에서 기본으로 제공하는 계정입니다. 실습으로 사용하기에 적절한 인사(employees) 샘플 데이터를 제공하는데 처음에는 잠겨 있습니다. 잠금을 해제하려면 SYSTEM 계정으로 접속한 상태에서 추가 작업을 해야 합니다. 워크시트에 **ALTER USER HR ACCOUNT UNLOCK IDENTIFIED BY 1234;**을 입력하고 ▶ 아이콘을 눌러 명령어를 실행합니다. 비밀번호를 1234로 정하는 명령어입니다.

그림 2-39 HR 계정 잠금 해제

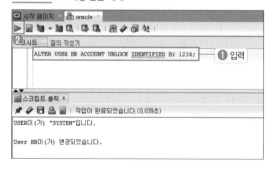

15 이제 HR 계정 접속을 만들 차례입니다. 왼쪽 상단의 ➕ 아이콘을 눌러 새 접속 정보를 설정합니다. 설정 정보는 다음과 같습니다.

- 접속 이름 : **실습용HR**

- 사용자 이름 : **HR**

- 비밀번호 : **1234** ┄┄┄ 앞에서 계정을 해제할 때 설정한 비밀번호를 입력

그림 2-40 HR 계정 새 접속 만들기

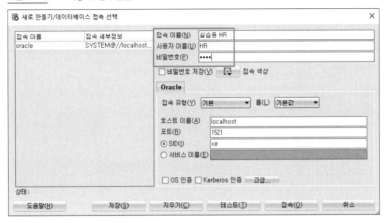

16 설정 정보를 모두 입력했다면 **테스트(T)**를 클릭합니다. 왼쪽 하단에 '상태: 성공'이 나오면 완료된 것입니다. **비밀번호 저장**을 체크하면 사용할 때마다 비밀번호를 입력하지 않아도 됩니다. **접속(O)**을 클릭해 워크시트를 실행합니다.

그림 2-41 HR 계정 접속 테스트 성공

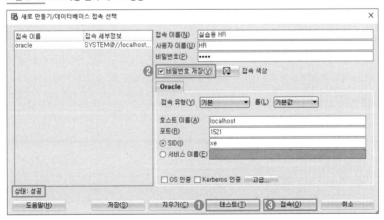

17 SELECT * FROM TAB;을 입력하고 ▶ 아이콘을 눌러 실행합니다. 질의 결과에 다음과 같은 목록이 출력됩니다.

그림 2-42 SELECT * FROM TAB; 조회 결과

18 모든 준비가 끝났습니다. 이 책에서는 항상 HR 계정으로 접속해 진행하겠습니다. 계정에 접속하거나 접속을 해제하려면 계정 이름을 마우스 오른쪽 버튼으로 클릭하고 **접속**이나 **접속 해제**를 선택합니다.

그림 2-43 실습용 HR 접속하기

Oracle SQL Developer를 제거하는 방법

Oracle SQL Developer를 제거하고 싶다면 파일 탐색기를 이용해 sqldeveloper 폴더로 이동합니다. 필자는 C 드라이브 아래에 넣어 두었습니다. 이 폴더를 마우스 오른쪽 버튼으로 클릭하고 **삭제(D)**를 클릭합니다.

그림 2-44 Oracle SQL Developer 제거하기

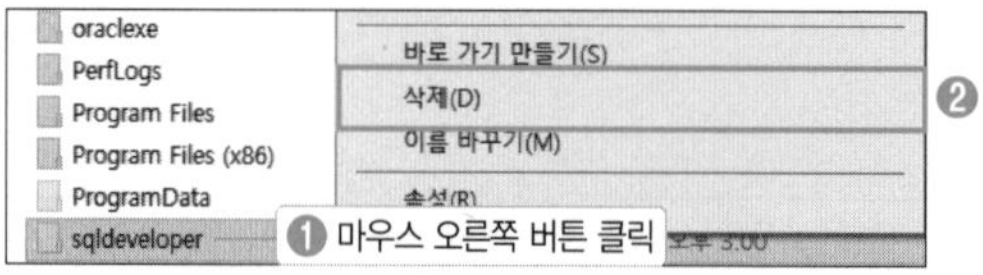

03 Oracle SQL Developer의 기본 사용법

SQL FOR EVERYONE

Oracle SQL Developer는 SQL을 작성하고 실행하기 위한 편집 툴입니다. 이외에도 데이터베이스 모델링과 설계에 활용할 수 있습니다. 각 부분의 쓰임새를 알아보겠습니다.

각 화면 창의 용도

Oracle SQL Developer를 실행하면 나타나는 첫 화면입니다. 위쪽에 메뉴와 실행 아이콘이 보이고 아래쪽에 창 네 개가 보입니다.

그림 2-45 Oracle SQL Developer를 실행한 화면

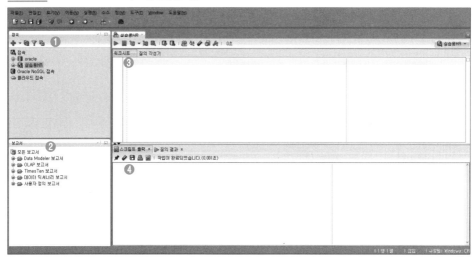

❶ **접속** : ➕ 아이콘을 눌러 메뉴를 펼쳐 보면 오라클 데이터베이스의 접속 정보와 함께 테이블, 뷰 등의 객체 정보가 계층 형태로 보입니다. 예를 들어 **테이블(필터링됨)** 항목 왼쪽에 보이는 ➕ 아이콘을 클릭하면 오라클 데이터베이스에 속해 있는 전체 테이블 정보를 보여 줍니다. 동시에 ❸ 편집 영역에 SQL을 작성할 수 있는 편집 창이 열립니다. 이 영역을 통해 오라클 데이터베이스의 전체 구조를 알 수 있습니다.

그림 2-46 실습용 HR의 계층 정보

❷ 보고서 : 데이터 모델링과 구조, 보안, 성능 등에 대한 모니터링과 보고서를 확인할 수 있는 영역입니다. 데이터베이스 관리자(DBA)와 시스템 담당자가 주로 보는 화면이므로 지금 우리는 보지 않아도 됩니다.

❸ 편집 : SQL 문을 직접 작성하게 될 편집 영역입니다. 이 창에서 SQL 문을 작성합니다. 문장을 작성할 때 발생하는 문법 오류 등을 알려 주기도 합니다.

❹ 출력 : SQL 문의 실행 스크립트와 결과 등이 출력되는 영역입니다.

워크시트 주요 실행 아이콘

워크시트(작업 창) 상단에는 다양한 아이콘이 있는데 주로 쓰는 아이콘의 기능을 확인해 보겠습니다.

그림 2-47 Oracle SQL Developer의 주요 실행 아이콘

❶ SQL 명령문을 실행합니다. Ctrl+Enter를 눌러도 같은 기능을 합니다. 최대 50건을 먼저 보여 주는데, 그 이상을 조회하려면 바로 옆에 보이는 ▤(스크립트 실행 F5) 아이콘을 클릭합니다.

❷ 실행한 명령문을 커밋(commit)합니다. ❸과 함께 나중에 알아보겠습니다.

❸ 실행한 명령문을 롤백(rollback)합니다. ❷와 함께 나중에 알아보겠습니다.

❹ 새로운 워크시트 창을 엽니다. 여러 개를 열어 두고 작업하면 편리합니다.

❺ 화면에 보이는 명령문을 모두 지웁니다.

❻ 실행한 명령문 목록을 보여 줍니다. 선택하면 자동으로 입력해 줍니다.

NOTE

Oracle SQL Developer에서 편집을 도와주는 기능

Oracle SQL Developer에서는 사용자가 코드를 편리하게 작성할 수 있도록 다양한 기능을 제공합니다. 예를 들어 명령어는 파란색으로 표시하고 SQL 문장이 끝나지 않았을 때는 물결무늬로 보여 줍니다. 또한 문장의 적절한 위치에서 글자의 일부만 입력하고 커서가 깜박이는 상태로 대기하고 있으면 다음 그림처럼 테이블이나 열을 추천하기도 합니다. 예를 들어 테이블 이름을 입력할 때 'em'을 입력하고 Ctrl+Space 를 누르면 employees 테이블과 같이 em으로 시작하는 관련된 테이블을 팝업으로 띄워서 사용자가 선택할 수 있도록 도와줍니다. 이런 기능은 사용자가 직접 코드를 입력하는 것보다 훨씬 능률적으로 작업을 할 수 있도록 도와줍니다.

그림 2-48 Oracle SQL Developer에서 편집을 도와주는 기능

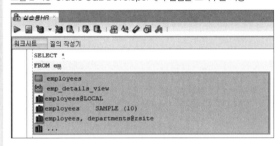

이외에도 **도구 → 환경 설정** 메뉴에서 다양한 기능을 제공하므로 자신에게 편리한 환경 설정이 있는지 살펴보는 것도 좋습니다.

그림 2-49 Oracle SQL Developer 환경 설정

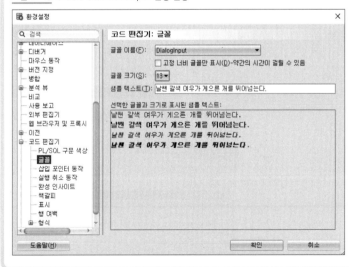

NOTE

갑자기 Oracle SQL Developer에 접속이 되지 않으면?

그림 2-50 접속 오류 발생

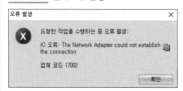

먼저 **내 PC**(또는 [내 컴퓨터]) 아이콘을 마우스 오른쪽 버튼으로 클릭한 후 **관리**를 선택합니다.

그림 2-51 [관리] 메뉴 선택하기

컴퓨터 관리 창이 뜨면 **서비스 및 응용 프로그램 → 서비스**를 선택한 후 Oracle로 시작하는 항목을 찾습니다. 해당 항목을 선택한 후 서비스 **시작**을 클릭합니다.

그림 2-52 Oracle로 시작하는 항목 찾기 및 시작

Oracle로 시작하는 항목을 모두 실행해 다음처럼 나오면 Oracle SQL Developer에 재접속합니다.

그림 2-53 실행된 항목 확인하기

온라인에서 책 내용 실습하기

Oracle Database Express와 Oracle SQL Developer를 설치한 후 실습하는 것을 추천하지만, macOS 등 설치가 어려운 환경이라면 온라인 오라클 SQL 실습 사이트에서 책 내용의 대부분을 실습할 수 있습니다. 다음 Oracle Live SQL에 접속하여 실습을 진행합니다.

• https://www.oracle.com/technetwork/database/application-development/livesql/index.html

그림 2-54 Oracle Live SQL

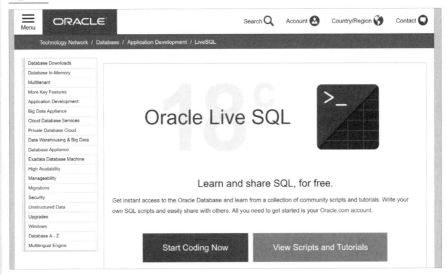

좀 더 자세한 방법은 다음 블로그 포스트를 참고하세요.

- https://blog.naver.com/mktcrmer/221385832888
- https://blog.naver.com/mktcrmer/221386287164

좀 더 자세한 방법은 데이터 셰프의 레시피(www.datachef.co.kr) [Learning] 메뉴의 포스트를 참고하세요.

3장

SELECT : 데이터 조회의 기본

SQL 문 중에서 SELECT 문을 이용하면 데이터베이스에 있는 데이터를 조회할 수 있습니다. SELECT 문은 현업 실무자가 데이터를 조회하는 데 필요한 거의 모든 기능을 제공합니다. SELECT 문을 이용해 테이블에서 행을 선택하고(selection), 열을 선택하며(projection), 테이블과 테이블을 연결할(join) 수 있습니다. 3~7장에서는 SELECT 문의 '기본 문법'부터 '서브쿼리'까지 데이터를 조회하는 데 사용되는 SELECT 문을 집중적으로 다룹니다. 그만큼 SELECT 문은 데이터를 조회하고 분석하는 데 가장 기본이면서 중요한 SQL 문입니다.

01 SELECT 문의 기본 문법

SQL FOR EVERYONE

SELECT 문은 항상 SELECT 절과 FROM 절을 같이 기술합니다. 다른 조건이 추가로 필요하면 WHERE 절에 기술하고 데이터가 출력되는 순서를 정하려면 ORDER BY 절을 기술합니다. SELECT 문의 기본 문법을 대해 알아보겠습니다.[1]

```
                ② 굵은 글자 + 밑줄은 예약어            ③ 대괄호는 선택 사항
  SELECT        [DISTINCT] 열 이름 [or 별칭(alias)]
  FROM          테이블 이름          ① 굵은 글자는 필수 입력
  [WHERE        조건식]
  [ORDER BY     열 이름 [ASC or DESC]];    ④ SQL 문이 끝났음을 의미
```

각 항목에 대해 정리하면 다음과 같습니다.

❶ 굵은 글자로 표현된 부분은 필수로 입력해야 하는 항목입니다.

❷ 굵은 글자에 밑줄이 그어진 항목은 시스템에서 명령문을 실행하기 위해 미리 정해 놓은 예약어라는 표시입니다. 예약어는 시스템이 미리 정해 놓은 것이므로 테이블을 만들 때도 이름으로 사용할 수 없습니다. SELECT는 예약어이면서 열을 선택하기 위한 명령어입니다. 앞으로는 명령어라고 부르겠습니다.

❸ 대괄호([ ]) 안에 들어간 항목은 선택 사항으로 생략할 수 있습니다.

❹ 문장을 모두 작성했다면 문장이 끝났다는 의미로 세미콜론(;)을 입력합니다. 세미콜론이 없다면 시스템은 SQL 문이 아직 끝나지 않았다고 판단합니다. 단, SQL 문장이 하나뿐이라면 세미콜론을 입력하지 않아도 SQL 문이 실행됩니다.

---

1 이 책의 모든 예제는 2장에서 설치한 Oracle Database Express와 Oracle SQL Developer를 이용해서 진행합니다. (C 드라이브에서) sqldeveloper 폴더의 sqldeveloper.exe 파일을 더블클릭해서 실행한 뒤 Oracle SQL Developer 화면의 왼쪽 [접속] 창에서 [실습용 HR]를 더블클릭하면 나타나는 워크시트 화면에서 실습하면 됩니다.

필수 입력 항목만 입력하고 SQL 문을 실행하면 결과를 확인할 수 있습니다. 대괄호 안에 들어 있는 선택 사항을 추가로 작성하면 더 자세한 결과를 얻을 수 있습니다. SELECT 절은 열을 선택하는 역할을 하고, FROM 절은 데이터를 가져올 테이블을 지정하는 역할을 합니다.

1 자, 시작해 봅시다! : SQL 문 작성 규칙

SQL 문 작성 규칙에 대해 알아보겠습니다. 권장 이 표시된 규칙은 강제는 아니지만 실무에서 지키면 좋은 내용입니다.

1 | SQL 문은 대문자와 소문자를 구별하지 않습니다. 예를 들어 SELECT와 select를 동일하게 인식합니다.

2 | SQL 문은 한 줄 또는 여러 줄로 작성할 수 있습니다.
  - 가독성과 편집의 용이성을 위해 내용이 달라지면 줄을 나눕니다. 권장
  - 명령어는 여러 줄로 나눌 수 없습니다. 예를 들어 SEL ECT라고 쓸 수 없습니다.

3 | 코드 수준에 따른 들여쓰기는 SQL 문장을 좀 더 읽기 쉽게 합니다. 권장

4 | 명령어를 대문자로 작성하고 나머지를 소문자로 작성하면 가독성이 좋아집니다. 권장

권장 규칙은 SQL 사용자들 사이에서 암묵적으로 지켜지는 규칙일 뿐이므로 편하게 작성하면 됩니다. 당장 필자만 하더라도 명령어를 제외한 뒤에서 배우게 될 별칭을 주로 대문자로 작성합니다. 다만 표준 관리와 가독성 면에서는 가능하면 규칙을 준수하는 것이 좋습니다.

다음 예를 보면서 SQL 문의 작성 규칙을 다시 한 번 확인해 봅니다.

```
                        ┈┈┈┈┈┈ 명령어는 대문자로 입력
SELECT *  [Enter] •┈┈ 줄 바꿈 적용
FROM    employees A,
        (          ┈┈┈┈┈┈┈┈ 명령어 외에는 소문자로 입력
         SELECT *
들여쓰기   FROM departments
적용       WHERE department_id = 20
        ) B
WHERE  A.department_id  = B.department_id;
```

SQL 문 작성 규칙이 모두 적용되어 있습니다. 이러한 형태로 SQL 문을 작성한다고 생각하면 됩니다. 이 SQL 문은 작성 규칙을 보여 주기 위한 예이므로 가볍게 보고 넘어가도 됩니다. 각 항목에 대해서는 앞으로 천천히 설명하겠습니다.

2 전체 데이터 조회하기

기본 SQL 문법을 바탕으로 기본 형태의 SELECT 문을 이용해 데이터를 조회해 보겠습니다. 여기서 기억할 것은 SELECT 명령어는 데이터를 '선택(=조회)한다'는 의미이며, 단지 선택된 데이터를 화면에 출력한다는 것입니다. 출력만 할 뿐 실제 데이터의 값이 데이터베이스에 반영(삽입, 갱신, 삭제)되지는 않습니다.

데이터 값을 실제로 조작(manipulation)하여 반영하는 명령어는 8장에서 다루는 DML입니다.[2] 그래서 우리는 데이터가 변경될까 봐 두려워하지 않고 자유롭게 SELECT 문을 실행해 볼 수 있습니다. SQL 문, SQL 쿼리, SQL 질의문은 모두 같은 뜻이므로 이 책에서는 SQL 문을 사용합니다. 또한 문장과 문법을 이야기할 때는 SQL 문을 쓰고 나머지는 모두 SELECT 문처럼 해당 명령어로 표현하겠습니다.

테이블의 전체 데이터(전체 열)를 조회하는 것부터 살펴보겠습니다.

그림 3-1 테이블의 전체 데이터 선택

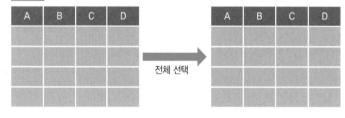

---

2 사실 SELECT 문도 DML에 속하지만 이해하기 쉽도록 따로 구분하였습니다.

SELECT ~ FROM

예제 3-1 employees 테이블의 모든 정보를 출력하세요.

```
SELECT *                 ┈┈┈┈ 출력하려는 열(column)을 씀. *는 '모든 열'이라는 의미

FROM    employees;
  │              │        employees 테이블은 Oracle Database Express의
  │              │        HR DB에서 기본으로 제공함
 ~ 테이블로부터
```

위 SQL 문은 다음처럼 정리할 수 있습니다.

- SELECT 명령어 다음에 별표(*)를 입력해서 모든 열을 조회합니다. *는 '모든 열'이라는 의미입니다.
- FROM은 '~ 테이블로부터'라는 의미이므로 바로 뒤에 테이블 이름을 기술합니다. 따라서 위 SQL 문은 'employees 테이블로부터 모든 열을 조회하라.'라는 의미입니다.
- 명령어는 대문자로 작성하고 나머지는 소문자로 작성했습니다.
- 가독성을 위해 SELECT 절 다음에 [Enter]를 입력해서 FROM 절과 구분하였습니다.

자, 그럼 실행해 볼까요? 앞의 문장을 입력하고 SQL Developer의 왼쪽 상단에 보이는 ▶ 아이콘을 클릭하거나 [Ctrl]+[Enter]를 누릅니다.

그림 3-2 SQL Developer에서 SELECT * FROM employees; 명령문을 실행한 결과

	EMPLOYEE_ID	FIRST_NAME	LAST_NAME	EMAIL	PHONE_NUMBER	HIRE_DATE	JOB_ID	SALARY	COMMISSION_PCT	MANAGER_ID	DEPARTMENT_ID
1	100	Steven	King	SKING	515.123.4567	03/06/17	AD_PRES	24000	(null)	(null)	90
2	101	Neena	Kochhar	NKOCHHAR	515.123.4568	05/09/21	AD_VP	17000	(null)	100	90
3	102	Lex	De Haan	LDEHAAN	515.123.4569	01/01/13	AD_VP	17000	(null)	100	90
4	103	Alexander	Hunold	AHUNOLD	590.423.4567	06/01/03	IT_PROG	9000	(null)	102	60
5	104	Bruce	Ernst	BERNST	590.423.4568	07/05/21	IT_PROG	6000	(null)	103	60
6	105	David	Austin	DAUSTIN	590.423.4569	05/06/25	IT_PROG	4800	(null)	103	60
7	106	Valli	Pataballa	VPATABAL	590.423.4560	06/02/05	IT_PROG	4800	(null)	103	60
8	107	Diana	Lorentz	DLORENTZ	590.423.5567	07/02/07	IT_PROG	4200	(null)	103	60
9	108	Nancy	Greenberg	NGREENBE	515.124.4569	02/08/17	FI_MGR	12008	(null)	101	100
10	109	Daniel	Faviet	DFAVIET	515.124.4169	02/08/16	FI_ACCOUNT	9000	(null)	108	100
11	110	John	Chen	JCHEN	515.124.4269	05/09/28	FI_ACCOUNT	8200	(null)	108	100
12	111	Ismael	Sciarra	ISCIARRA	515.124.4369	05/09/30	FI_ACCOUNT	7700	(null)	108	100
13	112	Jose Manuel	Urman	JMURMAN	515.124.4469	06/03/07	FI_ACCOUNT	7800	(null)	108	100
14	113	Luis	Popp	LPOPP	515.124.4567	07/12/07	FI_ACCOUNT	6900	(null)	108	100
15	114	Den	Raphaely	DRAPHEAL	515.127.4561	02/12/07	PU_MAN	11000	(null)	100	30
16	115	Alexander	Khoo	AKHOO	515.127.4562	03/05/18	PU_CLERK	3100	(null)	114	30
17	116	Shelli	Baida	SBAIDA	515.127.4563	05/12/24	PU_CLERK	2900	(null)	114	30
18	117	Sigal	Tobias	STOBIAS	515.127.4564	05/07/24	PU_CLERK	2800	(null)	114	30
19	118	Guy	Himuro	GHIMURO	515.127.4565	06/11/15	PU_CLERK	2600	(null)	114	30
20	119	Karen	Colmenares	KCOLMENA	515.127.4566	07/08/10	PU_CLERK	2500	(null)	114	30
21	120	Matthew	Weiss	MWEISS	650.123.1234	04/07/18	ST_MAN	8000	(null)	100	50
22	121	Adam	Fripp	AFRIPP	650.123.2234	05/04/10	ST_MAN	8200	(null)	100	50

그림 3-2의 [질의 결과]에 출력된 테이블을 보면 다음처럼 employees 테이블의 모든 데이터가 조회된 것을 확인할 수 있습니다. 이제부터는 읽기 쉽도록 실행 결과를 다음처럼 표 형태로 표현하겠습니다.[3]

실행 결과

	EMPLOYEE_ID	FIRST_NAME	LAST_NAME	EMAIL	PHONE_NUMBER	HIRE_DATE	JOB_ID	SALARY	COMMISSION_PCT	MANAGER_ID	DEPARTMENT_ID
1	100	Steven	King	SKING	515.123.4567	03/06/17	AD_PRES	24000	(null)	(null)	90
2	101	Neena	Kochhar	NKOCHHAR	515.123.4568	05/09/21	AD_VP	17000	(null)	100	90
3	102	Lex	De Haan	LDEHAAN	515.123.4569	01/01/13	AD_VP	17000	(null)	100	90
4	103	Alexander	Hunold	AHUNOLD	590.423.4567	06/01/03	IT_PROG	9000	(null)	102	60
5	104	Bruce	Ernst	BERNST	590.423.4568	07/05/21	IT_PROG	6000	(null)	103	60
6	105	David	Austin	DAUSTIN	590.423.4569	05/06/25	IT_PROG	4800	(null)	103	60
7	106	Valli	Pataballa	VPATABAL	590.423.4560	06/02/05	IT_PROG	4800	(null)	103	60
8	107	Diana	Lorentz	DLORENTZ	590.423.5567	07/02/07	IT_PROG	4200	(null)	103	60
9	108	Nancy	Greenberg	NGREENBE	515.124.4569	02/08/17	FI_MGR	12008	(null)	101	100

3 원하는 열만 조회하고 정렬하기

항상 전체 데이터를 조회하지는 않겠죠? SQL 문을 사용해 특정 열만 조회할 수도 있습니다.

그림 3-3 특정 열만 선택

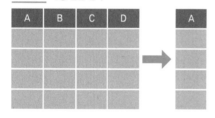

SELECT 문을 이용해 employee_id와 first_name과 last_name을 선택하여 직원들의 사원번호와 이름만 출력해 보겠습니다.

예제 3-2 employees 테이블에서 employee_id, first_name, last_name을 출력하세요.

```
SELECT employee_id, first_name, last_name ········ 출력하려는 열
FROM   employees;
                 ········ 참조하는 테이블
```

---

3 실제 조회 결과는 행이 100개 이상입니다. 책에서는 조회 결과 중 일부만 표기했습니다.

	EMPLOYEE_ID	FIRST_NAME	LAST_NAME
1	100	Steven	King
2	101	Neena	Kochhar
3	102	Lex	De Haan
4	103	Alexander	Hunold
5	104	Bruce	Ernst
6	105	David	Austin
7	106	Valli	Pataballa
8	107	Diana	Lorentz
9	108	Nancy	Greenberg

SELECT 명령문 뒤에 나열한 열 이름 순서대로 결과가 조회된 것을 확인할 수 있습니다. 열 이름은 쉼표(,)를 붙여 계속해서 나열할 수 있으며 결과는 나열한 순서대로 출력됩니다. 모든 열을 조회하는 * 대신 열 이름을 모두 나열해도 같은 결과가 출력됩니다.

ORDER BY

출력 결과를 반대로 정렬하려면 어떻게 해야 할까요?

그림 3-4 행 순서 정렬

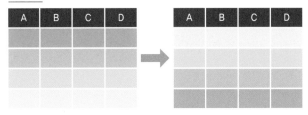

행(row)의 정렬 순서를 정합니다

ORDER BY 명령문을 사용하면 행에 대해 정렬 순서를 지정할 수 있습니다.

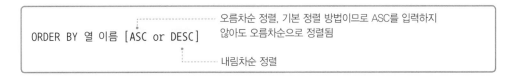

ORDER BY 열 이름 [ASC or DESC] ········· 오름차순 정렬, 기본 정렬 방법이므로 ASC를 입력하지 않아도 오름차순으로 정렬됨

········· 내림차순 정렬

예제 3-3 employees 테이블에서 employee_id, first_name, last_name을 출력하고 employee_id를 기준으로 내림차순 정렬하세요.

```
SELECT employee_id, first_name, last_name
FROM    employees
ORDER BY employee_id DESC;   ········ employee_id를 기준으로 내림차순(DESC) 정렬
```

실행 결과

	EMPLOYEE_ID	FIRST_NAME	LAST_NAME
1	206	William	Gietz
2	205	Shelley	Higgins
3	204	Hermann	Baer
4	203	Susan	Mavris
5	202	Pat	Fay
6	201	Michael	Hartstein
7	200	Jennifer	Whalen
8	199	Douglas	Grant
9	198	Donald	OConnell

ORDER BY 명령문에 아무것도 지정하지 않으면 기본값인 오름차순으로 정렬되기 때문에, 62쪽의 SELECT 문은 employee_id를 기준으로 오름차순 정렬되었습니다. ORDER BY 열 이름 ASC 형식으로 SELECT 문을 작성하여 실행해도 같은 결과가 출력됩니다. 내림차순으로 정렬하려면 ORDER BY 열 이름 DESC 형식으로 기술합니다. ORDER BY 열 이름, 열 이름 DESC, 열 이름 ASC 형식으로 정렬하고 싶은 열을 계속 지정할 수도 있습니다.

실무 활용 팁

고객별 매출을 출력할 때 매출이 높은 순(내림차순)으로 데이터를 정렬하면 중요한 고객이 누구인지 확인하기가 좋습니다. 또한 고객의 거주지별 매출액 순서로 정렬하고자 할 때 거주지를 가나다순으로 정렬하고 매출액이 높은 순으로 정렬하면 거주지별 매출액을 파악하기가 용이합니다. 이처럼 출력 순서를 정하고 싶을 때는 ORDER BY 절을 사용합니다.

출력 결과 내보내기

내가 작성한 SELECT 문의 출력 결과를 파일로 만들어 저장하고 싶을 수 있습니다. Oracle SQL Developer에서 출력 결과를 저장하거나 내보내려면 [질의 결과]에 나온 표의 탭을 마우스 오른쪽 버튼으로 클릭하고 **익스포트(E)**를 선택하면 질의 결과를 엑셀이나 텍스트 파일 등 다양한 형태의 파일로 내보낼 수 있습니다.

그림 3-5 출력 결과 내보내기

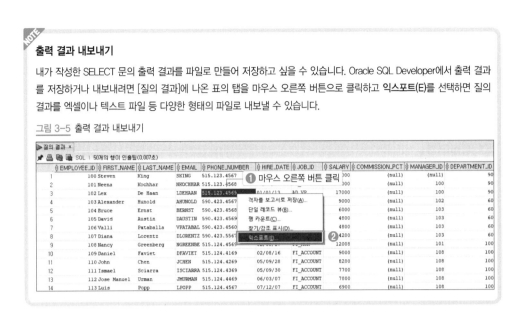

4 중복된 출력 값 제거하기

SQL 연산이나 보고서를 작성할 때 데이터 값의 행이 중복되었다면 중복된 데이터를 제거하고 출력해야 합니다. 이럴 때 사용하는 것이 DISTINCT 명령어입니다.

DISTINCT

DISTINCT 명령어는 중복된 행을 제거한 후 출력합니다. 중복된 행을 제거하고 싶은 열 앞에 DISTINCT 명령어를 기술합니다.

그림 3-6 중복 값 제거하기

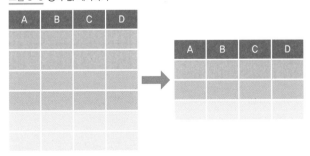

```
DISTINCT 열 이름
```

다음 SELECT 문을 실행해 보겠습니다.

```
SELECT job_id
FROM    employees;
```

실행 결과

	JOB_ID	
1	AC_ACCOUNT	
2	AC_MGR	
3	AD_ASST	
4	AD_PRES	
5	AD_VP	⌐ 중복 행
6	AD_VP	⌐
7	FI_ACCOUNT	⌐
8	FI_ACCOUNT	⌐ 중복 행
9	FI_ACCOUNT	⌐

job_id를 출력했는데 중복된 값이 그대로 출력되었습니다. 출력 결과만으로는 job_id에 어떤 종류가 있는지 한눈에 알아보기가 어렵습니다. 이럴 때 중복 값을 제거하여 데이터 값을 종류별로 하나만 출력하는 명령어가 DISTINCT입니다.

예제 3-4 employees 테이블에서 중복 값이 생기지 않도록 job_id를 출력하세요.

```
SELECT DISTINCT job_id
FROM    employees;
```

실행 결과

	JOB_ID
1	AC_ACCOUNT
2	AC_MGR
3	AD_ASST
4	AD_PRES
5	AD_VP
6	FI_ACCOUNT
7	FI_MGR
8	HR_REP
9	IT_PROG

DISTINCT 명령어를 사용했더니 데이터 값이 종류별로 하나만 출력된 것을 확인할 수 있습니다. DISTINCT 명령어 뒤에 열 이름을 계속 나열하면 나열한 순서대로 DISTINCT가 모두 적용되므로 유의합니다.

5   SQL 문을 효율적으로 작성하기 위해 별칭 사용하기

SELECT 문의 결과를 출력할 때 일반적으로 열 이름은 테이블을 정의할 때 명명한 열의 제목(열 이름)을 출력합니다. 원래 명명된 열 이름 외에 열 이름으로 임의로 바꿔 쓰고자 할 때 사용하는 것이 별칭(alias)입니다.

AS

열 이름을 변경하려면 AS 접속사를 사용합니다. 단, SELECT 문에 기술할 때는 AS 접속사를 생략하고 바로 별칭을 기술할 수도 있습니다. 실제로 SQL 문이 익숙해지면 AS 접속사를 종종 생략하곤 합니다. 이 책에서도 AS 접속사는 가급적 생략하겠습니다. 다만 가독성이 필요한 SQL 문에서는 AS 접속사를 사용하기를 권장합니다.

그림 3-7 **열 이름 바꾸기**

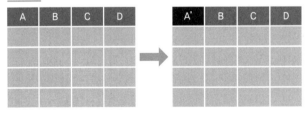

```
SELECT 열 이름 AS 별칭 •⋯⋯ 변경하려는 이름
```

별칭의 특징은 다음과 같습니다.

- 별칭은 열 이름을 임시로 변경하는 데 사용합니다. 원래의 열 이름이 물리적으로 영원히 변경되는 것은 아닙니다.
- 별칭은 열 이름 바로 뒤에 사용하며, 열 이름과 별칭 사이에는 AS 접속사를 넣습니다.

- AS 접속사는 생략할 수 있습니다.
- 별칭에 공백, 특수문자, 대소문자 등을 사용하려면 "Emp Id"처럼 큰따옴표(")로 묶어서 사용합니다.

 실무 활용 팁

- 테이블을 정의할 때는 보통 열 이름을 데이터 값의 특성을 대표할 수 있는 형태로 짓습니다(예를 들어 employees 테이블의 사원번호가 담긴 열 이름은 employee_id). 하지만 열 이름이 prd_attr_0008 처럼 무슨 의미인지 알 수 없게 붙여진 경우도 있습니다. 또한 SQL 문이 길어질수록 열 이름을 일일이 기술하는 게 번거로울 수 있습니다. 이럴 때 열 이름을 변경하여 사용하면 SQL 문을 간편하게 작성할 수 있습니다. 별칭은 열 이름뿐만 아니라 테이블 이름에도 붙일 수 있습니다. 별칭은 6~7장에서 배울 조인과 서브쿼리에서도 테이블과 서브쿼리를 호출하기 위해 필수로 사용됩니다.
- 별칭은 순수한 열 이름뿐만 아니라 max(salary)와 같이 함수가 포함된 열 이름에도 붙일 수 있습니다. 이때 max(salary) AS max_salary와 같이 별칭을 명확하게 지정해 주면 SQL 문이 길어지거나 복잡해질 때 발생할 수 있는 혹시 모를 논리 오류를 피할 수 있습니다.

다음은 AS 접속사를 이용하여 열에 별칭을 적용한 사례입니다.

예제 3-5 employees 테이블에서 employee_id는 '사원번호', first_name은 '이름', last_name은 '성'으로 출력하세요.

변경하려는 이름

```
SELECT employee_id AS 사원번호, first_name AS 이름, last_name AS 성
FROM   employees;
```

실행 결과

	사원번호	이름	성
1	100	Steven	King
2	101	Neena	Kochhar
3	102	Lex	De Haan
4	103	Alexander	Hunold
5	104	Bruce	Ernst
6	105	David	Austin
7	106	Valli	Pataballa
8	107	Diana	Lorentz
9	108	Nancy	Greenberg

열 이름이 바뀐 것을 확인할 수 있습니다.

6 데이터 값 연결하기

각 열에 따로 담겨 있는 데이터 값을 하나로 붙이거나 추가 수식을 붙여 출력하는 경우가 있습니다. 이럴 때 사용하는 것이 연결 연산자인 ||입니다.

연결 연산자 ||

연결 연산자인 ||를 사용하면 각 열의 결과를 연결해 하나의 열로 결과를 표현할 수 있고, 문자열을 추가해 새로운 데이터를 표현하는 열을 만들 수도 있습니다.

그림 3-8 데이터 값 연결하기

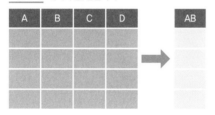

> [열 이름]||[열 이름] or [열 이름]||'[문자]' •········ 문자를 붙일 때는 작은따옴표를 사용

예제 3-6 employees 테이블에서 employee_id를 출력하고 first_name과 last_name을 붙여서 출력하세요.

```
SELECT  employee_id, first_name||last_name
FROM    employees;
```

실행 결과

	EMPLOYEE_ID	FIRST_NAME||LAST_NAME
1	100	StevenKing
2	101	NeenaKochhar
3	102	LexDe Haan
4	103	AlexanderHunold
5	104	BruceErnst
6	105	DavidAustin
7	106	ValliPataballa
8	107	DianaLorentz
9	108	NancyGreenberg

앞의 예제를 보면 fitst_name과 last_name 열의 데이터 값이 연결된 것을 확인할 수 있습니다. 이번에는 문자열 값을 붙여서 데이터를 조작해 보겠습니다.

예제 3-7 employees 테이블에서 employee_id를 출력하고, first_name과 last_name을 붙여서 출력하되 가운데 한 칸을 띄워 주세요. 다음 열에는 email을 출력하되 @company.com 문구를 붙여서 출력하세요.

```
SELECT  employee_id,
        first_name||' '||last_name,
        email||'@'||'company.com'  ……… 문자열
FROM    employees;
```

<u>실행 결과</u>

	EMPLOYEE_ID	FIRST_NAME||' '||LAST_NAME	EMAIL||'@'||'COMPANY.COM'
1	100	Steven King	SKING@company.com
2	101	Neena Kochhar	NKOCHHAR@company.com
3	102	Lex De Haan	LDEHAAN@company.com
4	103	Alexander Hunold	AHUNOLD@company.com
5	104	Bruce Ernst	BERNST@company.com
6	105	David Austin	DAUSTIN@company.com
7	106	Valli Pataballa	VPATABAL@company.com
8	107	Diana Lorentz	DLORENTZ@company.com
9	108	Nancy Greenberg	NGREENBE@company.com

연결 연산자와 함께 fitst_name과 last_name 사이에 작은따옴표를 사용해서 한 칸 띄웠습니다. email 열에는 @company.com이라는 데이터 값을 추가하였습니다. 작은따옴표 사이에 들어가는 값을 문자열(literal string)이라고 하는데, 연결 연산자와 함께 작은따옴표 사이에 숫자, 문자, 특수문자를 넣어서 데이터를 다양하게 표현할 수 있습니다. 이런 작업을 통해 데이터를 한결 보기 좋게 만들 수 있습니다.

실무 활용 팁

예제 3-6과 같이 열과 열을 합쳐서 데이터를 출력해야 할 때는 연결 연산자를 사용하면 됩니다. 또 예제 3-7과 같이 정보에 충분한 값이 없어 일괄적으로 문자열에 값을 추가해야 할 때도 연결 연산자를 사용해 추가 정보를 출력할 수 있습니다. 특정 문장 자체를 한꺼번에 대체할 때는 4장에서 배울 문자 타입 함수를 사용합니다.

7 산술 처리하기 : 데이터 값끼리 계산

데이터를 사전에 가공하거나 리포트를 작성할 목적으로 데이터 값끼리 계산하려면 산술 연산자를 사용해야 합니다. 산술 연산은 숫자를 계산한다는 의미입니다.

산술 연산자

산술 연산자는 데이터 값을 계산하고자 할 때 사용합니다. 산술 표현식에는 열 이름, 숫자, 날짜, 산술 연산자 등을 포함할 수 있으며, 산술 연산자에는 +(더하기), -(빼기), *(곱하기), /(나누기)가 있습니다. SELECT 문에서는 FROM 절을 제외한 모든 절에서 산술 연산자를 사용할 수 있습니다. 수학의 일반적인 계산과 마찬가지로 연산의 우선순위는 ( ), *, /, +, - 순입니다.

예제 3-8 employees 테이블에서 employee_id, salary, salary에 500을 더한 값, 100을 뺀 값, 10%를 추가해서 2로 나눈 값을 출력하세요.

```
SELECT employee_id, salary, salary+500, salary-100, (salary*1.1)/2
FROM    employees;
```

실행 결과

	EMPLOYEE_ID	SALARY	SALARY+500	SALARY-100	(SALARY*1.1)/2
1	100	24000	24500	23900	13200
2	101	17000	17500	16900	9350
3	102	17000	17500	16900	9350
4	103	9000	9500	8900	4950
5	104	6000	6500	5900	3300
6	105	4800	5300	4700	2640
7	106	4800	5300	4700	2640
8	107	4200	4700	4100	2310
9	108	12008	12508	11908	6604.4

이 예제는 employees 테이블에 있는 employee_id의 각 salary 데이터 값에 대해 더하기, 빼기, 곱하기, 나누기를 한 것입니다. 마지막 열에 들어갈 곱하기와 나누기 구문은 소괄호(( ))를 이용하여 연산의 우선순위를 지정했습니다. 즉, 1.1을 곱한 후 2로 나눕니다. 다시 한 번 강조하지만 계산된 employees 테이블의 salary+100, salary-100 … 등은 단지 계산해 출력

한 결과일 뿐 새로운 열을 만들어 데이터베이스에 추가한 것이 아니라는 점에 유의하세요. 앞에서 확인한 연결 연산자의 출력 결과도 마찬가지입니다.

앞에서 배운 별칭(alias)을 적용하면 다음과 같이 응용할 수도 있습니다.

예제 3-9 employees에서 employee_id를 '사원번호', salary를 '급여', salary+500을 '추가급여', salary-100을 '인하급여', (salary*1.1)/2를 '조정급여'로 출력하세요.

```
SELECT employee_id AS 사원번호,
       salary AS 급여,
       salary+500 AS 추가급여,
       salary-100 AS 인하급여,
       (salary*1.1)/2 AS 조정급여
FROM   employees;
```

실행 결과

	사원번호	급여	추가급여	인하급여	조정급여
1	100	24000	24500	23900	13200
2	101	17000	17500	16900	9350
3	102	17000	17500	16900	9350
4	103	9000	9500	8900	4950
5	104	6000	6500	5900	3300
6	105	4800	5300	4700	2640
7	106	4800	5300	4700	2640
8	107	4200	4700	4100	2310
9	108	12008	12508	11908	6604.4

실무 활용 팁

산술 연산자는 실무에서 매우 많이 쓰입니다. 급여 계산, 매출 계산, 날짜 계산에도 사용됩니다. 특히 비즈니스를 위한 다양한 리포트를 작성하는 데 필수입니다.

02 WHERE 조건 절을 활용한 데이터 검색

SQL FOR EVERYONE

지금까지는 열을 조회하고 정렬하는 방법을 알아보았습니다. 이번에는 행의 특정 데이터 값을 조회하거나 비교하여 연산 처리하는 방법을 알아보겠습니다.

사용자가 원하는 데이터를 조회할 때 사용하는 것이 WHERE 절입니다. WHERE 절은 WHERE라는 단어에서 알 수 있듯이 조건을 지정해 데이터 값을 '어디에서 어떻게' 가져올지 정합니다. WHERE 절은 FROM 절 바로 다음에 기술하며 수행될 조건식을 포함합니다.[4] 수행될 조건 절에는 연산자(비교 연산자, SQL 연산자, 논리 연산자), 열 이름, 표현식, 숫자, 문자 등을 포함시킬 수 있습니다.

WHERE 절의 주요 특징은 다음과 같습니다.

- WHERE 절을 사용하여 조회하려는 조건을 지정할 수 있습니다.
- WHERE 절은 FROM 절 다음에 위치합니다.
- 수행될 조건 절에는 비교 연산자, SQL 연산자, 논리 연산자, 열 이름, 표현식, 숫자, 문자 등을 쓸 수 있습니다.

그림 3-9 WHERE 절로 원하는 행 선택

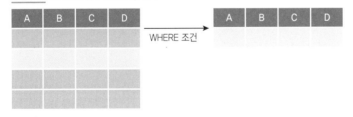

SELECT 문에서 WHERE 절은 다음 형식으로 쓸 수 있습니다.

---

4 SELECT 문의 구조를 다시 확인하는 차원에서 58쪽 'SELECT 문의 기본 문법'을 한 번 더 보는 것도 좋습니다.

```
SELECT  열 이름 ··········· ❸ 출력하려는 열
FROM    테이블 이름 ········ ❶ 참조하려는 테이블
WHERE   원하는 조건; ······· ❷ 조건식
```

데이터가 조회되는 논리 순서를 살펴봅시다.

❶ 참조하려는 테이블로부터(FROM)

❷ 해당 조건식으로(WHERE)

❸ 열을 선택(SELECT)하여 조회합니다.

WHERE 절에는 연산자(operator)를 같이 쓸 수 있는데, 연산자는 operator라는 의미 그대로 데이터 값을 조작하는 데 사용됩니다. 복잡한 조건을 만족하는 SQL 문을 작성하려면 다양한 연산자를 사용해야 합니다. 예를 들어 '회계 부서에 근무하는 직원 중에 급여가 1,000만원이 넘으면서 2년 이상 근무한 사람을 출력하세요.'라는 다중 조건을 쓰려면 사용자는 여러 가지 연산자를 사용해야 합니다. 연산자는 크게 비교 연산자(그리고 부정 비교 연산자), SQL 연산자(그리고 부정 SQL 연산자), 논리 연산자로 구분할 수 있습니다.

표 3-1 연산자의 종류

연산자 종류	설명	예시
비교 연산자	조건을 비교	=, ⟨, ⟩ 등
SQL 연산자	조건 비교를 확장	BETWEEN, IN 등
논리 연산자	조건 논리를 연결	AND, OR 등

연산자의 우선순위는 다음과 같습니다.

- 괄호 ⟩ 부정 연산 ⟩ 비교 연산 ⟩ SQL 연산 순으로 처리됩니다.
- 논리 연산자는 NOT, AND, OR 순으로 처리됩니다.

연산자의 순서는 데이터 조회 속도에 영향을 줄 수 있습니다. 조회 성능에 관한 부분은 고급 SQL 영역으로 이 책이 의도한 학습 수준을 벗어나므로 따로 다루지 않습니다.

1 비교 연산자 : 비교 조회 조건 주기

비교 연산자의 종류는 다음과 같습니다. 다양한 조건을 적용하여 사용자가 원하는 결과를 얻을 수 있습니다.

표 3-2 비교 연산자의 종류

구분	연산자	의미
비교 연산자	=	같다.
	〈〉 (!=)	같지 않다.
	〉	보다 크다.
	〉=	보다 크거나 같다.
	〈	보다 작다.
	〈=	보다 작거나 같다.

등호 연산자 =

특정 데이터 값을 선택할 때 주로 사용하는 연산자는 '같다'라는 의미를 가진 등호 연산자인 =입니다. 여러분이 가장 많이 사용할 연산자 중 하나입니다. WHERE 절 다음에 열 이름 = 데이터 값 형식으로 기술하면 됩니다.

예제 3-10 employee_id가 100인 직원 정보를 출력하세요.

```
SELECT *
FROM    employees
WHERE   employee_id = 100;
```

실행 결과

	EMPLOYEE_ID	FIRST_NAME	LAST_NAME	EMAIL	PHONE_NUMBER	HIRE_DATE	DEPARTMENT_ID
1	100	Steven	King	SKING	515.123.4567	03/06/17	90

숫자는 이 예제처럼 = 연산자 뒤에 별다른 처리 없이 입력하면 됩니다. 반면 데이터 값이 문자 값이나 날짜 값이라면 WHERE first_name = 'David'와 같이 작은따옴표를 조건 데이터 값(여기서는 David)에 붙여서 사용합니다. 이런 경우에는 대소문자와 날짜 형식을 구분합니다. first_name이 'David'인 직원을 조회해 보겠습니다.

예제 3-11 employees 테이블에서 first_name이 David인 직원 정보를 출력하세요.

```
SELECT *
FROM    employees
WHERE   first_name = 'David';
```

실행 결과

	EMPLOYEE_ID	FIRST_NAME	LAST_NAME	EMAIL	PHONE_NUMBER	HIRE_DATE	DEPARTMENT_ID
1	105	David	Austin	DAUSTIN	590.423.4569	05/06/25	60
2	151	David	Bernstein	DBERNSTE	011.44.1344.345268	05/03/24	80
3	165	David	Lee	DLEE	011.44.1346.529268	08/02/23	80

3명이 검색되어 출력되었습니다. 작은따옴표를 사용했으므로 문자 값 'David'와 'david'
는 다른 의미입니다. 'david'로 조회하면 아무런 데이터도 출력되지 않습니다.

부등호 연산자 >=

>= 연산자는 '크거나 같을 경우', 즉 '~ 이상'이라는 의미입니다. 다음 예제는 >= 연산자를 사
용해서 employee_id가 105 이상인 데이터를 출력합니다.

예제 3-12 employees 테이블에서 employee_id가 105 이상인 직원 정보를 출력하세요.

```
SELECT *
FROM    employees
WHERE   employee_id >= 105;
```

실행 결과

	EMPLOYEE_ID	FIRST_NAME	LAST_NAME	EMAIL	PHONE_NUMBER	HIRE_DATE	DEPARTMENT_ID
1	105	David	Austin	DAUSTIN	590.423.4569	05/06/25	60
2	106	Valli	Pataballa	VPATABAL	590.423.4560	06/02/05	60
3	107	Diana	Lorentz	DLORENTZ	590.423.5567	07/02/07	60
4	108	Nancy	Greenberg	NGREENBE	515.124.4569	02/08/17	100
5	109	Daniel	Faviet	DFAVIET	515.124.4169	02/08/16	100
6	110	John	Chen	JCHEN	515.124.4269	05/09/28	100
7	111	Ismael	Sciarra	ISCIARRA	515.124.4369	05/09/30	100
8	112	Jose Manuel	Urman	JMURMAN	515.124.4469	06/03/07	100
9	113	Luis	Popp	LPOPP	515.124.4567	07/12/07	100

비교 연산자의 기본 원리를 설명했습니다. 나머지 연산자도 응용해 보기 바랍니다.

실무 활용 팁

비교 연산자는 SQL에서 필수 요소입니다. 예를 들어 매출 데이터베이스를 이용해 매출 리포트를 출력해야 할 때는 특별한 조건이 필요합니다. 2018년 1월부터 6월까지 특정 영업점의 매출을 출력해야 하거나(영업점 = '강남' AND 매출일자 >= '201801' AND 매출일자 <= '201806') 특정 고객이 전체 매출에서 차지하는 비중 등을 출력해야 할 때는 반드시 비교 연산자를 사용해야 합니다.

2 SQL 연산자 : 조회 조건 확장하기

SQL 연산자는 비교 연산자보다 조금 더 확장된 연산자로 자주 쓰는 연산자입니다. 종류는 다음과 같습니다.

표 3-3 SQL 연산자의 종류

구분	연산자	의미
SQL 연산	BETWEEN a AND b	a와 b 사이에 값이 있다(a, b값 포함).
	IN (list)	list 중 어느 값이라도 일치한다.
	LIKE '비교 문자'	비교 문자와 형태가 일치한다(%, _ 사용).
	IS NULL	null 값을 갖는다.

BETWEEN 연산자

BETWEEN 연산자는 두 값의 범위에 해당하는 행을 출력할 때 사용합니다. a 이상 b 이하의 값을 조회하라는 의미로 >=와 <= 연산자를 함께 사용한 것과 같습니다. a에 작은 값을 기술하고 b에 큰 값을 기술합니다.

예제 3-13 employees 테이블에서 salary가 10,000 이상이고 20,000 이하인 직원 정보를 출력하세요.

```
SELECT *
FROM    employees
WHERE   salary BETWEEN 10000 AND 20000;
```

	EMPLOYEE_ID	FIRST_NAME	LAST_NAME	SALARY	COMMISSION_PCT	MANAGER_ID	DEPARTMENT_ID
1	101	Neena	Kochhar	17000	(null)	100	90
2	102	Lex	De Haan	17000	(null)	100	90
3	108	Nancy	Greenberg	12008	(null)	101	100
4	114	Den	Raphaely	11000	(null)	100	30
5	145	John	Russell	14000	0.4	100	80
6	146	Karen	Partners	13500	0.3	100	80
7	147	Alberto	Errazuriz	12000	0.3	100	80
8	148	Gerald	Cambrault	11000	0.3	100	80
9	149	Eleni	Zlotkey	10500	0.2	100	80

salary가 10,000 이상이고 20,000 이하인 데이터가 출력되었습니다.

IN 연산자

조회하고자 하는 데이터 값이 여러 개일 때 사용합니다. = 연산자와 유사하지만 = 연산자는 조회 조건으로 데이터 값을 하나만 지정할 수 있는데 반해 IN 연산자는 데이터 값을 여러 개, 즉 목록(list)으로 지정할 수 있습니다. 여러 개의 값 목록 중에서 하나의 값이라도 만족하면 조건에 해당하는 결과를 출력합니다. 이러한 연산자를 다중 행 연산자라고도 부릅니다.

예제 3-14 employees 테이블에서 salary가 10000, 17000, 24000인 직원 정보를 출력하세요.

```
SELECT *
FROM    employees
WHERE   salary IN (10000, 17000, 24000);
```

실행 결과

	EMPLOYEE_ID	FIRST_NAME	LAST_NAME	SALARY	COMMISSION_PCT	MANAGER_ID	DEPARTMENT_ID
1	100	Steven	King	24000	(null)	(null)	90
2	101	Neena	Kochhar	17000	(null)	100	90
3	102	Lex	De Haan	17000	(null)	100	90
4	150	Peter	Tucker	10000	0.3	145	80
5	156	Janette	King	10000	0.35	146	80
6	169	Harrison	Bloom	10000	0.2	148	80
7	204	Hermann	Baer	10000	(null)	101	70

IN 연산자를 이용해 급여가 10000, 17000, 24000인 모든 직원의 정보를 조회했습니다. WHERE 절의 조건식이 목록이기 때문에 IN 연산자 대신 = 연산자를 사용하면 오류가 발생합니다.

LIKE 연산자

LIKE 연산자는 조회 조건 값이 명확하지 않을 때 사용합니다. LIKE 연산자는 '~와 같다'라는 의미입니다.

- LIKE 연산자는 %와 _ 같은 기호 연산자(wild card)와 함께 사용합니다.
- 조건에는 문자나 숫자를 포함할 수 있습니다.
- %는 '모든 문자'라는 의미고, _는 '한 글자'라는 의미입니다.

job_id 값에서 AD를 포함하는 모든 정보를 조회해 보겠습니다. %는 조건을 포함하는 '~ 모든 문자'라는 의미입니다.

예제 3-15 employees 테이블에서 job_id 값이 AD를 포함하는 모든(%) 데이터를 조회하세요.

```
SELECT *
FROM    employees
WHERE   job_id LIKE 'AD%';  •… 맨 앞에 AD라는 문자 값을 가지면서 그 뒤로 모든 문자(%)를 포함하는 데이터
```

실행 결과

	EMPLOYEE_ID	FIRST_NAME	LAST_NAME	EMAIL	PHONE_NUMBER	HIRE_DATE	JOB_ID	MENT_ID
1	200	Jennifer	Whalen	JWHALEN	515.123.4444	03/09/17	AD_ASST	10
2	100	Steven	King	SKING	515.123.4567	S	AD_PRES	90
3	101	Neena	Kochhar	NKOCHHAR	515.123.4568	05/09/21	AD_VP	90
4	102	Lex	De Haan	LDEHAAN	515.123.4569	01/01/13	AD_VP	90

job_id 열을 살펴보면 % 조건으로 부서 코드가 AD를 포함하는 모든 데이터 값을 갖는 직원 정보가 총 4건 조회된 것을 확인할 수 있습니다(AD_ASST, AD_PRES, AD_VP, AD_VP). % 조건은 다음처럼 '%AD'나 '%AD%' 조건 등으로 응용할 수 있습니다.

표 3-4 % 조건의 응용

예	문법	의미		결과	EMPLOYEE_ID	FIRST_NAME	LAST_NAME
1	first_name LIKE 'Le%'	first_name에서 Le~는 모두 출력	→	1	102	Lex	De Haan
2	first_name LIKE '%ame%'	first_name에서 ~ame~는 모두 출력	→	2	127	James	Landry
					131	James	Marlow
3	first_name LIKE '%in'	first_name에서 ~in은 모두 출력	→	3	124	Kevin	Mourgos
					197	Kevin	Feeney

※ %는 '~'라는 의미로 이해하면 쉽습니다.

예제 3-16 employees 테이블에서 AD를 포함하면서 AD 뒤에 따라오는 문자열이 3자리인 데이터 값을 갖는 직원 정보를 조회하세요(AD+3자리 데이터 값).

```
SELECT  *
FROM    employees
WHERE   job_id LIKE 'AD___';  ······_가 3개, 즉 AD 뒤에 따라오는 문자열이 3자리인 데이터
```

실행 결과

	EMPLOYEE_ID	FIRST_NAME	LAST_NAME	EMAIL	PHONE_NUMBER	HIRE_DATE	JOB_ID	MENT_ID
1	101	Neena	Kochhar	NKOCHHAR	515.123.4568	05/09/21	AD_VP	90
2	102	Lex	De Haan	LDEHAAN	515.123.4569	01/01/13	AD_VP	90

조회 조건에 맞는 직원 정보가 총 2건 조회되었습니다(AD_VP).

 실무 활용 팁

LIKE 연산자를 사용해 특정 내용을 찾을 수도 있습니다. 웹 게시판에서 '제목으로', '내용으로'라는 검색 방법을 선택하고 검색 내용을 넣는 경우를 자주 보았을 것입니다. 이러한 기능을 구현할 때는 데이터베이스 조작부에 LIKE 연산자를 사용한 SQL 문을 적용합니다. 또 다른 예로 고객 관리 시스템에서 정씨 성을 가진 고객 정보를 조회하고자 할 때 고객 이름 LIKE '정%'이라고 LIKE 연산자를 사용하면 정씨 성을 가진 모든 고객이 조회됩니다.[5]

---

5 대용량 데이터베이스에서 LIKE 연산자는 성능을 떨어뜨릴 수 있으므로 다른 방법을 이용하기도 합니다.

IS NULL 연산자

IS NULL 연산자는 데이터 값이 null인 경우를 조회하고자 할 때 사용합니다. null은 값이 지정되지 않았기 때문에 값이 없어 알 수 없는 값을 말합니다. null은 0이나 공백(space)과는 엄연히 다릅니다. 0은 숫자 값이고 공백은 문자 값이므로 다른 유형의 데이터 값입니다.

예제 3-17 employees 테이블에서 manager_id가 null 값인 직원 정보를 출력해 보세요.

```
SELECT *
FROM    employees
WHERE   manager_id IS NULL;
```

실행 결과

	EMPLOYEE_ID	FIRST_NAME	LAST_NAME	JOB_ID	SALARY	COMMISSION_PCT	MANAGER_ID	NT_ID
1	100	Steven	King	AD_PRES	24000	(null)	(null)	90

1건이 조회되었습니다. 유일하게 manager_id가 없는 Steve King은 job_id 정보로 볼 때 사장(president)임을 추측할 수 있습니다.

3 논리 연산자 : 조건 논리를 계속 연결하기

논리 연산자는 여러 조건을 논리적으로 연결할 때 사용하는 연산자입니다. SQL 문의 조건을 계속 추가해야 할 때 필수 연산자입니다.

표 3-5 논리 연산자의 종류

구분	연산자	의미
논리 연산	AND	기술 순서로 봤을 때 앞의 조건과 뒤의 조건이 동시에 참(TRUE)이어야 참이다. 즉, 앞뒤 조건을 동시에 만족해야 한다.
	OR	앞의 조건이 참(TRUE)이거나 뒤의 조건이 참(TRUE)인 경우, 즉 한쪽이라도 참이면 참이다.
	NOT	뒤의 조건에 대해 반대 결과를 반환한다.

특정 조건을 모두 만족해야 할 때는 AND 연산자를 사용합니다. AND 연산자는 매우 중요한 연산자입니다. 여러 조건을 동시에 만족해야 하는 상황에서 사용하고, 6장에서 배울 조인 (join)을 확장하여 기술할 때도 사용합니다.

그림 3-10 AND 연산자 : 교집합

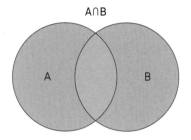

A∩B

employees 테이블에서 급여가 4,000을 초과하면서 job_id가 IT_PROG인 직원을 조회해 보겠습니다.

예제 3-18 employees 테이블에서 salary가 4000을 초과하면서(AND), job_id가 IT_PROG인 값을 조회하세요.

```
SELECT *
FROM    employees
WHERE   salary > 4000
AND     job_id = 'IT_PROG';
```
└······ 앞 조건과 뒤 조건을 만족

실행 결과

	EMPLOYEE_ID	FIRST_NAME	LAST_NAME	EMAIL	PHONE_NUMBER	HIRE_DATE	JOB_ID	SALARY	T_ID
1	103	Alexander	Hunold	AHUNOLD	590.423.4567	06/01/03	IT_PROG	9000	60
2	104	Bruce	Ernst	BERNST	590.423.4568	07/05/21	IT_PROG	6000	60
3	105	David	Austin	DAUSTIN	590.423.4569	05/06/25	IT_PROG	4800	60
4	106	Valli	Pataballa	VPATABAL	590.423.4560	06/02/05	IT_PROG	4800	60
5	107	Diana	Lorentz	DLORENTZ	590.423.5567	07/02/07	IT_PROG	4200	60

AND 연산자로 급여가 4000을 초과하고 job_id가 IT_PROG인 조건을 만족하는 결과를 조회하였습니다. 이렇게 논리 연산자는 계속 붙여 나갈 수 있습니다. 논리 연산자를 통해 조건식을 계속 붙여서 만든 절을 조건 절이라고 하는데, 조건 절은 SQL 문에서 보통 WHERE 이하의 절을 말합니다.

자, 그럼 앞의 조건에 추가하여 job_id가 FI_ACCOUNT인 직원까지 조회하려면 어떻게 해야 할까요? OR 연산자를 사용하면 됩니다.

그림 3-11 OR 연산자 : 합집합

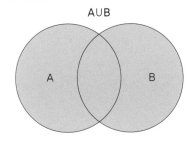

A∪B

A B

예제 3-19 employees 테이블에서 salary가 4000을 초과하면서(AND), job_id가 IT_PROG거나(OR) FI_ACCOUNT인 경우를 조회하세요.

```
SELECT *
FROM    employees
WHERE   salary > 4000
AND     job_id = 'IT_PROG'
OR      job_id = 'FI_ACCOUNT';
        ⌐⌐⌐⌐⌐⌐ 앞 조건 또는 뒤 조건 만족
```

실행 결과

	EMPLOYEE_ID	FIRST_NAME	LAST_NAME	EMAIL	PHONE_NUMBER	HIRE_DATE	JOB_ID	SALARY	ID
1	103	Alexander	Hunold	AHUNOLD	590.423.4567	06/01/03	IT_PROG	9000	60
2	104	Bruce	Ernst	BERNST	590.423.4568	07/05/21	IT_PROG	6000	60
3	105	David	Austin	DAUSTIN	590.423.4569	05/06/25	IT_PROG	4800	60
4	106	Valli	Pataballa	VPATABAL	590.423.4560	06/02/05	IT_PROG	4800	60
5	107	Diana	Lorentz	DLORENTZ	590.423.5567	07/02/07	IT_PROG	4200	60
6	109	Daniel	Faviet	DFAVIET	515.124.4169	02/08/16	FI_ACCOUNT	9000	100
7	110	John	Chen	JCHEN	515.124.4269	05/09/28	FI_ACCOUNT	8200	100
8	111	Ismael	Sciarra	ISCIARRA	515.124.4369	05/09/30	FI_ACCOUNT	7700	100
9	112	Jose Manuel	Urman	JMURMAN	515.124.4469	06/03/07	FI_ACCOUNT	7800	100
10	113	Luis	Popp	LPOPP	515.124.4567	07/12/07	FI_ACCOUNT	6900	100

OR 연산자를 추가하여 급여가 4000을 초과하면서 job_id가 IT_PROG거나 FI_ACCOUNT 인 직원 10명을 조회했습니다. 이와 같은 방법으로 논리 연산자를 계속 추가하면 조건이 복잡한 SQL 문도 쉽게 만들 수 있습니다. 다만 OR 연산자는 대용량 데이터베이스에서 조회 성능에 많은 영향을 줄 수 있으므로 주의해서 사용합니다.

NOT 연산자는 조건을 부정으로 만드는 역할을 하기 때문에 부정 연산자로 불립니다. 부정 연산자에는 부정 '비교 연산자'와 부정 'SQL 연산자'가 있습니다.

그림 3-12 NOT 연산자

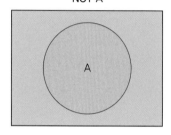

NOT A

다음 표를 살펴보면 부정 비교 연산자 !=(<> 연산자와 != 연산자는 동일한 의미입니다)를 제외한 비교 연산자나 SQL 연산자에 NOT이 붙으면 부정 연산자인 것을 알 수 있습니다. 부정 연산자는 일반 연산자와 반대로 '조건에 맞는' 경우가 아니라 '조건에 맞지 않는' 경우의 값을 반환합니다.

표 3-6 부정 연산자의 종류

구분	연산자	의미
부정 비교	!=	같지 않다.
	<>	같지 않다(ISO 표준).
	NOT 열 이름 =	~와 같지 않다.
	NOT 열 이름 >	~보다 크지 않다.
부정 SQL	NOT BETWEEN a AND b	a와 b 사이에 값이 없다.
	NOT IN (list)	list 값과 일치하지 않는다.
	IS NOT NULL	null 값을 갖지 않는다.

[예제 3-10]에서 실습한 = 연산자의 사례와 반대로 실습해 보겠습니다. <> 연산자를 사용해서 employees 테이블에서 employee_id가 105가 아닌 직원을 조회해 보겠습니다.

[예제 3-20] employees 테이블에서 employee_id가 105가 아닌 직원을 조회해 보세요.

```
SELECT *
FROM    employees
WHERE   employee_id <> 105;
                           └······ 같지 않을 경우
```

실행 결과

	EMPLOYEE_ID	FIRST_NAME	LAST_NAME	EMAIL	PHONE_NUMBER	HIRE_DATE	DEPARTMENT_ID
1	100	Steven	King	SKING	515.123.4567	03/06/17	90
2	101	Neena	Kochhar	NKOCHHAR	515.123.4568	05/09/21	90
3	102	Lex	De Haan	LDEHAAN	515.123.4569	01/01/13	90
4	103	Alexander	Hunold	AHUNOLD	590.423.4567	06/01/03	60
5	104	Bruce	Ernst	BERNST	590.423.4568	07/05/21	60
6	106	Valli	Pataballa	VPATABAL	590.423.4560	06/02/05	60
7	107	Diana	Lorentz	DLORENTZ	590.423.5567	07/02/07	60
8	108	Nancy	Greenberg	NGREENBE	515.124.4569	02/08/17	100
9	109	Daniel	Faviet	DFAVIET	515.124.4169	02/08/16	100

[예제 3-10]과 달리 employee_id가 105인 직원만 제외하고 조회되었습니다.

이번에는 NOT 연산자가 조합된 IS NOT NULL 연산자를 사용해 보겠습니다. [예제 3-17]에서 진행한 IS NULL 연산자 사례와 동일한 조건으로 IS NOT NULL 연산자를 사용하겠습니다.

[예제 3-21] employees 테이블에서 manager_id가 null 값이 아닌 직원을 조회해 보세요.

```
SELECT *
FROM    employees
WHERE   manager_id IS NOT NULL;  •······ null 값이 아닌 경우
```

	EMPLOYEE_ID	FIRST_NAME	LAST_NAME	COMMISSION_PCT	MANAGER_ID	DEPARTMENT_ID
1	101	Neena	Kochhar	(null)	100	90
2	102	Lex	De Haan	(null)	100	90
3	103	Alexander	Hunold	(null)	102	60
4	104	Bruce	Ernst	(null)	103	60
5	105	David	Austin	(null)	103	60
6	106	Valli	Pataballa	(null)	103	60
7	107	Diana	Lorentz	(null)	103	60
8	108	Nancy	Greenberg	(null)	101	100
9	109	Daniel	Faviet	(null)	108	100

manager_id에 null 값을 유일하게 가지고 있던 직원인 Steve King만 조회되지 않은 것을 확인할 수 있습니다. 즉, 일반 연산자와 반대 개념이라고 이해하면 됩니다. 사실 비교 연산자, SQL 연산자, 논리 연산자, 부정 연산자 등 어떤 연산자가 어느 연산자에 속하는지 연산자의 종류까지 외울 필요는 없습니다. 각 연산자가 각각 어떤 역할을 하는지 개념만 알고 있으면 됩니다.

여기까지만으로도 여러분은 기본 테이블에서 가장 기초적인 원천 데이터를 조회할 수 있습니다. 다음 장부터는 조금 더 정교한 데이터 조작 방법을 익히겠습니다.

4장

함수 : 함수로
데이터를 쉽게
가공하기

자주 쓰는 기능을 미리 만들어 놓고 사용하면 필요할 때마다 일일이 기능을 구현하지 않아도 되므로 SQL 문 작성이 편리해집니다. 유용한 기능을 미리 만들어 놓은 것이 바로 함수입니다. SQL은 다양한 함수를 제공하는데 그중 중요한 함수를 위주로 살펴보겠습니다.

오라클 데이터베이스 시스템에서 제공하는 함수는 미리 정의된 기능을 통해 데이터를 좀 더 편리하게 조작할 수 있도록 도와줍니다. 함수란 사용자가 입력 값 X를 넣으면 정해 놓은 출력 값 Y가 나오는 개념입니다. 자판기를 생각하면 됩니다. 동전을 넣고(X) 자판기(함수)를 거치면 물건(Y)이 나오는 것과 유사한 개념입니다.

그림 4-1 함수의 개념

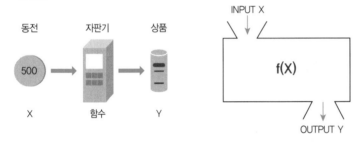

오라클 데이터베이스 시스템의 함수를 이용하여 문자, 숫자, 날짜 값 등을 조작할 수 있으며, 각 데이터 타입(data type, 자료형)끼리 변환할 수도 있습니다(단일 행 함수 기능). 또한 복수의 행을 조합하여 그룹당 하나의 결과로도 출력할 수 있습니다(그룹 함수 기능).

함수를 사용하는 목적은 다음과 같습니다.

- 데이터 값을 계산하거나 조작합니다(단일 행 함수).
- 행의 그룹에 대해 계산하거나 요약합니다(그룹 함수).
- 열의 데이터 타입을 변환합니다. 즉, 날짜와 숫자 등 데이터 타입을 상호 변환합니다.

함수에는 단일 행 함수와 그룹 함수가 있는데 차이점은 다음과 같습니다.

그림 4-2 단일 행 함수와 그룹 함수

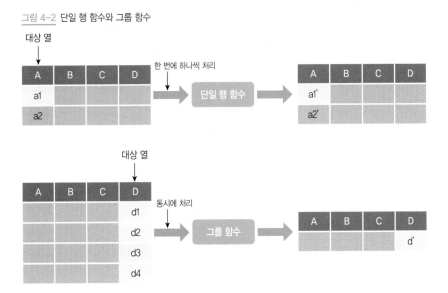

단일 행 함수는 한 번에 하나의 데이터를 처리하는 함수입니다. a1 값을 처리한 후 a2 값을
처리합니다. 반면 그룹 함수는 여러 건의 데이터를 동시에 처리하여 해당 그룹에 해당하는
결과를 반환합니다. 즉, d1, d2, d3, d4를 동시에 입력받아 함수를 거쳐 결괏값을 출력합니
다. 그룹 함수는 주로 나중에 배울 GROUP BY 절과 함께 쓰이며 요약된 정보를 출력해야 할
때 유용합니다.

단일 행 함수 : 데이터 값을 하나씩 계산하고 조작하기

오라클 데이터베이스는 다양한 데이터 타입을 지원합니다. 테이블의 열은 한 가지 데이터 타입으로 지정되어 있으며 지정된 데이터 타입과 일치하는 데이터 값만 저장할 수 있습니다. 그중 가장 많이 쓰는 데이터 타입은 다음과 같습니다.

표 4-1 데이터 타입의 종류

저장 데이터	데이터 타입	설명
문자	CHAR(n)	n 크기만큼 고정 길이의 문자 타입을 저장한다. 최대 2,000바이트(byte)까지 저장할 수 있다.
문자	VARCHAR2(n)	n 크기만큼 가변 길이의 문자 타입을 저장한다. 최대 4,000바이트까지 저장할 수 있다.[1]
숫자	NUMBER(p, s)	숫자 타입을 저장한다(p : 정수 자릿수, s : 소수 자릿수).
날짜	DATE	날짜 타입을 저장한다. 9999년 12월 31일까지 저장할 수 있다.

> **NOTE**
>
> 실무에서 가장 많이 쓰는 데이터 타입은 숫자, 문자, 날짜 타입입니다. 열의 데이터 타입은 Oracle SQL Developer에서 확인할 수 있습니다. 먼저 확인하고자 하는 테이블을 **접속** 창에서 선택하고 더블클릭합니다. 그러면 다음처럼 해당 테이블이 열리고 [DATA_TYPE] 열 탭에서 각 항목의 데이터 타입을 확인할 수 있습니다.
>
> 그림 4-3 Oracle SQL Developer에서 데이터 타입을 확인하는 방법(COUNTRIES 테이블)
>
>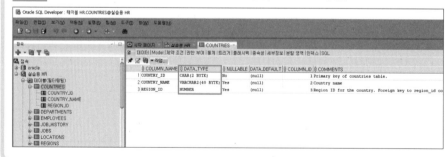

---

1   이런 이유로 실무에서는 CHAR보다 VARCHAR2를 많이 씁니다.

이외에도 BLOB나 BFILE 등 다양한 데이터 타입이 있지만 일반 사용자가 데이터를 조작하면서 쓸 일은 많지 않습니다.

단일 행 함수란 테이블에 존재하는 많은 행이 한 번에 하나씩 함수에 입력되어 하나씩 처리되는 함수입니다. 첫 번째 행을 받아 처리하고 처리가 완료되면 두 번째 행을 받아 처리합니다. 단일 행 함수는 데이터 타입에 따라 문자, 숫자, 날짜 타입 등이 있으며 데이터 타입에 알맞은 함수를 선택해서 사용해야 합니다. 단일 행 함수의 종류는 다음과 같습니다.

표 4-2 단일 행 함수의 종류

종류	설명
문자 타입 함수	문자를 입력받아 문자와 숫자를 반환한다.
숫자 타입 함수	숫자를 입력받아 숫자를 반환한다.
날짜 타입 함수	날짜에 대해 연산한다. 숫자를 반환하는 MONTHS_BETWEEN 함수를 제외한 모든 날짜 타입 함수는 날짜 값을 반환한다.
변환 타입 함수	임의의 데이터 타입의 값을 다른 데이터 타입으로 변환한다.
일반 함수	그 외 NVL, DECODE, CASE WHEN, 순위 함수 등

단일 행 함수의 특징은 다음과 같습니다.

- 각 행에 대해 수행합니다.
- 데이터 타입에 맞는 함수를 사용해야 합니다.
- 행별로 하나의 결과를 반환합니다.
- SELECT, WHERE, ORDER BY 절 등에서 사용할 수 있습니다.
- 함수 속의 함수처럼 중첩해서 사용할 수 있습니다.
- 중첩해서 사용할 경우 가장 안쪽(하위) 단계에서 바깥쪽(상위) 단계순으로 진행합니다.

1 문자 타입 함수

문자 타입 함수는 주로 데이터 조작에 쓰이며 종류는 다음과 같습니다. 문자나 문자열 데이터는 작은따옴표(' ')로 묶어서 문자 타입으로 표현합니다.

표 4-3 문자 함수의 종류

함수	설명	예	결과
LOWER	값을 소문자로 변환한다.	LOWER('ABCD')	abcd
UPPER	값을 대문자로 변환한다.	UPPER('abcd')	ABCD
INITCAP	첫 번째 글자만 대문자로 변환한다.	INITCAP('abcd')	Abcd
SUBSTR	문자열 중 일부분을 선택한다.	SUBSTR('ABC', 1, 2)	AB
REPLACE	특정 문자열을 찾아 바꾼다. 예를 들어 A를 찾아 E로 바꾼다.	REPLACE('AB', 'A', 'E')	EB
CONCAT	두 문자열을 연결한다(‖ 연산자와 같다).	CONCAT('A', 'B')	AB
LENGTH	문자열의 길이를 구한다.	LENGTH('AB')	2
INSTR	명명된 문자의 위치를 구한다.	INSTR('ABCD', 'D')	4
LPAD	왼쪽부터 특정 문자로 자리를 채운다.	LPAD('ABCD', 6, '*')	**ABCD
RPAD	오른쪽부터 특정 문자로 자리를 채운다.	RPAD('ABCD', 6, '*')	ABCD**
LTRIM	주어진 문자열의 왼쪽 문자를 지운다.	LTRIM('ABCD', 'AB')	CD
RTRIM	주어진 문자열의 오른쪽 문자를 지운다.	RTRIM('ABCD', 'CD')	AB

LOWER, UPPER, INITCAP : 데이터 값을 대소문자로 변환하기

LOWER 함수는 데이터 값을 소문자, UPPER 함수는 데이터 값을 대문자로 변환할 때 사용합니다. INITCAP 함수는 데이터 값의 첫 번째 문자만 대문자로 변환할 때 사용합니다. SQL은 데이터 값의 대소문자를 구분하기 때문에[2] 데이터 출력 값을 표준화할 때 유용합니다. 다음은 세 함수를 비교한 결과입니다.

> .... 열 이름 외에 LOWER('ABCD') 형태로 직접 데이터 값을 넣어도 됨
> LOWER('문자열' or 열 이름) / UPPER('문자열' or 열 이름) / INITCAP('문자열' or 열 이름)

---

2 명령어 SELECT는 select로 써도 상관없지만 문자 데이터 값은 'ABC'와 'abc'가 다른 의미입니다.

예제 4-1 employees 테이블에서 last_name을 소문자와 대문자로 각각 출력하고, email의 첫 번째 문자는 대문자로 출력하세요.

```
SELECT last_name,
       LOWER(last_name) LOWER적용[3] ,
       UPPER(last_name) UPPER적용,
       email,
       INITCAP(email) INITCAP적용
FROM   employees;
```

실행 결과

	LAST_NAME	LOWER적용	UPPER적용	EMAIL	INITCAP적용
1	Abel	abel	ABEL	EABEL	Eabel
2	Ande	ande	ANDE	SANDE	Sande
3	Atkinson	atkinson	ATKINSON	MATKINSO	Matkinso
4	Austin	austin	AUSTIN	DAUSTIN	Daustin
5	Baer	baer	BAER	HBAER	Hbaer
6	Baida	baida	BAIDA	SBAIDA	Sbaida
7	Banda	banda	BANDA	ABANDA	Abanda
8	Bates	bates	BATES	EBATES	Ebates
9	Bell	bell	BELL	SBELL	Sbell

원래 첫 글자만 대문자였던 last_name 열의 데이터 값이 LOWER 함수를 적용하자 모두 소문자, UPPER 함수를 적용하자 모두 대문자로 변환되어 출력되었습니다. 또한 원래 대문자였던 email 열의 데이터 값이 INITCAP 함수를 적용하자 첫 글자만 대문자로 변환되어 출력되었습니다.

SUBSTR : 지정한 길이만큼 문자열 추출하기

SUBSTR 함수는 데이터에서 지정된 길이만큼 문자열을 추출할 때 사용합니다. 데이터 값이 이미 가공되어 데이터베이스에 저장되어 있는 경우라도 일부 문자열을 잘라내 가공해야 할 때가 자주 있습니다. 예를 들어 employees 테이블에서 job_id 열의 데이터 값 중 앞의 두 자리는 부서를 가리킵니다. 앞의 두 자리인 부서 데이터 값만 잘라내려면 SUBSTR 함수를 이용해서 특정 부분의 위치와 길이를 지정하여 추출할 수 있습니다.

---

3 코드를 작성할 때는 'LOWER적용'처럼 빈칸 없이 붙여서 입력해야 합니다. 'LOWER 적용'처럼 빈칸을 입력하면 오류가 발생합니다.

```
                            ┌······· 추출 시작 자리 위치
                            │
  SUBSTR('문자열' or 열 이름, 시작 위치, 길이)
                                          │
                                          └······ 추출할 길이
```

예제 4-2 employees 테이블에서 job_id 데이터 값의 첫째 자리부터 시작해서 두 개의 문자를 출력하세요.

```
SELECT job_id, SUBSTR(job_id, 1, 2) 적용결과
FROM   employees;
```

실행 결과

	JOB_ID	적용결과
1	AC_ACCOUNT	AC
2	AC_MGR	AC
3	AD_ASST	AD
4	AD_PRES	AD
5	AD_VP	AD
6	AD_VP	AD
7	FI_ACCOUNT	FI
8	FI_ACCOUNT	FI
9	FI_ACCOUNT	FI

문자의 첫째 자리부터 시작하여 두 개의 문자를 추출해서 출력하였습니다. 시작 위치와 길이 값을 SUBSTR(job_id, 3, 4)와 같이 다르게 지정하여 문자열을 추출할 수도 있습니다. 추출 예로 든 부서 코드는 기초 통계 처리나 다른 테이블과 조인할 때 등 상황에 맞게 유용하게 응용할 수 있습니다.

REPLACE : 특정 문자를 찾아 바꾸기

REPLACE는 특정 문자열을 찾아 바꾸는 함수입니다. 사용자가 바꾸고자 하는 문자나 문자열을 지정하면 지정한 형태로 문자나 문자열이 바뀝니다.

```
REPLACE('문자열' or 열 이름, '바꾸려는 문자열', '바뀔 문자열')
```

예제 4-3 employees 테이블에서 job_id 문자열 값이 ACCOUNT면 ACCNT로 출력하세요.

```
SELECT job_id, REPLACE(job_id, 'ACCOUNT', 'ACCNT') 적용결과
FROM    employees;
```

실행 결과

	JOB_ID	적용결과
1	AC_ACCOUNT	AC_ACCNT
2	AC_MGR	AC_MGR
3	AD_ASST	AD_ASST
4	AD_PRES	AD_PRES
5	AD_VP	AD_VP
6	AD_VP	AD_VP
7	FI_ACCOUNT	FI_ACCNT
8	FI_ACCOUNT	FI_ACCNT
9	FI_ACCOUNT	FI_ACCNT
10	FI_ACCOUNT	FI_ACCNT
11	FI_ACCOUNT	FI_ACCNT

ACCOUNT라는 문자열을 찾아내 ACCNT로 바꾸는 예제입니다. job_id 열 안에서 ACCOUNT라는 문자열을 갖고 있는 데이터 값이 모두 ACCNT로 바뀌어 출력되었습니다.

LPAD, RPAD : 특정 문자로 자릿수 채우기

LPAD는 왼쪽부터 특정 문자로 자릿수를 채우는 함수고 RPAD는 오른쪽부터 특정 문자로 자릿수를 채우는 함수입니다. 리포트나 프로그래밍에서 데이터 값의 자릿수를 맞추어야 할 때 유용합니다.

```
                             숫자 지정
LPAD('문자열' or 열 이름, 만들어질 자릿수, '채워질 문자')
                                          1, a, abc, &, * 등
```

예제 4-4 employees 테이블에서 first_name에 대해 12자리의 문자열 자리를 만들되 first_name의 데이터 값이 12자리보다 작으면 왼쪽에서부터 *를 채워서 출력하세요.

```
SELECT first_name, LPAD(first_name, 12, '*') LPAD적용결과
FROM    employees;
```

실행 결과

	FIRST_NAME	LPAD적용결과
1	Ellen	*******Ellen
2	Sundar	******Sundar
3	Mozhe	*******Mozhe
4	David	*******David
5	Hermann	*****Hermann
6	Shelli	******Shelli
7	Amit	********Amit
8	Elizabeth	***Elizabeth
9	Sarah	*******Sarah

RPAD 함수는 반대로 오른쪽에서부터 채워 넣으라는 의미입니다. 다음은 앞의 예제에 대해 RPAD 함수를 적용한 출력 결과입니다.

RPAD를 적용한 실행 결과

	FIRST_NAME	RPAD적용결과
1	Ellen	Ellen*******
2	Sundar	Sundar******
3	Mozhe	Mozhe*******
4	David	David*******
5	Hermann	Hermann*****
6	Shelli	Shelli******
7	Amit	Amit********
8	Elizabeth	Elizabeth***
9	Sarah	Sarah*******

LTRIM, RTRIM : 특정 문자 삭제하기

LTRIM은 왼쪽부터 지정한 문자를 지우는 함수고 RTRIM은 오른쪽부터 지정한 문자를 지우는 함수입니다. 지정한 문자의 순서는 중요하지 않으며 지정한 문자 외의 값을 만나면 진행을 중단합니다. '삭제할 문자' 옵션을 주지 않으면 공백을 제거합니다.

```
┌─────────────────────────────────────────────────────────────┐
│                        ⌐········ 이 옵션을 주지 않으면 공백을 제거  │
│   LTRIM ('문자열' or 열 이름, '삭제할 문자')                       │
└─────────────────────────────────────────────────────────────┘
```

예제 4-5 employees 테이블에서 job_id의 데이터 값에 대해 왼쪽 방향부터 'F' 문자를 만나면 삭제하고 또 오른쪽 방향부터 'T' 문자를 만나면 삭제해 보세요.

```
SELECT job_id,
       LTRIM(job_id, 'F') LTRIM적용결과,
       RTRIM(job_id, 'T') RTRIM적용결과
FROM   employees;
```

실행 결과

JOB_ID	LTRIM적용결과	RTRIM적용결과
AC_ACCOUNT	AC_ACCOUNT	AC_ACCOUN
AC_MGR	AC_MGR	AC_MGR
AD_ASST	AD_ASST	AD_ASS
AD_PRES	AD_PRES	AD_PRES
AD_VP	AD_VP	AD_VP
AD_VP	AD_VP	AD_VP
FI_ACCOUNT	I_ACCOUNT	FI_ACCOUN
FI_ACCOUNT	I_ACCOUNT	FI_ACCOUN
FI_ACCOUNT	I_ACCOUNT	FI_ACCOUN
FI_ACCOUNT	I_ACCOUNT	FI_ACCOUN
FI_ACCOUNT	I_ACCOUNT	FI_ACCOUN
FI_MGR	I_MGR	FI_MGR
HR_REP	HR_REP	HR_REP

LTRIM과 RTRIM 함수를 적용한 결과입니다. LTRIM 함수를 사용하면서 F를 삭제 문자로 지정하면 왼쪽에서부터 F 문자를 찾아 삭제하여 출력하는 것을 확인할 수 있습니다. 마찬가지로 RTRIM 함수를 적용하면서 T를 삭제할 문자로 지정하면 오른쪽에서부터 T 문자를 찾아 삭제하여 출력하는 것을 확인할 수 있습니다. 진행 방향에 따라 삭제하여 출력하는 결과가 다르다는 점을 유의하기 바랍니다.

TRIM : 공백 제거하기

TRIM 함수는 공백(space)을 제거하는 데 사용합니다. 단, 문자열 중간에 있는 공백은 제거할 수 없습니다.

```
TRIM ('문자열' or 열 이름)
```

다음 코드를 실행해 보면 문자열 중간에 있는 공백을 제외한 모든 공백이 제거된 것을 확인할 수 있습니다.

```
                               ┌─────────── 문자열 중간 공백
SELECT 'start'||TRIM('   - space - ')||'end' 제거된_공백
FROM    dual;
```

실행 결과

	제거된_공백
1	start- space -end

공백이 어떻게 제거되는지 확인하기 위해 일부러 공백을 제거하려는 대상 앞뒤에 start 문자열과 end 문자열을 붙였습니다. 결과를 보면 공백이 모두 제거되어 start- space -end가 출력됩니다. 설명한 대로 -과 space 사이에 있는 공백은 문자열 중간에 있는 공백이므로 제거되지 않았습니다.

> **NOTE**
>
> **DUAL 테이블**
>
> DUAL 테이블은 더미(dummy)라는 하나의 열과 하나의 'X' 데이터 값을 갖고 있는 테이블입니다. 임의의 값을 알고자 하거나 특정 테이블을 참고하지 않아도 될 때 유용한 테이블입니다. 예를 들어 앞의 예처럼 단순히 지정 문자를 출력하고자 할 때 혹은 오늘의 날짜를 알고 싶을 때는 특정 테이블을 참조할 필요가 없습니다. 이때 사용하는 것이 DUAL 테이블입니다. DUAL 테이블의 구조는 다음과 같습니다.
>
> | | DUMMY |
> |---|---|
> | 1 | X |

사용자가 현장에서 데이터를 직접 입력하는 경우나 의도치 않은 사용자의 실수 등으로 공백이 함께 입력되기도 합니다. 예약 시스템을 떠올려 보면 '고객 이름' 칸에 고객 이름을 입력할 때 '이창민'이라고 입력해야 하지만 '이창민　'처럼 공백을 넣어 입력하는 경우도 많습니다. 이렇게 의도하지 않은 데이터 값이 입력되었다면 데이터 값을 정리해야 합니다. '고객 이름' 칸과 같이 공백이 표준 값으로 허용되지 않는 상황이라면 입력받는 단계부터 TRIM 함수를 적용하여 공백이 입력되어도 이 값을 제거할 수 있습니다. TRIM 함수는 이런 상황을 해결할 수 있어 유용합니다.

 2 ## 숫자 타입 함수

숫자 타입 함수는 주로 숫자를 계산하거나 계산이 끝난 후에 추가로 가공 처리를 할 때 사용합니다. SQL은 다양한 숫자 타입 함수를 제공하는데 그중 가장 많이 쓰이는 ROUND와 TRUNC 함수를 알아보겠습니다. 엑셀에서 쓰는 ROUND와 TRUNC 함수와 유사합니다.

표 4-4 숫자 타입 함수의 종류

함수	설명	예	결과
ROUND	숫자를 반올림한다. 0이 소수점 첫째 자리다.	ROUND(15.351, 0)	15
TRUNC	숫자를 절삭한다. 0이 소수점 첫째 자리다.	TRUNC(15.351, 1)	15.3
MOD	나누기 후 나머지를 구한다.	MOD(15, 2)	1
CEIL	숫자를 정수로 올림한다.	CEIL(15.351)	16
FLOOR	숫자를 정수로 내림한다.	FLOOR(15.351)	15
SIGN	양수(1), 음수(-1), 0인지를 구분하여 출력한다.	SIGN(15)	1
POWER	거듭제곱을 출력한다.	POWER(2, 3)	8
SQRT	제곱근을 출력한다.	SQRT(4)	2

ROUND : 숫자 반올림하기

ROUND는 지정한 자리에서 반올림하는 함수입니다. 반올림할 자리 값은 생략할 수 있으며 기본값은 0입니다. 반올림할 자리 값이 양수면 소수 자리에서 반올림하고 음수면 정수 자리에서 반올림합니다. 반올림할 자리 값 0은 소수점 첫째 자리입니다. 0이 소수점 첫째 자리이므로 1은 소수점 둘째 자리에서 반올림, -1은 정수 첫째 자리에서 반올림하겠다는 의미입니다.

그림 4-4 반올림할 자리 값 표현식

음수(-)에서 양수(+)까지 지정, 0이 소수점 첫째 자리

ROUND(숫자 or 열 이름, 반올림할 자리 값)

다음 예는 salary가 월급이라고 가정했을 때 일급을 계산하는 SQL 문입니다.

예제 4-6 employees 테이블에서 salary를 30일로 나눈 후 나눈 값의 소수점 첫째 자리, 소수점 둘째 자리, 정수 첫째 자리에서 반올림한 값을 출력하세요.

```
SELECT salary,
       salary/30 일급,
       ROUND(salary/30, 0) 적용결과0,
       ROUND(salary/30, 1) 적용결과1,
       ROUND(salary/30, -1) 적용결과MINUS1
FROM   employees;
```

실행 결과

	SALARY	일급	적용결과0	적용결과1	적용결과MINUS1
1	24000	800	800	800	800
2	17000	566.6666667	567	566.7	570
3	17000	566.6666667	567	566.7	570
4	9000	300	300	300	300
5	6000	200	200	200	200
6	4800	160	160	160	160
7	4800	160	160	160	160
8	4200	140	140	140	140
9	12008	400.2666667	400	400.3	400

30으로 나누었기 때문에 일급의 일부는 소수로 표현됩니다. 예를 들어 2행의 salary를 30으로 나누면 일급이 566.6666667이 됩니다. 반올림할 자리 값이 0이면 소수 첫째 자리에서 반올림되므로 567입니다. 반올림할 자리 값이 1이면 소수점 둘째 자리에서 반올림하므

로 566.7입니다. 마찬가지로 반올림할 자리 값이 −1이면 정수 첫째 자리에서 반올림하므로 570입니다. ROUND 함수는 열 이름뿐 아니라 ROUND(5466.7, 0)과 같이 숫자를 직접 적용할 수도 있습니다.

TRUNC : 숫자 절삭하기

TRUNC는 지정한 숫자 자리에서 숫자를 절삭(숫자를 버림)하는 함수입니다. 기본 문법은 ROUND 함수와 동일합니다. 절삭할 자리 값 0은 소수점 첫째 자리에서 절삭하겠다는 의미입니다. 양수는 소수 자리, 음수는 정수 자리에서 절삭합니다.

> ······· 음수(−)에서 양수(+)까지 지정, 0이 소수점 첫째 자리
> TRUNC(숫자 or 열 이름, 절삭할 자리 값)

앞의 예와 동일하게 적용해 보겠습니다.

예제 4-7 employees 테이블에서 salary를 30일로 나누고 나눈 값의 소수점 첫째 자리, 소수점 둘째 자리, 정수 첫째 자리에서 절삭하여 출력하세요.

```
SELECT  salary,
        salary/30 일급,
        TRUNC(salary/30, 0) 적용결과0,
        TRUNC(salary/30, 1) 적용결과1,
        TRUNC(salary/30, -1) 적용결과MINUS1
FROM    employees;
```

<u>실행 결과</u>

	SALARY	일급	적용결과0	적용결과1	적용결과MINUS1
1	24000	800	800	800	800
2	17000	566.6666667	566	566.6	560
3	17000	566.6666667	566	566.6	560
4	9000	300	300	300	300
5	6000	200	200	200	200
6	4800	160	160	160	160
7	4800	160	160	160	160
8	4200	140	140	140	140
9	12008	400.2666667	400	400.2	400

2행을 다시 살펴보겠습니다. 일급 566.6666667에 대해 절삭할 자리 값이 0이면 소수점 첫째 자리(첫째 자리 이하)에서 절삭하겠다는 의미이므로 566이 출력됩니다. 절삭할 자리 값이 1이면 소수점 둘째 자리를 의미하므로 566.6, −1이면 정수 첫째 자리를 의미하므로 560이 출력됩니다.

이외에도 다양한 숫자 함수가 존재하지만 자주 사용하지 않습니다. 또한 SQL에서 복잡한 산술 연산을 처리할 수 없는 것은 아니지만 데이터베이스 성능을 감안할 때 데이터베이스보다는 프로그램이나 애플리케이션에서 데이터 값을 받아 계산하는 경우가 많습니다. 데이터베이스 성능에 관한 부분은 고급 영역이므로 이 책에서는 다루지 않습니다.

3 날짜 타입 함수

데이터를 다루다 보면 날짜를 계산하고 처리해야 하는 경우가 많습니다. 이때 사용하는 것이 날짜 타입 함수입니다. 날짜 타입 함수는 날짜를 연산하여 숫자로 출력하는 MONTHS_BETWEEN 외에는 모두 결과를 날짜 타입으로 출력합니다.

오라클에서 날짜의 연산 규칙은 다음과 같습니다.

■ 날짜에 숫자를 더하거나 빼면 날짜 결과를 출력합니다.
■ 날짜에서 날짜를 빼면 두 날짜 사이의 일수를 출력합니다.
■ 날짜에 시간을 더하거나 빼려면 시간을 24로 나누어서 더하거나 뺍니다.

표 4-5 날짜 연산 규칙 사례

날짜 연산	설명	반환값
Date + Number	날짜에 일수를 더한다.	Date
Date − Number	날짜에서 일수를 뺀다.	Date
Date − Date	날짜에서 날짜를 뺀다.	일수
Date + Number / 24	날짜에 시간을 더할 때는 시간을 24로 나누어서 날짜에 더한다.	Date

날짜를 연산하는 다양한 방법을 살펴보겠습니다. 오늘 날짜와 시간, 오늘 날짜에서 1을 더한 값, 1을 뺀 값, 2017년 12월 2일에서 2017년 12월 1일을 뺀 값, 오늘 날짜에서 13시간을 더

한 값을 출력해 보겠습니다. SYSDATE는 오라클 데이터베이스 시스템이 설치되어 있는 시스템의 현재 날짜와 시간을 반환하는 함수입니다.

```
SELECT TO_CHAR⁴(SYSDATE,'YY/MM/DD/HH24:MI') 오늘날짜,
       SYSDATE + 1 더하기1,
       SYSDATE -1 빼기1,
       TO_DATE('20171202')-TO_DATE('20171201') 날짜빼기,
       SYSDATE + 13/24 시간더하기
FROM   DUAL;
```

실행 결과

	오늘날짜	더하기1	빼기1	날짜빼기	시간더하기
1	17/10/04/11:00	17/10/05	17/10/03	1	17/10/05

한글판 오라클 익스프레스는 기본으로 년(YY)/월(MM)/일(DD) 형태로 출력합니다. 이 예에서 오늘 날짜는 2017년 10월 4일이며 추가로 시간까지 출력하면 11:00입니다. 현재 날짜에 1을 더하면 다음 날인 17/10/05가 출력됩니다. 1을 빼면 17/10/03이 출력됩니다. 2017/12/02에서 2017/12/01을 빼면 하루 차이를 의미하는 1이 출력됩니다. 마지막으로 현재 날짜와 시간에 13/24를 더하면 13시간이 더해져서 17/10/05가 출력됩니다.

주요한 날짜 함수의 종류는 다음과 같습니다.

표 4-6 날짜 함수의 종류

날짜 함수	설명	예	결과
MONTHS_BETWEEN	두 날짜 사이의 월수를 계산한다.	MONTHS_BETWEEN(SYSDATE, HIRE_DATE)	171.758
ADD_MONTHS	월을 날짜에 더한다.	ADD_MONTHS(HIRE_DATE, 5)	03/11/17
NEXT_DAY	명시된 날짜부터 돌아오는 요일에 대한 날짜를 출력한다(SUNDAY:1, MONDAY:2, …)	NEXT_DAY(HIRE_DATE, 1)	03/06/22
LAST_DAY	월의 마지막 날을 계산한다.	LAST_DAY(HIRE_DATE)	03/06/30

---

4 TO_CHAR는 문자 변환 함수입니다. SYSDATE의 시간까지 출력하기 위해 사용했습니다. 이 내용은 112쪽에서 다시 다룹니다.

날짜 함수	설명	예	결과
ROUND	날짜를 가장 가까운 연도 또는 월로 반올림한다(YEAR or MONTH).	ROUND(HIRE_DATE, 'MONTH')	03/07/01
TRUNC	날짜를 가장 가까운 연도 또는 월로 절삭한다(YEAR or MONTH).	TRUNC(HIRE_DATE, 'MONTH')	03/06/01

MONTHS_BETWEEN : 두 날짜 사이의 개월 수 계산하기

MONTHS_BETWEEN 함수는 날짜와 날짜 사이의 개월 수를 계산합니다. 결과는 음수나 양수가 될 수 있습니다. 이후 문법의 '날짜' 부분에는 날짜 데이터 타입의 열 이름을 기술해도 됩니다.

```
MONTHS_BETWEEN(날짜, 날짜)
```

예제 4-8 employees 테이블에서 department_id가 100인 직원에 대해 오늘 날짜, hire_date, 오늘 날짜와 hire_date 사이의 개월 수를 출력하세요.

```
SELECT SYSDATE, hire_date, MONTHS_BETWEEN(SYSDATE, hire_date) 적용결과
FROM    employees
WHERE   department_id = 100;
```

실행 결과

	SYSDATE	HIRE_DATE	적용결과
1	17/10/04	02/08/17	181.599152
2	17/10/04	02/08/16	181.631411
3	17/10/04	05/09/28	144.244314
4	17/10/04	05/09/30	144.179798
5	17/10/04	06/03/07	138.921733
6	17/10/04	07/12/07	117.921733

앞에서 배운 WHERE 절을 응용하여 department_id(부서 코드)가 100인 직원의 재직 개월 수를 조회한 결과입니다. SYSDATE와 hire_date를 MONTHS_BETWEEN 함수에 적용하자 연산된 개월 수로 총 6행이 출력되었습니다. 결과에 출력된 소수 부분은 월(month) 부분으로 한 달이

되지 못한 날을 의미합니다. MONTHS_BETWEEN 함수를 사용할 때 큰 날짜가 앞에 위치해야
결과가 정수 이상으로 출력됩니다.

ADD_MONTHS : 월에 날짜 더하기

ADD_MONTHS는 날짜에 월을 빼거나 더하는 함수입니다. 결과는 날짜 타입으로 출력됩니다.

```
ADD_MONTHS(날짜, 숫자)
```

예제 4-9 employees 테이블에서 employee_id가 100과 106 사이인 직원의 hire_date에 3개월을 더한
값, hire_date에 3개월을 뺀 값을 출력하세요.

```
SELECT hire_date,
       ADD_MONTHS(hire_date, 3) 더하기_적용결과,
       ADD_MONTHS(hire_date, -3) 빼기_적용결과
FROM   employees
WHERE  employee_id BETWEEN 100 AND 106;
```

실행 결과

	HIRE_DATE	더하기_적용결과	빼기_적용결과
1	03/06/17	03/09/17	03/03/17
2	05/09/21	05/12/21	05/06/21
3	01/01/13	01/04/13	00/10/13
4	06/01/03	06/04/03	05/10/03
5	07/05/21	07/08/21	07/02/21
6	05/06/25	05/09/25	05/03/25
7	06/02/05	06/05/05	05/11/05

employee_id(사원 번호)가 100에서 106 사이의 값을 갖는 데이터 값을 조회한 결과입니다.
2행을 살펴보겠습니다. 원래 hire_date가 05/09/21인데 3을 더한 결과로 05/12/21이 연산
되었고 3을 뺀 결과로 05/06/21이 연산되었습니다. 즉, 3개월을 더하거나 뺀 것을 확인할
수 있습니다.

NEXT_DAY : 돌아오는 요일의 날짜 계산하기

NEXT_DAY는 지정된 요일의 돌아오는 날짜가 언제인지 계산하는 함수입니다. 문자로 '일요일', '월요일'과 같이 요일을 기술하면 됩니다. 숫자로 일요일은 1, 월요일은 2와 같이 기술할 수도 있습니다.[5]

```
NEXT_DAY (날짜, '요일' or 숫자)
```

예제 4-10 employees 테이블에서 employee_id가 100과 106 사이인 직원의 hire_date에서 가장 가까운 금요일의 날짜가 언제인지 문자로 지정해서 출력하고, 숫자로도 지정해서 출력하세요.

```
SELECT hire_date,
       NEXT_DAY(hire_date,'금요일') 적용결과_문자지정,
       NEXT_DAY(hire_date, 6) 적용결과_숫자지정
FROM   employees
WHERE  employee_id BETWEEN 100 AND 106;
```

실행 결과

	HIRE_DATE	적용결과_문자지정	적용결과_숫자지정
1	03/06/17	03/06/20	03/06/20
2	05/09/21	05/09/23	05/09/23
3	01/01/13	01/01/19	01/01/19
4	06/01/03	06/01/06	06/01/06
5	07/05/21	07/05/25	07/05/25
6	05/06/25	05/07/01	05/07/01
7	06/02/05	06/02/10	06/02/10

2행을 살펴보겠습니다. 2005년 9월 21일에 가장 가까운 돌아오는 금요일이 2005년 9월 23일이며 문자와 숫자로 요일을 지정했을 때 동일한 결과가 출력되는 것을 볼 수 있습니다.

---

5   영문판 Oracle Database Express에서는 '일요일', '월요일' 대신 'SUN', 'MON'과 같이 요일을 영문으로 지정해야 합니다.

LAST_DAY : 돌아오는 월의 마지막 날짜 계산하기

LAST_DAY는 월의 마지막 날짜를 계산해서 출력하는 함수입니다.

LAST_DAY (날짜)

예제 4-11 employees 테이블에서 employee_id가 100과 106 사이인 직원의 hire_date를 기준으로 해당 월의 마지막 날짜를 출력해 보세요.

```
SELECT hire_date,
       LAST_DAY(hire_date) 적용결과
FROM   employees
WHERE  employee_id BETWEEN 100 AND 106;
```

실행 결과

	HIRE_DATE	적용결과
1	03/06/17	03/06/30
2	05/09/21	05/09/30
3	01/01/13	01/01/31
4	06/01/03	06/01/31
5	07/05/21	07/05/31
6	05/06/25	05/06/30
7	06/02/05	06/02/28

hire_date와 비교하면 해당 월의 마지막 날짜가 출력되는 것을 확인할 수 있습니다.

ROUND, TRUNC : 날짜를 반올림하거나 절삭하기

ROUND는 지정된 값을 기준으로 반올림하는 함수고 TRUNC는 지정 값을 기준으로 월 또는 연도로 절삭하는 함수입니다. ROUND 함수를 사용하면 날짜를 가장 가까운 월 또는 연도로 반올림할 수 있습니다. 예를 들어 2017년 10월 4일에 대해 값을 'MONTH'로 지정하면 10월 31일 기준, 총 날짜 개수인 31의 절반에 미치지 못하기 때문에 2017년 10월 1일이 출력됩니다. 2017년 10월 16일은 절반이 넘기 때문에 2017년 11월 1일이 출력됩니다.

날짜 타입에서 ROUND와 TRUNC 함수의 반올림 식은 헷갈리기 쉬운데 기준 날짜의 하위 단계에서 따져 보는 것이 이해하기 쉽습니다.

그림 4-5 하위 단계에서 반올림 계산

```
ROUND(hire_date.'MONTH')
```

03/06/17

기준 ─────→

하위 단계에서 반올림 계산

계산하려는 날짜 인자 값, MONTH, YEAR 등을 사용

```
ROUND or TRUNC(날짜, 지정 값)
```

예제 4-12 employees 테이블에서 employee_id가 100과 106 사이인 직원의 hire_date에 대해 월 기준 반올림, 연 기준 반올림, 월 기준 절삭, 연 기준 절삭을 적용하여 출력하세요.

```
SELECT hire_date,
       ROUND(hire_date,'MONTH') 적용결과_ROUND_M,
       ROUND(hire_date,'YEAR')  적용결과_ROUND_Y,
       TRUNC(hire_date,'MONTH') 적용결과_TRUNC_M,
       TRUNC(hire_date,'YEAR')  적용결과_TRUNC_Y
FROM   employees
WHERE  employee_id BETWEEN 100 AND 106;
```

실행 결과

	HIRE_DATE	적용결과_ROUND_M	적용결과_ROUND_Y	적용결과_TRUNC_M	적용결과_TRUNC_Y
1	03/06/17	03/07/01	03/01/01	03/06/01	03/01/01
2	05/09/21	05/10/01	06/01/01	05/09/01	05/01/01
3	01/01/13	01/01/01	01/01/01	01/01/01	01/01/01
4	06/01/03	06/01/01	06/01/01	06/01/01	06/01/01
5	07/05/21	07/06/01	07/01/01	07/05/01	07/01/01
6	05/06/25	05/07/01	05/01/01	05/06/01	05/01/01
7	06/02/05	06/02/01	06/01/01	06/02/01	06/01/01

1행을 살펴보겠습니다. 원래 hire_date의 날짜는 2003년 6월 17이며, 6월은 총 30일입니다. ROUND 함수를 MONTH 기준으로 계산했더니 6월 17일은 절반을 넘기 때문에 7월 1일로 출력되었습니다. YEAR 기준이라면 어떨까요? 2003년 6월 17일은 2003년에 절반을 넘지 않기 때문에 2003년 1월 1일로 출력되었습니다.

TRUNC 함수도 마찬가지입니다. MONTH를 기준으로 계산했더니 월을 기준으로 절삭하여 6월 1일이 출력되었습니다. 또한 YEAR로 지정했을 때는 2003년 기준 6월을 절삭해서 1월 1일이 출력되었습니다.

2행의 ROUND 함수의 YEAR를 기준으로 한 계산 결과를 한 번 더 확인해 봅시다. 2005년 9월 21일은 2005년의 절반을 넘어서기 때문에 2006년으로 반올림되어 2006년 1월 1일이 출력된 것을 확인할 수 있습니다.

실무 활용 팁

날짜 함수는 연차나 주차 등 달력 형태의 계산이 필요할 때 주로 사용됩니다. 예를 들어 날짜별 예약 접수 현황, 월 단위 또는 주 단위에 가장 많이 팔린 상품, 고객의 최초 등록 날짜로부터 지금까지 거래한 총 기간 등 날짜와 관계된 데이터 값을 날짜 함수를 이용해 연산합니다. 일별, 월별, 요일별 매출액 추이도 계산할 수 있습니다. 현재 날짜를 기준으로 가장 오래 거래한 고객이 누구인지 찾아낼 수 있고 거래를 유지한 기간을 계산해서 고객의 등급을 매길 때도 사용할 수 있습니다.

4 변환 함수

오라클 데이터베이스 시스템은 각 열에 대해 데이터 타입을 규정하고 있습니다. 그러므로 SQL 문을 실행하기 위해 데이터 값의 데이터 타입을 변환해야 할 때도 있습니다. 이럴 때 사용하는 것이 변환 함수입니다. 다만 오라클 데이터베이스 시스템은 정해진 열 데이터 형식에 대해 다른 데이터 타입의 데이터를 사용하는 것을 일부 허용합니다. 데이터 타입 변환은 오라클 데이터베이스 시스템에 의해 자동으로(암시적으로) 혹은 사용자에 의해서 수동으로(명시적으로) 실행될 수 있습니다.[6]

---

6 암시적 변환과 명시적 변환이 바른 표현이지만 이해를 돕기 위해 이 책에서는 자동 변환과 수동 변환으로 표현하겠습니다.

자동 데이터 타입 변환

SQL 문을 조작할 때 오라클 데이터베이스 시스템은 특정한 경우에 데이터 타입을 자동으로 변환합니다. 예를 들어 오라클 데이터베이스 시스템에 VARCHAR2 타입으로 입력되어 있는 데이터 값 100은 NUMBER 타입으로 자동 변환되어 산술 계산될 수 있고, 숫자 타입 데이터 값 100은 VARCHAR2 타입으로 자동 변환되어 저장될 수 있습니다. 이런 경우 데이터 타입을 목표(target) 값의 데이터 타입으로 변환할 수 있는 경우에만 SQL 문이 올바르게 수행됩니다. 예를 들어 문자열을 숫자로 나타낼 수 있는 경우에만 VARCHAR2 타입이 NUMBER 타입으로 변환되며, 문자열이 데이터베이스 시스템에 설정된 날짜 데이터 타입과 같은 경우에만 VARCHAR2 타입이 DATE 타입으로 변환됩니다.

자동 데이터 타입 변환 유형은 다음과 같습니다.

표 4-7 자동 데이터 타입 변환 유형

FROM	TO
VARCHAR2 혹은 CHAR	NUMBER(숫자)
VARCHAR2 혹은 CHAR	DATE(날짜)
NUMBER	VARCHAR2(문자)
DATE	VARCHAR2(문자)

그림 4-6 자동 데이터 타입 변환 유형

자동 데이터 타입 변환을 사례를 통해 알아보겠습니다.

```
SELECT 1 + '2' ······ 작은따옴표(' ')로 묶었기 때문에 문자 데이터 타입
FROM DUAL;
```

실행 결과

	1+'2'
1	3

SELECT 절의 산술 연산 부분을 살펴보면 '2'는 작은따옴표로 묶여 있으므로 숫자가 아닌 문자입니다. 그럼에도 불구하고 결과는 3이라고 바르게 연산되어 출력됩니다. 오라클 데이터베이스 시스템이 계산을 위해 문자 '2'를 자동으로 숫자 2로 변환하여 계산했기 때문입니다. 이것을 데이터베이스 시스템에 의한 자동 데이터 타입 변환이라고 합니다. 다만 자동 데이터 타입 변환을 이용할 수 있더라도 SQL 문의 성능과 안정성을 위해 수동 데이터 타입 변환으로 수행할 것을 권장합니다.

수동 데이터 타입 변환

SQL은 사용자가 데이터 타입의 값을 다른 데이터 타입의 값으로 변환할 수 있도록 변환 함수를 제공합니다. 데이터 타입에 따라 사용할 수 있는 함수는 다음과 같습니다.

표 4-8 수동 데이터 타입 변환 함수

함수	설명
TO_CHAR	숫자, 문자, 날짜 값을 지정 형식의 VARCHAR2 타입으로 변환한다.
TO_NUMBER	문자를 숫자 타입으로 변환한다.
TO_DATE	날짜를 나타내는 문자열을 지정 형식의 날짜 타입으로 변환한다.

자동 데이터 타입 변환과 마찬가지로 수동 데이터 타입 변환에 이용되는 함수를 표현하면 다음과 같습니다.

그림 4-7 수동 데이터 타입 변환 유형

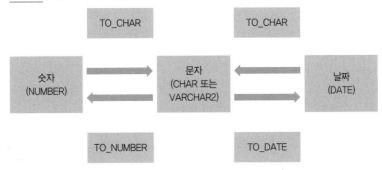

날짜 및 시간 형식 변환하기

TO_CHAR

TO_CHAR는 날짜, 숫자, 문자 값을 지정한 형식의 VARCHAR2 타입 문자열로 변환하는 함수입니다.

TO_CHAR(날짜 데이터 타입, '지정 형식')

다음과 같이 날짜 지정 형식으로 변환하여 출력할 수 있습니다.

표 4-9 날짜 지정 형식[7]

지정 형식	설명	예	결과
CC	세기	TO_CHAR(SYSDATE, 'CC')	21
YYYY or YYY or YY or Y	연도	TO_CHAR(SYSDATE, 'YYYY')	2017, 017, 17, 7
Y,YYY	콤마가 있는 연도	TO_CHAR(SYSDATE, 'Y,YYY')	2,017
YEAR	문자로 표현된 연도	TO_CHAR(SYSDATE, 'YEAR')	TWENTY SEVENTEEN
BC or AD	BC/AD 지시자	TO_CHAR(SYSDATE, 'AD')	서기
Q	분기	TO_CHAR(SYSDATE, 'Q')	4
MM	두 자리 값의 월	TO_CHAR(SYSDATE, 'MM')	10
MONTH	아홉 자리를 위해 공백을 추가한 월 이름	TO_CHAR(SYSDATE, 'MONTH')	10월
MON	세 자리의 약어로 된 월 이름 (영문 설정일 경우)	TO_CHAR(SYSDATE, 'MON')	10월
RM	로마 숫자 월	TO_CHAR(SYSDATE, 'RM')	X
WW or W	연, 월의 주	TO_CHAR(SYSDATE, 'WW')	40, 1
DDD or DD or D	연, 월, 주의 일	TO_CHAR(SYSDATE, 'DD')	280, 07, 7
DAY	아홉 자리를 위해 공백을 추가한 요일 이름	TO_CHAR(SYSDATE, 'DAY')	토요일

---

7 한글판 Oracle Database Express 기준이므로 영문판은 표현이 다를 수 있습니다.

지정 형식	설명	예	결과
DY	세 자리 약어로 된 요일 이름 (영문 설정일 경우)	TO_CHAR(SYSDATE, 'DY')	토
J	Julian day, BC 4713년 12월 31일 이후의 요일 수	TO_CHAR(SYSDATE, 'J'),	2458034

날짜 형식을 변환하는 예를 몇 가지 살펴봅시다.

```
SELECT  TO_CHAR(SYSDATE,  'YY'),
        TO_CHAR(SYSDATE,  'YYYY'),
        TO_CHAR(SYSDATE,  'MM'),
        TO_CHAR(SYSDATE,  'MON'),
        TO_CHAR(SYSDATE,  'YYYYMMDD')  응용적용1,
        TO_CHAR(TO_DATE('20171008'),  'YYYYMMDD')  응용적용2
FROM    dual;
```

실행 결과

	TO_CHAR(SYSDATE,'YY')	TO_CHAR(SYSDATE,'YYYY')	TO_CHAR(SYSDATE,'MM')	TO_CHAR(SYSDATE,'MON')	응용적용1	응용적용2
1	17	2017	10	10월	20171007	20171008

실행 결과의 네 번째 열까지 확인하면 지정 형식이 어떻게 적용되는지 알 수 있습니다. 나머지 '응용적용-1' 열을 살펴보면 YYYYMMDD 지정 형식을 응용하여 20171007로 표현했습니다. '응용적용-2' 열에서는 20170108이라는 데이터 값을 수동으로 날짜 데이터 타입으로 변환하여 YYYYMMDD 지정 형식으로 출력했습니다.

다음은 시간 지정 형식에 대해 알아보겠습니다. 시간 지정 형식은 날짜의 시간 부분에 대해 표현합니다.

표 4-10 시간 지정 형식

지정 형식	설명
AM or PM	오전 또는 오후 표시
HH / HH12 or HH24	시간 표현(1~12시 또는 0~23시)
MI	분(0~59)
SS	초(0~59)

날짜 지정 형식을 시간 지정 형식으로 지정하는 예를 살펴보겠습니다.

```
SELECT TO_CHAR(SYSDATE, 'HH:MI:SS PM') 시간형식,
       TO_CHAR(SYSDATE, 'YYYY/MM/DD HH:MI:SS PM') 날짜와시간조합
FROM   dual;
```

실행 결과

	시간형식	날짜와시간조합
1	07:52:09 오후	2017/10/08 07:52:09 오후

시간 지정 형식이 적용되어 출력되는 예를 '시간형식' 열에서 확인할 수 있습니다. '날짜와시간조합' 열은 날짜 지정 형식과 시간 지정 형식을 조합한 형태입니다. 이처럼 지정 형식을 사용해 다양한 형태로 조합하여 날짜와 시간 데이터를 출력할 수 있습니다.

마지막으로 날짜와 숫자 표현을 꾸며 주는 기타 형식에 대해 알아보겠습니다.

표 4-11 기타 형식

요소	설명
/. ., -	사용 문자를 출력 결과에 표현
"문자"	큰따옴표 안의 문자를 출력 결과에 표현

기타 형식 요소를 활용해 날짜와 시간 데이터를 출력해 보겠습니다.

```
SELECT TO_CHAR(SYSDATE, 'HH-MI-SS PM') 시간형식,
       TO_CHAR(SYSDATE, ' "날짜:" YYYY/MM/DD "시각:" HH:MI:SS PM' ) 날짜와시각표현
FROM   dual;
```

실행 결과

	시간형식	날짜와시각표현
1	08-06-31 오후	날짜: 2017/10/08 시각: 08:06:31 오후

'시간형식' 열처럼 /, ., - 등의 문자로 날짜와 시간을 꾸밀 수 있습니다. 긴 문자열을 꾸미려면 큰따옴표(" ") 안에 문자를 넣으면 됩니다. '날짜와시각표현' 열의 데이터 값을 살펴보면 확인할 수 있습니다.

숫자 형식 변환하기

TO_CHAR

TO_CHAR는 다음과 같이 숫자 값을 지정한 형식의 문자열로 변환하는 함수입니다. 즉, NUMBER 데이터 타입을 지정한 형식의 VARCHAR2 데이터 타입으로 변환할 때 사용합니다.

```
TO_CHAR(숫자 데이터 타입, '지정 형식')
```

다음과 같은 형태로 사용됩니다.

표 4-12 숫자 지정 형식

앞에 3칸 띄움

지정 형식	설명	예	결과
9	9로 출력 자릿수 지정	TO_CHAR(salary,'99999999')	24000
0	자릿수만큼 0을 출력	TO_CHAR(salary,'09999999')	00024000
$	달러 기호	TO_CHAR(salary,'$9999999')	$24,000
L	지역 화폐 기호(원)	TO_CHAR(salary,'L9999999')	₩24,000
.	명시한 위치에 소수점	TO_CHAR(salary,'999999.99')	24000.00
,	명시한 위치에 쉼표	TO_CHAR(salary,'9,999,999')	24,000

TO_NUMBER

TO_NUMBER는 숫자 타입의 문자열을 숫자 데이터 타입으로 변환하는 함수입니다. 출력 결과는 변하지 않고 데이터 타입만 바뀝니다. 데이터 타입이 바뀐 데이터 값은 숫자 타입 함수에서 사용할 수 있습니다.[8]

```
TO_NUMBER(number)
```

다음은 문자 데이터 값 '123'을 숫자 데이터 값 123으로 변환하는 예입니다.

---

8 TO_NUMBER 함수를 사용하지 않아도 오라클 데이터베이스 시스템에 의해 문자열이 숫자 데이터 타입으로 자동으로 변환되기 때문에 계산해도 오류가 나지 않습니다. 하지만 명확하게 하기 위해 변환 함수를 사용할 것을 권장합니다.

```
SELECT TO_NUMBER('123')
FROM    dual;
```

	TO_NUMBER('123')
1	123

문자 '123'(작은따옴표로 묶여 있기 때문에 문자입니다)이 숫자 123으로 변환되었습니다.

TO_DATE

TO_DATE는 날짜를 나타내는 문자열을 명시된 날짜로 변환하는 함수입니다. 주로 출력 값을
명시된 형태로 나타나게 하거나 날짜를 계산할 때 사용합니다.

```
TO_DATE(문자열, '지정 형식')
```

다음은 문자 데이터 값을 날짜 데이터 값으로 변환하는 예입니다.

```
SELECT TO_DATE('20171007', 'YYMMDD')
FROM    dual;
```

실행 결과

	TO_DATE('20171007','YYMMDD')
1	17/10/07

5 일반 함수

이외에도 다양한 함수가 있지만 데이터를 조작하거나 프로그래밍할 때 자주 쓰는 함수를 살
펴보겠습니다. 유용한 함수이므로 꼭 익혀 두기 바랍니다.

NVL : NULL 값 처리하기

특정 열의 행에 대한 데이터 값이 없다면 데이터 값은 null이 됩니다. null은 그 자체로 의미가 있는데 '값이 없다'는 것을 나타내는 값입니다. 테이블을 정의할 때 null 값을 가지지 못하도록 지정할 수도 있습니다. 이런 경우를 NOT NULL이라고 합니다.

null 값은 다음과 같은 특징이 있습니다.

- 할당되지 않았거나 알려져 있지 않아 적용이 불가능한 값입니다.
- 0이나 공백(space)과는 다릅니다.
- null 값을 포함하는 산술 연산의 결과는 null입니다.

다음 SQL 문을 실행해 보겠습니다.

```
SELECT *
FROM    employees
ORDER BY commission_pct;
```

실행 결과

	EMPLOYEE_ID	FIRST_NAME	LAST_NAME	EMAIL	SALARY	COMMISSION_PCT	MANAGER_ID	DEPARTMENT_ID
32	156	Janette	King	JKING	10000	0.35	146	80
33	157	Patrick	Sully	PSULLY	9500	0.35	146	80
34	158	Allan	McEwen	AMCEWEN	9000	0.35	146	80
35	145	John	Russell	JRUSSEL	14000	0.4	100	80
36	100	Steven	King	SKING	24000	(null)	(null)	90
37	101	Neena	Kochhar	NKOCHHAR	17000	(null)	100	90
38	102	Lex	De Haan	LDEHAAN	17000	(null)	100	90
39	103	Alexander	Hunold	AHUNOLD	9000	(null)	102	60
40	104	Bruce	Ernst	BERNST	6000	(null)	103	60

commission_pct에 대해 오름차순으로 정렬하여 출력하였습니다. commission_pct 열을 살펴보면 35행까지는 데이터 값이 있지만 36행부터는 데이터 값이 null입니다. 해당 값에 간단한 산술 연산을 적용해 보겠습니다.

```
SELECT    salary * commission_pct ······ salary와 commission_pct를 곱한 결과 출력
FROM      employees
ORDER BY commission_pct;
```

	SALARY*COMMISSION_PCT
32	3500
33	3325
34	3150
35	5600
36	(null)
37	(null)
38	(null)
39	(null)
40	(null)

salary * commission_pct는 'salary 열과 commission_pct 열을 곱하라'는 의미입니다. commission_pct 열의 데이터 값이 null이 아닐 때는 제대로 계산되지만 null일 때는 null 로 처리되었습니다. 경우에 따라 null 값을 다른 값으로 처리해야 할 때가 있습니다. 예를 들어 앞의 예와 같이 salary 열에 모두 곱셈 처리를 하고 싶은데 commission_pct 열의 데이 터 값이 null인 데이터는 제대로 계산되지 않습니다. 데이터 값에 null을 곱하면 결과가 null이 되기 때문입니다. 이럴 때는 NVL 함수를 사용합니다.

commission_pct 열의 데이터 값이 null이면 일괄적으로 null 값을 1로 변환하여 salary 열 과 곱해 보겠습니다.

```
                     ┌────── null이 포함된 열이나 표현 값
                     ·
NVL(열 이름, 치환 값)
                  ·
                  └────── null에서 변환하고자 하는 값
```

예제 4-13 employees 테이블에서 salary에 commission_pct를 곱하되 commission_pct가 null일 때는 1로 치환하여 commission_pct를 곱한 결과를 출력하세요.

```
SELECT    salary * NVL(commission_pct, 1)
FROM      employees
ORDER BY commission_pct;
```

	SALARY*NVL(COMMISSION_PCT,1)
32	3500
33	3325
34	3150
35	5600
36	24000
37	17000
38	17000
39	9000
40	6000

commission_pct 열의 데이터 값이 null이면 1로 치환하는 NVL 함수를 적용한 결과입니다.

NVL 함수는 null 값을 어떤 특정한 값으로 변환하는 데 사용합니다. NVL(commission_pct, 0.5)처럼 응용하여 사용할 수 있습니다. 비슷한 유형에는 NVL2 함수가 있습니다. NVL2 함수는 NVL2(열 이름 1, 열 이름 2, 열 이름 3) 형태로 사용하며, 열 이름 1이 null이 아니면 열 이름 2를 출력, null이면 열 이름 3을 출력합니다. 가끔 사용할 때가 있으므로 알아 두면 좋습니다.

 실무 활용 팁

null 값은 산술 계산(이를테면 나눗셈이나 곱셈)이나 뒤에서 배울 조인 등을 수행할 때 논리적으로 오류를 일으킬 수 있습니다. 예를 들면 개별 고객의 월 매출 평균을 계산할 때 나누고자 하는 항목 값이 없는 것(null)과 1인 경우는 다른 결과가 출력되어야 합니다. 이런 경우에는 NVL 함수를 이용해 null 값을 의도에 맞게 처리해 줘야 합니다.

DECODE : 조건 논리 처리하기

DECODE는 프로그래밍을 해 본 사람이라면 들어 본 적이 있을 IF-THEN-ELSE-END의 조건 논리를 가능하게 하는 함수입니다. 데이터 값이 조건 값과 일치하면 치환 값을 출력하고 일치하지 않으면 기본값을 출력합니다. SQL 문을 작성할 때 매우 자주 쓰는 함수입니다.

```
                         ┌······· 조건 값에 해당할 경우 출력 값
                         ┊
  DECODE (열 이름, 조건 값, 치환 값, 기본값)
                                      └········· 조건 값에 해당하지 않을 경우 출력 값
```

예제 4-14 employees 테이블에서 first_name, last_name, department_id, salary를 출력하되 department_id가 60인 경우에는 급여를 10% 인상한 값을 계산하여 출력하고 나머지 경우에는 원래의 값을 출력하세요. 그리고 department_id가 60인 경우에는 '10% 인상'을 출력하고 나머지 경우에는 '미인상'을 출력하세요.

```
SELECT  first_name,
        last_name,
        department_id,
        salary 원래급여,
        DECODE(department_id, 60, salary*1.1, salary) 조정된급여,
        DECODE(department_id, 60, '10%인상', '미인상') 인상여부
FROM    employees;
```

실행 결과

	FIRST_NAME	LAST_NAME	DEPARTMENT_ID	원래급여	조정된급여	인상여부
1	Steven	King	90	24000	24000	미인상
2	Neena	Kochhar	90	17000	17000	미인상
3	Lex	De Haan	90	17000	17000	미인상
4	Alexander	Hunold	60	9000	9900	10%인상
5	Bruce	Ernst	60	6000	6600	10%인상
6	David	Austin	60	4800	5280	10%인상
7	Valli	Pataballa	60	4800	5280	10%인상
8	Diana	Lorentz	60	4200	4620	10%인상
9	Nancy	Greenberg	100	12008	12008	미인상
10	Daniel	Faviet	100	9000	9000	미인상
11	John	Chen	100	8200	8200	미인상

예제와 같이 DECODE 함수는 산술 계산 외에 문자열 표현도 가능하며 다양한 형태로 응용하여 활용할 수 있습니다. 또한 DECODE(열 이름, 조건 값 1, 치환 값 1, 조건 값 2, 치환 값 2, …, 기본값) 형태로 조건 논리를 계속 이어 나갈 수 있습니다.

실무 활용 팁

DECODE 함수는 특정 조건을 만족하는 경우에 값을 변경하여 출력하고자 할 때 유용합니다. 보통 데이터 베이스의 데이터 값은 성능과 운영 효율성을 위해 한글이나 영문을 그대로 입력하여 저장하기보다는 축약된 형태로 저장합니다. 예를 들어 남녀 성별은 M과 F로 저장합니다. 하지만 최종 검토자에게는 M과 F가 아닌 남성과 여성으로 출력해서 보여 줘야 하는데 이럴 때 DECODE 함수를 사용하면 됩니다. 예를 들어 DECODE(성별, 'M', '남성', '여성')처럼 적용하면 해당 코드를 읽어서 'M'과 'F'를 자동으로 '남성'과 '여성'으로 출력합니다. 아울러 DECODE(열 이름, 조건 값, DECODE(조건식), 기본값) 형태로 DECODE 함수를 중첩해서 사용하면 복잡한 조건 논리식도 적용할 수 있습니다.

CASE 표현식 : 복잡한 조건 논리 처리하기

복잡한 조건식을 여러 개 적용해야 할 때는 DECODE 함수보다 CASE 표현식을 이용하는 것이 유용할 수 있습니다. DECODE 함수는 데이터 값이 정확히 맞거나 틀린 조건을 처리하기 쉬운 반면 CASE 함수는 조건의 범위가 다양한 경우에 쉽게 처리할 수 있습니다.

```
CASE
      WHEN 조건 1 THEN 출력 값 1
      WHEN 조건 2 THEN 출력 값 2
      ...
      ELSE 출력 값 3
END
```

예제 4-15 employees 테이블에서 job_id가 IT_PROG라면 employee_id, first_name, last_name, salary를 출력하되 salary가 9000 이상이면 '상위급여', 6000과 8999 사이면 '중위급여', 그 외는 '하위급여' 라고 출력하세요.

```
SELECT employee_id, first_name, last_name, salary,
      CASE
            WHEN salary >= 9000 THEN '상위급여'
            WHEN salary BETWEEN 6000 AND 8999  THEN '중위급여'
            ELSE '하위급여'
      END AS 급여등급
```

```
FROM   employees
WHERE job_id = 'IT_PROG';
```

실행 결과

	EMPLOYEE_ID	FIRST_NAME	LAST_NAME	SALARY	급여등급
1	103	Alexander	Hunold	9000	상위급여
2	104	Bruce	Ernst	6000	중위급여
3	105	David	Austin	4800	하위급여
4	106	Valli	Pataballa	4800	하위급여
5	107	Diana	Lorentz	4200	하위급여

CASE 표현식의 수식이 너무 길어 열 이름을 별칭인 '급여등급'으로 변경하였습니다. 이처럼 데이터 값의 범위를 모르는 상태에서 특정 조건에 맞춰 출력하거나 조작해야 한다면 CASE 표현식이 유용할 수 있습니다.

실무 활용 팁

CASE 문은 매우 다양하게 활용할 수 있는데 예제와 같이 숫자에 대한 구간 등급을 나누어 표현하는 것은 물론 나이, 지역, 날짜를 구분하여 출력하고자 할 때도 얼마든지 응용할 수 있습니다.

RANK, DENSE_RANK, ROW_NUMBER : 데이터 값에 순위 매기기

RANK, DENSE_RANK, ROW_NUMBER는 데이터 값에 순위를 매기는 함수입니다. 순위를 매기는 것은 동일하지만 사용법이 조금씩 다릅니다. 즉, 공통 순위가 있을 때 출력을 어떻게 하느냐에 따라 용도가 달라집니다. 차이는 다음과 같습니다.

표 4-13 순위 함수의 출력 방법 차이

함수	설명	순위 예
RANK	공통 순위를 출력하되 공통 순위만큼 건너뛰어 다음 순위를 출력한다.	1, 2, 2, 4, …
DENSE_RANK	공통 순위를 출력하되 건너뛰지 않고 바로 다음 순위를 출력한다.	1, 2, 2, 3, …
ROW_NUMBER	공통 순위를 없이 출력한다.	1, 2, 3, 4, …

```
                       ┌───── 그룹으로 묶어서 순위를 매겨야 할 때 사용
RANK () OVER([PARTITION BY 열 이름] ORDER BY 열 이름)
                                        └───── 순위를 매길 열
```

예제 4-16 RANK, DENSE_RANK, ROW_NUMBER 함수를 각각 이용해 employees 테이블의 salary 값이 높은 순서대로 순위를 매겨 출력해 보세요.

```
SELECT  employee_id,
        salary,
        RANK()        OVER(ORDER BY salary DESC) RANK_급여,
        DENSE_RANK() OVER(ORDER BY salary DESC) DENSE_RANK_급여,
        ROW_NUMBER() OVER(ORDER BY salary DESC) ROW_NUMBER_급여
FROM employees;
```

실행 결과

	EMPLOYEE_ID	SALARY	RANK_급여	DENSE_RANK_급여	ROW_NUMBER_급여
1	100	24000	1	1	1
2	101	17000	2	2	2
3	102	17000	2	2	3
4	145	14000	4	3	4
5	146	13500	5	4	5
6	201	13000	6	5	6
7	108	12008	7	6	7
8	205	12008	7	6	8
9	147	12000	9	7	9

순위 함수 안에 ORDER BY salary DESC 절을 이용해서 salary 값이 높은 순(내림차순)으로 정렬하고 순위를 매겼습니다. employee_id별 salary 값을 살펴보면 employee_id가 101과 102인 직원의 salary 값의 크기가 같습니다. 이런 경우에는 함수에 따라 순위를 매기는 방식이 달라지는데 RANK 함수와 DENSE_RANK 함수는 101과 102 직원에게 순위를 동일하게 2위로 부여합니다. 하지만 다음 순위인 145 직원에게는 RANK 함수는 공통 순위만큼 건너뛰어 4위, DENSE_RANK 함수는 공통 순위 개수와 관계없이 3위로 부여합니다. ROW_NUMBER 함수는 데이터 값의 크기가 같더라도 공통 순위는 무시하고 차례대로 순위를 부여합니다. 순위 함수는 상품 매출이나 직원 연차 등 값에 대해 순위를 매기고자 할 때 활용할 수 있습니다. 공통 순위가 인정되거나 인정되지 않는 상황에 따라 순위 함수의 종류를 선택해서 활용하면 됩니다.

예제 4-17 RANK, DENSE_RANK, ROW_NUMBER 함수를 각각 이용해 employees 테이블 직원이 속한 department_id 안에서 salary 값이 높은 순서대로 순위를 매겨 출력해 보세요.

```
SELECT  A.employee_id,
        A.department_id,
        B.department_name,
        salary,
        RANK()       OVER(PARTITION BY A.department_id ORDER BY salary DESC) RANK_급여,
        DENSE_RANK() OVER(PARTITION BY A.department_id ORDER BY salary DESC) DENSE_RANK_급여,
        ROW_NUMBER() OVER(PARTITION BY A.department_id ORDER BY salary DESC) ROW_NUMBER_급여
FROM employees A, departments B
WHERE A.department_id = B.department_id
ORDER BY B.department_id, A.salary DESC;
```

실행 결과

	EMPLOYEE_ID	DEPARTMENT_ID	DEPARTMENT_NAME	SALARY	RANK_급여	DENSE_RANK_급여	ROW_NUMBER_급여
1	200	10	Administration	4400	1	1	1
2	201	20	Marketing	13000	1	1	1
3	202	20	Marketing	6000	2	2	2
4	114	30	Purchasing	11000	1	1	1
56	103	60	IT	9000	1	1	1
57	104	60	IT	6000	2	2	2
58	105	60	IT	4800	3	3	3
59	106	60	IT	4800	3	3	4
60	107	60	IT	4200	5	4	5
61	204	70	Public Relations	10000	1	1	1
62	145	80	Sales	14000	1	1	1
63	146	80	Sales	13500	2	2	2

이번에는 전체가 아닌 PARTITION BY 절을 사용해 department_id, 즉 부서별로 그룹화한 후 salary 값이 높은 순(내림차순)으로 순위를 매겼습니다. IT부서를 살펴보면 각 순위 함수의 특징을 알 수 있습니다. RANK 함수는 salary 값 4800을 공통 순위로 처리하되 다음 순위는 5위, DENSE_RANK 함수는 salary 값 4800을 공통 순위 처리하되 다음 순위는 4위, ROW_NUMBER 함수는 공통 순위 없이 차례대로 순위를 매겼습니다(예제 4-17에는 조인 기법이 적용되었습니다. 조인 기법은 뒤에서 자세히 배웁니다).

03 그룹 함수 : 그룹으로 요약하기

SQL FOR EVERYONE

그룹 함수는 단일 행 함수와 달리 여러 행에 대해 함수가 적용되어 하나의 결과를 나타내는 함수입니다. 집계 함수라고 부르기도 합니다. 기준 열에 대해 같은 데이터 값끼리 그룹으로 묶고 묶은 행의 집합에 대해 그룹 함수 연산이 필요하다면 GROUP BY 절을 이용하여 처리할 수 있습니다. 묶은 그룹에 대해 조건이 필요하다면 HAVING 절을 이용합니다.

1 그룹 함수의 종류와 사용법

그룹 함수는 다음과 같은 기본 문법을 사용합니다. 굵게 표시된 부분이 필수 기본 문법입니다. 하나의 열 이름을 지정하면 하나의 결괏값을 출력합니다.

```
SELECT      그룹 함수(열 이름)
FROM        테이블 이름
[WHERE      조건식]
[ORDER BY   열 이름];
```

그림 4-8 그룹 함수의 연산 대상

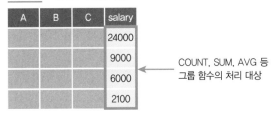

여러 그룹 함수 중 중요한 그룹 함수를 몇 가지 살펴보겠습니다.

주요 그룹 함수의 종류는 다음과 같습니다.

표 4-14 그룹 함수의 종류

함수	설명	예	null 처리
COUNT	행 개수를 셈	COUNT(salary)	(*)의 경우 null 값도 개수로 셈
SUM	합계	SUM(salary)	
AVG	평균	AVG(salary)	
MAX	최댓값	MAX(salary)	null 값을 제외하고 연산
MIN	최솟값	MIN(salary)	
STDDEV	표준편차	STDDEV(salary)	
VARIANCE	분산	VARIANCE(salary)	

COUNT 함수

COUNT는 지정한 열의 행 개수를 세는 함수입니다.

```
         ┌······· 열 이름 대신 *를 사용하면 열의 모든 행 개수를 셈
COUNT(열 이름)
```

다음 예제는 employees 테이블에 있는 salary 열의 행을 세는 SELECT 문입니다.

예제 4-18 employees 테이블에서 salary의 행 수가 몇 개인지 세어서 출력하세요.

```
SELECT COUNT(salary) salary행수
FROM   employees;
```

실행 결과

	salary행수
1	107

문법에 열 이름을 지정할 수 있는 대부분의 그룹 함수는 null을 제외하고 연산합니다. 하지만 COUNT 함수는 COUNT(*)의 경우 null 값도 행으로 셀 수 있다는 점을 유의하세요.

SUM, AVG 함수

SUM은 열의 합계를 구하는 함수고 AVG는 열의 평균을 구하는 함수입니다. 또한 그룹 함수의 결괏값끼리 계산할 수 있습니다.

```
SUM(열 이름) / AVG(열 이름)
```

예제 4-19 employees 테이블에서 salary의 합계와 평균을 구해 보세요. 또한 AVG 함수를 사용하지 말고 salary의 평균을 구해 보세요.

```
SELECT SUM(salary) 합계, AVG(salary) 평균, SUM(salary)/COUNT(salary) 계산된평균
FROM    employees;
```

실행 결과

	합계	평균	계산된평균
1	691416	6461.83178	6461.83178

SUM 함수와 AVG 함수를 사용하여 합계와 평균을 구했습니다. 또한 salary 열 데이터 값의 전체 합계를 행 개수로 나누어 계산한 평균도 구했습니다. 계산된 평균은 AVG 함수의 결괏값과 같은 결괏값을 출력하는 것을 확인할 수 있습니다.

실무 활용 팁

앞에서 이야기한 것처럼 AVG 함수는 null 값을 제외하고 연산하는데, null 값을 포함해서 평균을 계산해야 하는 경우에는 NVL 함수를 사용하여 AVG(NVL(salary, 0)) 형태로 null 값을 치환해야 정확한 값이 계산됩니다.

MAX, MIN 함수

MAX는 최댓값을 출력하는 함수고 MIN은 최솟값을 출력하는 함수입니다. 모든 데이터 타입에 대해 MAX 함수와 MIN 함수를 사용할 수 있습니다. 예를 들어 문자 데이터 타입이나 날짜 데이터 타입과 같이 숫자가 아닌 값에 MAX 함수나 MIN 함수를 적용하면 높고 낮은 순(알파벳순, 날짜순 등)에 대해 연산하여 결과가 출력됩니다.

그림 4-9 MAX, MIN 함수 연산 원리

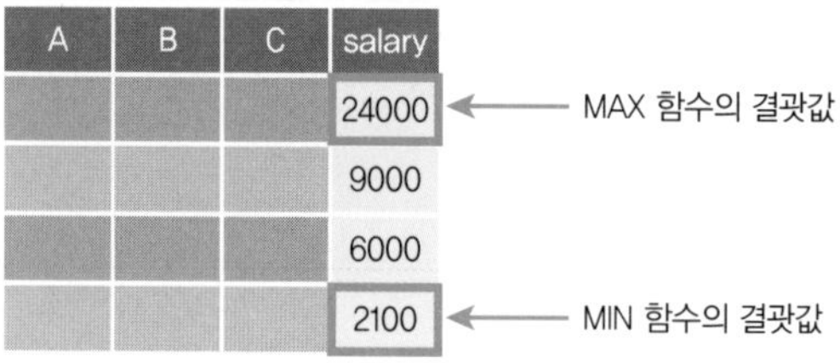

```
MAX(열 이름) / MIN(열 이름)
```

예제 4-20 employees 테이블에서 salary의 최댓값과 최솟값, first_name의 최댓값과 최댓값을 출력해 보세요.

```
SELECT MAX(salary) 최댓값, MIN(salary) 최솟값, MAX(first_name) 최대문자값, MIN(first_
name) 최소문자값
FROM    employees;
```

실행 결과

	최댓값	최솟값	최대문자값	최소문자값
1	24000	2100	Winston	Adam

MAX 함수를 사용하여 최대 salary 값인 24000, MIN 함수를 사용하여 최소 salary 값인 2100을 출력했습니다. 또한 문자 데이터 타입에도 적용하여 알파벳순으로 최댓값인 Winston과 최솟값인 Adam을 출력했습니다.

2 GROUP BY : 그룹으로 묶기

지금까지 배운 그룹 함수는 하나의 열을 그룹화하여 함수를 적용했습니다. 하지만 특정 열의 데이터 값을 기준으로 그룹화하여 다른 열에 그룹 함수를 적용해야 한다면 어떻게 해야 할까요? SQL에서는 같은 데이터 값을 갖는 행끼리 묶어서 그룹화한 다음, 그에 해당하는 다른 열의 데이터 집합을 그룹 함수에 전달하여 연산할 수 있습니다. 이런 경우에 사용하는 것이 GROUP BY 절입니다. GROUP BY 절은 기준 열을 지정하여 그룹화하는 명령어입니다. SELECT 절에 열 이름과 그룹 함수를 함께 기술했다면 GROUP BY 절을 반드시 사용해야 합니다. 그룹화는 열 이름이 기술된 순서대로 수행됩니다. 조금 복잡할 수 있으니 다음 그림과 함께 설명을 읽어 보면 이해하기 쉬울 것입니다.

그림 4-10 GROUP BY 절의 동작 원리(예: SUM 함수)

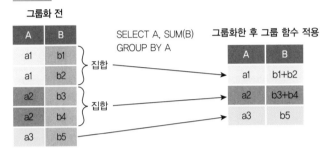

논리 순서대로 살펴보겠습니다.

❶ 테이블에 접근합니다.

❷ WHERE 조건식에 맞는 데이터 값만 골라냅니다.

❸ **기술된 기준 열을 기준으로 같은 데이터 값끼리 그룹화합니다.**

❹ 결과를 출력합니다.

❺ 오름차순(기본, ASC) 혹은 내림차순(DESC)으로 정렬합니다.

GROUP BY 절의 특징은 다음과 같습니다.

- SELECT 절에 기준 열과 그룹 함수가 같이 지정되면 GROUP BY 절에 기준 열 이름이 반드시 기술되어야 합니다(SELECT 절에 그룹 함수만 기술되고 열 이름이 기술되지 않으면 GROUP BY 절을 반드시 기술할 필요는 없음).
- WHERE 절을 사용하면 행을 그룹으로 묶기 전에 앞서 조건식이 적용됩니다.
- SELECT 절에 그룹 함수를 사용하지 않아도 GROUP BY 절만으로도 사용할 수 있습니다.

다음 예제를 살펴보겠습니다.

예제 4-21 employees 테이블에서 employee_id가 10 이상인 직원에 대해 job_id별로 그룹화하여 job_id별 총 급여와 job_id별 평균 급여를 구하고, job_id별 총 급여를 기준으로 내림차순 정렬하세요.

```
SELECT job_id 직무, SUM(salary) 직무별_총급여, AVG(salary) 직무별_평균급여
FROM    employees
WHERE   employee_id >= 10
GROUP BY job_id
ORDER BY 직무별_총급여 DESC, 직무별_평균급여;
```

실행 결과

	직무	직무별_총급여	직무별_평균급여
1	SA_REP	250500	8350
2	SH_CLERK	64300	3215
3	SA_MAN	61000	12200
4	ST_CLERK	55700	2785
5	FI_ACCOUNT	39600	7920
6	ST_MAN	36400	7280
7	AD_VP	34000	17000
8	IT_PROG	28800	5760
9	AD_PRES	24000	24000

employee_id가 10 이상인 값에 대해 job_id를 기준 열로 GROUP BY 절로 그룹화했습니다. 그리고 salary에 대해 SUM 함수와 AVG 함수를 사용해 직무별 총 급여와 평균 급여를 출력했습니다. 정렬 순서는 직무별 총 급여를 기준으로 내림차순 정렬했습니다.

그림 4-11 job_id가 SA_MAN인 행의 그룹화 및 그룹 함수 연산 예

그림 4-11 job_id가 SA_MAN인 행의 그룹화 및 그룹 함수 연산 예

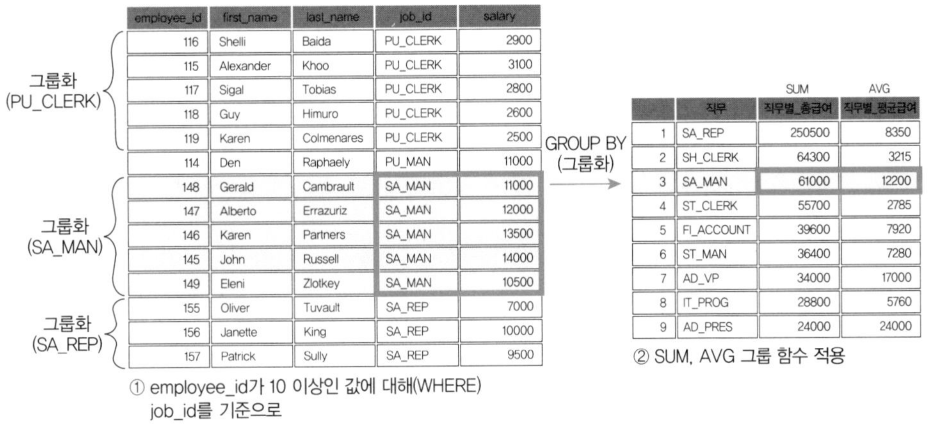

그룹에 대한 그룹이 필요한 경우도 있습니다. 이런 경우에는 GROUP BY 절 뒤에 순서대로 기술하기만 하면 그 순서대로 그룹화하여 정렬됩니다. 예를 들어 GROUP BY 대그룹, 중그룹, 소그룹의 형태로 응용할 수 있습니다.

다음 코드를 살펴봅시다.

```
SELECT job_id  job_id_대그룹,
       manager_id manager_id_중그룹,
       SUM(salary) 그룹핑_총급여,
       AVG(salary) 그룹핑_평균급여
FROM    employees
WHERE   employee_id >= 10
GROUP BY job_id, manager_id  ······job_id별로 한 번 그룹화하고 manager_id별로 다시 한 번 그룹화
ORDER BY 그룹핑_총급여 DESC, 그룹핑_평균급여;
```

실행 결과

	job_id_대그룹	manager_id_중그룹	그룹핑_총급여	그룹핑_평균급여
1	SA_MAN	100	61000	12200
2	SA_REP	148	51900	8650
3	SA_REP	145	51000	8500
4	SA_REP	146	51000	8500
5	SA_REP	149	50000	8333.33333
6	SA_REP	147	46600	7766.66667
7	FI_ACCOUNT	108	39600	7920
8	ST_MAN	100	36400	7280
9	AD_VP	100	34000	17000

GROUP BY 절에서 job_id, manager_id로 열 이름을 순서대로 기술하여 대그룹화와 중그
룹화하였고, 그룹화된 집합에 대해 그룹 함수를 적용해 결과를 출력했습니다. 즉, job_id
별로 첫 번째 그룹화가 되었고 여러 개의 중그룹을 갖는 SA_REP에 대해서는 두 번째로
manager_id별로 그룹화되어 총 급여와 평균 급여가 계산된 것을 알 수 있습니다. 이렇듯
GROUP BY 절은 사용자가 원하는 형태의 데이터 값을 그룹화하여 결괏값을 출력할 때 사용
합니다.

3 HAVING : 연산된 그룹 함수 결과에 조건 적용하기

HAVING 절은 그룹화된 값에 조건식을 적용할 때 사용합니다. 즉, WHERE 절에서는 그룹 함수
를 사용할 수 없으므로 HAVING 절을 사용해 그룹 함수의 결괏값에 대해 조건식을 적용합니
다. 일반적으로 HAVING 절은 GROUP BY 절 다음에 기술하는 것이 논리적이고 가독성도 좋습
니다. HAVING 절을 포함하여 129쪽 내용을 다시 한 번 살펴보겠습니다.

```
SELECT      열 이름, 그룹 함수(열 이름) ······ ❺
FROM        테이블 이름 ······ ❶
[WHERE      조건식] ······ ❷
GROUP BY    열 이름 ······ ❸
[HAVING     조건식] ······ ❹
[ORDER BY   열 이름]; ······ ❻
```

❶ 테이블에 접근합니다.

❷ WHERE 조건식에 맞는 데이터 값만 골라냅니다.

❸ 기술된 기준 열을 기준으로 같은 데이터 값끼리 그룹화합니다.

❹ **그룹화된 값에 대해 조건식을 적용합니다.**

❺ 결과를 출력합니다.

❻ 오름차순(기본, ASC) 혹은 내림차순(DESC)으로 정렬합니다.

GROUP BY 절에서 살펴보았던 예제를 다시 한 번 응용해 보겠습니다.

예제 4-22 employees 테이블에서 employee_id가 10 이상인 직원에 대해 job_id별로 그룹화하여 job_id별 총 급여와 job_id별 평균 급여를 구하되, job_id별 총 급여가 30000보다 큰 값만 출력하세요. 출력 결과는 job_id별 총 급여를 기준으로 내림차순 정렬하세요.

```
SELECT job_id 직무, SUM(salary) 직무별_총급여, AVG(salary) 직무별_평균급여
FROM    employees
WHERE   employee_id >= 10
GROUP BY job_id
HAVING   SUM(salary) > 30000
ORDER BY 직무별_총급여 DESC, 직무별_평균급여;
```

실행 결과

	직무	직무별_총급여	직무별_평균급여
1	SA_REP	250500	8350
2	SH_CLERK	64300	3215
3	SA_MAN	61000	12200
4	ST_CLERK	55700	2785
5	FI_ACCOUNT	39600	7920
6	ST_MAN	36400	7280
7	AD_VP	34000	17000

GROUP BY 절 예제와 모든 것이 동일하지만 HAVING 절의 조건식을 이용해 직무별 총 급여가 30000보다 큰 값만 출력하였습니다.

그림 4-12 HAVING 절의 동작 원리

그림 4-12 HAVING 절의 동작 원리

employee_id	first_name	last_name	job_id	salary
116	Shelli	Baida	PU_CLERK	2900
115	Alexander	Khoo	PU_CLERK	3100
117	Sigal	Tobias	PU_CLERK	2800
118	Guy	Himuro	PU_CLERK	2600
119	Karen	Colmenares	PU_CLERK	2500
114	Den	Raphaely	PU_MAN	11000
148	Gerald	Cambrault	SA_MAN	11000
147	Alberto	Errazuriz	SA_MAN	12000
146	Karen	Partners	SA_MAN	13500
145	John	Russell	SA_MAN	14000
149	Eleni	Zlotkey	SA_MAN	10500
155	Oliver	Tuvault	SA_REP	7000
156	Janette	King	SA_REP	10000
157	Patrick	Sully	SA_REP	9500

그룹화 (PU_CLERK) / 그룹화 (SA_MAN) / 그룹화 (SA_REP)

① employee_id가 10 이상인 값에 대해(WHERE) job_id를 기준으로

GROUP BY (그룹화)

	직무	SUM 직무별_총급여	AVG 직무별_평균급여
1	SA_REP	250500	8350
2	SH_CLERK	64300	3215
3	SA_MAN	61000	12200
4	ST_CLERK	55700	2785
5	FI_ACCOUNT	39600	7920
6	ST_MAN	36400	7280
7	AD_VP	34000	17000
8	IT_PROG	28800	5760
9	AD_PRES	24000	24000

② SUM, AVG 그룹 함수 적용

HAVING (조건)

직무	직무별_총급여	직무별_평균급여
SA_REP	250500	8350
SH_CLERK	64300	3215
SA_MAN	61000	12200
ST_CLERK	55700	2785
FI_ACCOUNT	39600	7920
ST_MAN	36400	7280
AD_VP	34000	17000
IT_PROG	28800	5760
AD_PRES	24000	24000

③ SUM 그룹 함수가 적용된 salary가 30000 이상인 값 출력

그룹 함수와 그룹화 절을 응용하면 데이터를 그룹화해서 데이터의 특성별로 분류하거나 계산할 수 있습니다. 이를 통해 각종 리포트와 기술 통계가 가능해집니다.

5장

ERD : 데이터베이스 개체 설계도

ERD(Entity Relationship Diagram)는 개체(테이블) 간의 관계를 이해하기 쉽게 그림으로 표현한 것으로 데이터를 조작하고 분석하는 기초 자료로 활용됩니다. 데이터베이스의 설계 도면이라고 할 수 있습니다. ERD를 해석할 수 있다면 테이블 간의 연관성과 관계의 전체적인 모습을 파악하고 데이터의 흐름과 프로세스를 확인하여 데이터를 효율적으로 조작하고 분석할 수 있습니다.

01 키와 제약 조건 : 개체 속성 표기법

SQL FOR EVERYONE

테이블의 구조에 대해 다시 한 번 살펴보겠습니다. 테이블은 데이터를 저장하는 서랍과 같은 역할을 하며 동시에 저장과 관리를 위한 일련의 규칙인 키(key)와 제약 조건(constraint)을 갖습니다.

그림 5-1 테이블의 상세 구조

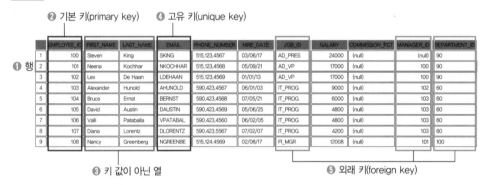

❶ **행** : 특정 employee(직원)에 대한 모든 데이터를 나타내는 단일 행(row, 로우)입니다. employee_id 값에 의해 유일하게 식별됩니다. 실습을 위해 설치한 HR 데이터베이스에는 행이 총 107개 있습니다.

❷ **기본 키(primary key)** : employee_id 열은 employee_id 데이터 값들로 구성되어 있습니다. employee_id 열은 유일하게 데이터를 구분한다고 해서 기본 키 또는 주 키라고 부릅니다. 기본 키는 데이터를 식별하는 '식별자' 역할을 합니다. 예를 들어 employee_id(직원 번호)가 100인 사람은 Steven King이 유일합니다. 기본 키는 중복 값을 가질 수 없고 (unique), null 값을 가질 수 없으며 변경될 수도 없습니다. 주민등록번호와 같은 개념이라고 생각하면 됩니다.

❸ 키 값이 아닌 일반 열입니다. phone_number, hire_date, salary, commission_pct 열도 일 반 열에 속합니다

❹ **고유 키(unique key)** : 행에서 유일한 값을 갖는 데이터 값으로 구성된 열입니다. 중복 값이 없는 유일한 값을 갖지만 기본 키가 아닌 데이터 값이 존재합니다. 유니크 값 또는 유니크 키라고 부르기도 합니다.

❺ **외래 키(foreign key)** : job_id, department_id, manager_id 열은 테이블 간에 서로 연결 관계를 정의하는 외래 키입니다. 외래 키는 참조 테이블의 기본 키 또는 고유 키를 참조합니다. 테이블의 구성 열이자 다른 테이블과 연결을 위한 열입니다

데이터 값은 열과 행이 교차되는 곳에 있습니다. 이 값은 속성 안에 존재하므로 속성 값이라고 부르기도 하는데, 경우에 따라 값이 없을 수도 있습니다. 이것을 null 값이라 부른다고 앞 장에서 설명했습니다. null 값을 허용할지 말지 여부는 테이블을 생성할 때 설정할 수 있는데 null 값을 허용하지 않을 때를 NOT NULL(널 값을 허용하지 않음)이라고 합니다. 이런 규칙을 제약 조건(constraint)이라고 하는데, 이는 '데이터를 인가되지 않은 방법으로 변경할 수 없도록 보호'하는 데이터 무결성(data integrity)[1]을 준수하기 위한 방법으로 활용됩니다.

오라클 데이터베이스의 대표적인 제약 조건은 다음과 같습니다.

표 5-1 제약 조건의 종류

제약 조건	내용
기본 키(primary key)	UNIQUE + NOT NULL을 만족하며 테이블을 대표하며 각 행을 유일하게 식별하는 값
외래 키(foreign key)	열 값이 부모 테이블의 참조 열 값을 반드시 참조, 참조되는 열은 유니크(unique)하거나 기본 키(primary key)임(null 허용 가능)
고유 키(unique key)	중복된 값을 허용하지 않음, 유일한 값으로 존재(null 허용 가능)
NOT NULL	null 값을 허용하지 않음, 값 입력 필수
CHECK	범위나 조건을 설정하여 지정된 값만 허용

---

1 9장에서 다룹니다.

02 관계 : 개체 관계 표기법

ERD는 ER 다이어그램이라고도 부르는데 E는 개체(entity)라는 의미고 R은 관계(relation)라는 의미입니다. 개체는 정보를 저장하고 관리하기 위한 집합이자 식별 가능한 것입니다. 이 책에서는 행과 열, 데이터 값을 담고 있는 테이블이라고 생각하면 됩니다(엄밀히 말하면 조금 다른 의미입니다). ERD는 개체가 담고 있는 내용과 이들 간의 관계를 표현하는 좋은 수단입니다.

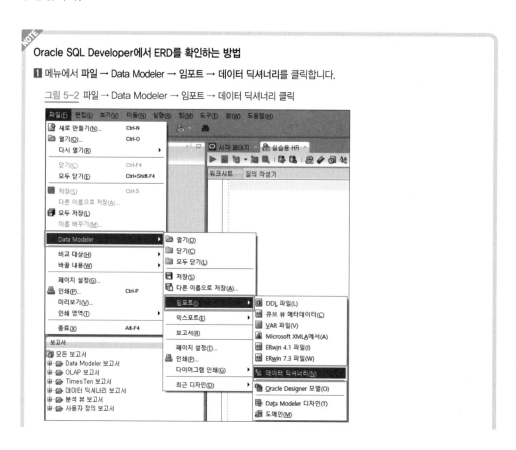

NOTE

Oracle SQL Developer에서 ERD를 확인하는 방법

1 메뉴에서 파일 → Data Modeler → 임포트 → 데이터 딕셔너리를 클릭합니다.

그림 5-2 파일 → Data Modeler → 임포트 → 데이터 딕셔너리 클릭

2 데이터 딕셔너리 임포트 마법사가 나오면 접속할 계정을 선택합니다. 우리는 **실습용 HR**을 선택하고 **다음**을 클릭합니다.

그림 5-3 계정 선택

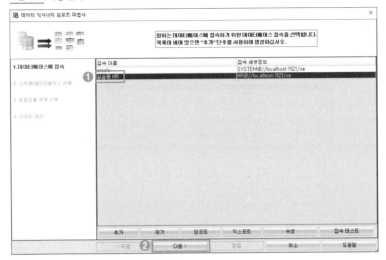

3 데이터베이스를 선택합니다. 우리는 HR을 체크하고 **다음**을 클릭합니다.

그림 5-4 데이터베이스 선택

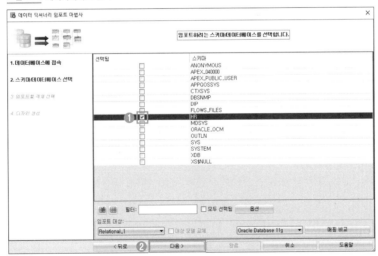

4 임포트하려는 객체를 선택합니다. 전부 선택하고 **다음**을 클릭합니다.

그림 5-5 객체 선택

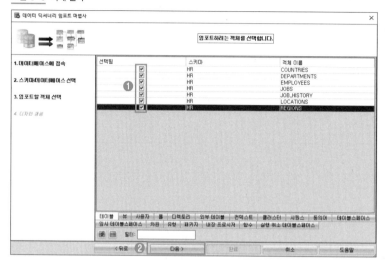

5 **완료**를 클릭해 ERD 디자인 생성을 완료합니다.

그림 5-6 디자인 생성 완료

6 이제 화면에서 ERD를 확인할 수 있습니다.

지금까지 실습한 HR 데이터베이스의 ERD를 살펴보겠습니다.

그림 5-7 HR 데이터베이스 ERD

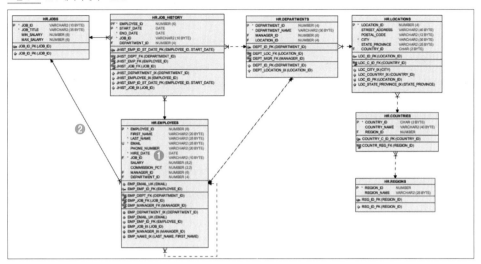

HR 데이터베이스의 ERD를 보면 HR 데이터베이스에는 지금까지 실습에 사용한 employees 테이블 외에도 다양한 테이블이 있는 것을 확인할 수 있습니다.

❶ 사각형으로 표현된 것은 개체(테이블)입니다. 테이블의 이름과 어떤 속성(열)을 가지고 있는지 표현합니다.

❷ 개체 간에는 관계(relation)가 있는데, 이러한 관계는 점선이나 실선으로 표현된 화살표 모양 선으로 나타냅니다. 관계를 표현하는 방법에는 Barker, Chen, UML, IE 등이 있고, 이러한 표기법을 이용하여 관계를 다이어그램으로 쉽게 표현할 수 있습니다. 이 책에서는 Oracle SQL Developer에서 기본으로 쓰이는 관계형 모델 다이어그램을 기준으로 설명하겠습니다.[2]

먼저 ERD를 통해 관계 차수(카디널리티, cardinality)와 관계 선택 사양(optionality)을 표현할 수 있습니다. 관계 차수는 1:1, 1:N, M:N 등 하나의 개체에 몇 개의 개체가 대응되는지를 표현하는 것을 말합니다. 관계 선택 사양은 관계가 필수인지 아닌지(없을 수도 있을지)를 표현하는 것을 말합니다. 화살표 방향은 어느 쪽에 속하는지를 나타냅니다.

---

2 이 책에서 다루는 ERD는 관계형 모델 다이어그램입니다. 우리가 사용하는 Oracle SQL Developer가 지원하는 범위가 여기까지이므로 이 내용으로 설명합니다. 실무에서는 관계형 모델 다이어그램을 포함하는 정보 공학(information engineering) 표기법과 Barker 표기법을 많이 사용합니다

그림 5-8 ERD 도식의 의미

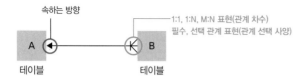

그림 5-8 ERD 도식의 의미

하나씩 간단히 살펴보겠습니다. 먼저 관계 차수 도식의 의미는 다음과 같습니다.

그림 5-9 관계 차수 도식(정보 공학 표기법 기준)

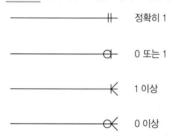

- **1** : 관계를 맺는 개체와 하나의 관계를 갖습니다.
- **0 또는 1** : 관계를 맺는 개체와 0이거나 1의 관계를 갖습니다.
- **1 이상** : 관계를 맺는 개체와 1이거나 여러 개의 관계를 갖습니다.
- **0 이상** : 관계를 맺는 개체와 0이거나 여러 개의 관계를 갖습니다

관계 선택 사양 도식의 의미는 다음과 같습니다.

그림 5-9 관계 선택 사양

- **실선** : 필수 관계, 즉 A와 B가 필수 관계일 때 사용합니다. 예로 B가 존재하려면 A가 반드시 존재해야 합니다.
- **점선** : 선택적 관계, 즉 A와 B가 선택적 관계일 때 사용합니다. 예로 B는 A가 없어도 존재할 수 있습니다.

그럼 employees 테이블과 job_history 테이블의 관계를 예로 살펴보겠습니다.

그림 5-10 ERD 예 ①

'employees는 여러 개의 job_history를 가질 수 있다.'[3] 그리고 'employee_id가 없는 job_history는 존재하지 않는다.'라는 의미입니다. 예를 들어 employee_id가 101인 Neena Kochhar는 두 개의 job_history를 갖고 있으며 employee_id로 연결되어 있습니다.

```
SELECT A.first_name, A.last_name, B.*
FROM   employees A, job_history B
WHERE  A.employee_id = B.employee_id
AND    A.employee_id = 101;
```

결과

FIRST_NAME	LAST_NAME	EMPLOYEE_ID	START_DATE	END_DATE	JOB_ID	DEPARTMENT_ID
Neena	Kochhar	101	97/09/21	01/10/27	AC_ACCOUNT	110
Neena	Kochhar	101	01/10/28	05/03/15	AC_MGR	110

앞으로 배우겠지만 job_history 테이블에 employee_id 데이터 값 없이 데이터를 생성하려고 하면 오류가 발생합니다.

또 다른 사례를 살펴보겠습니다.

그림 5-11 ERD 예 ②

'regions는 여러 개의 countries를 가질 수 있다.', 'countries는 여러 개의 locations를 가질 수 있다.', 'countries는 regions_id가 없어도 존재할 수 있고, locations 역시 countries_id가 없어도 존재할 수 있다'는 의미입니다.

이처럼 정보의 덩어리인 개체와 개체 간의 논리적인 관계를 그림으로 표현한 것이 ERD입니다. 데이터베이스 설계자는 현실 세계에서 일어날 수 있는 다양한 현상을 데이터베이스로

---

3   관계형 모델 다이어그램은 관계 차수를 단순화하여 표현합니다.

구현하고 ERD로 표현할 수 있고, 사용자는 ERD를 해독하여 설계된 데이터베이스의 논리를 알 수 있습니다.

실습하던 HR 데이터베이스에서 employees 테이블의 ERD 표현을 살펴보겠습니다.

Oracle SQL Developer **접속** 창에서 **EMPLOYEES** 테이블을 선택합니다. 편집 창의 상단 탭 중에서 **Model** 탭을 클릭하면 현재 테이블과 관계된 ERD를 보여 줍니다. 이곳에서 각 테이블 관점의 데이터베이스 개체들 간의 관계, 키와 제약 조건을 확인할 수 있습니다.

그림 5-12 접속 창에서 EMPLOYEES 테이블을 선택하고 Model 탭을 클릭

그림 5-13 employees 테이블의 ERD 표현

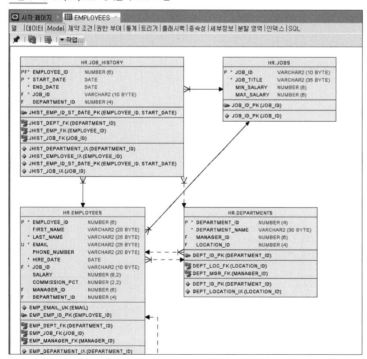

앞서 배운 내용을 적용해 Oracle SQL Developer 모델 ERD에서 표현된 employees 테이블의 키와 제약 조건을 확인해 보면 다음과 같습니다.

그림 5-14 employees 테이블의 상세 표현

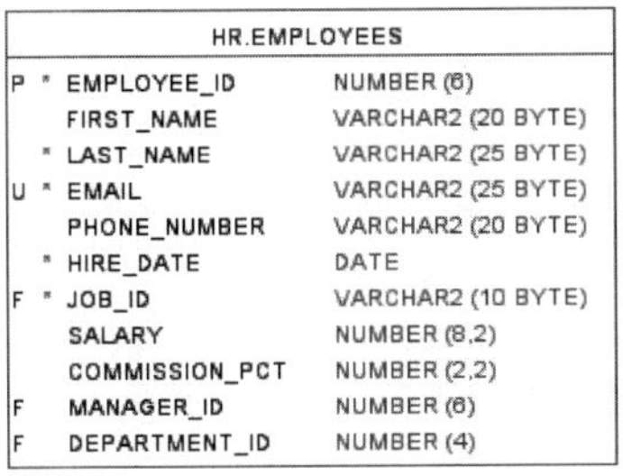

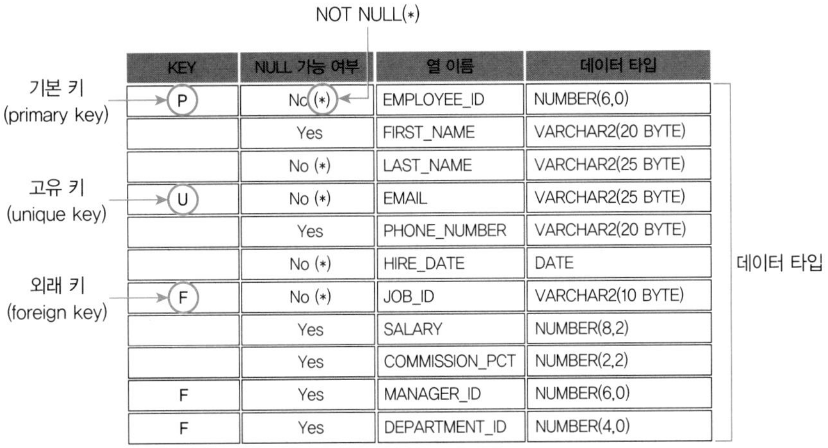

```
                HR.EMPLOYEES
P  *  EMPLOYEE_ID      NUMBER (6)
      FIRST_NAME       VARCHAR2 (20 BYTE)
   *  LAST_NAME        VARCHAR2 (25 BYTE)
U  *  EMAIL            VARCHAR2 (25 BYTE)
      PHONE_NUMBER     VARCHAR2 (20 BYTE)
   *  HIRE_DATE        DATE
F  *  JOB_ID           VARCHAR2 (10 BYTE)
      SALARY           NUMBER (8,2)
      COMMISSION_PCT   NUMBER (2,2)
F     MANAGER_ID       NUMBER (6)
F     DEPARTMENT_ID    NUMBER (4)
```

NOT NULL(*)

기본 키 (primary key)	고유 키 (unique key)	외래 키 (foreign key)	KEY	NULL 가능 여부	열 이름	데이터 타입
			P	No (*)	EMPLOYEE_ID	NUMBER(6,0)
				Yes	FIRST_NAME	VARCHAR2(20 BYTE)
				No (*)	LAST_NAME	VARCHAR2(25 BYTE)
			U	No (*)	EMAIL	VARCHAR2(25 BYTE)
				Yes	PHONE_NUMBER	VARCHAR2(20 BYTE)
				No (*)	HIRE_DATE	DATE
			F	No (*)	JOB_ID	VARCHAR2(10 BYTE)
				Yes	SALARY	NUMBER(8,2)
				Yes	COMMISSION_PCT	NUMBER(2,2)
			F	Yes	MANAGER_ID	NUMBER(6,0)
			F	Yes	DEPARTMENT_ID	NUMBER(4,0)

데이터 타입

복합 키

복합 키란 하나 이상의 키 값을 조합하여 만든 키를 말합니다. job_history 테이블에서 키 타입에 PF라고 표현된 것이 복합 키인데, 기본 키이자 외래 키라는 의미입니다.

그림 5-15 PF = 복합 키

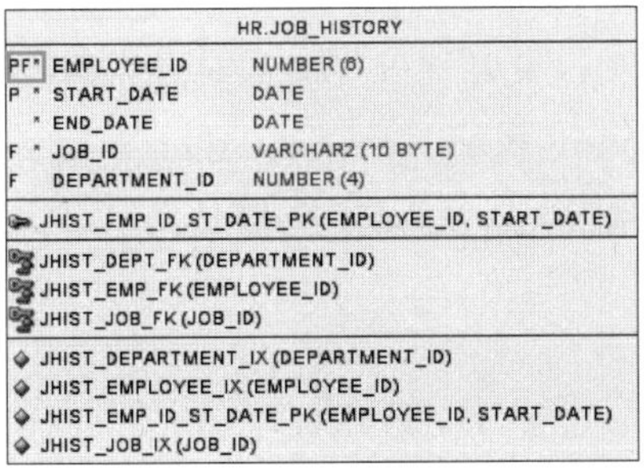

```
                  HR.JOB_HISTORY
PF *  EMPLOYEE_ID      NUMBER (6)
P  *  START_DATE       DATE
   *  END_DATE         DATE
F  *  JOB_ID           VARCHAR2 (10 BYTE)
F     DEPARTMENT_ID    NUMBER (4)

   JHIST_EMP_ID_ST_DATE_PK (EMPLOYEE_ID, START_DATE)

   JHIST_DEPT_FK (DEPARTMENT_ID)
   JHIST_EMP_FK (EMPLOYEE_ID)
   JHIST_JOB_FK (JOB_ID)

   JHIST_DEPARTMENT_IX (DEPARTMENT_ID)
   JHIST_EMPLOYEE_IX (EMPLOYEE_ID)
   JHIST_EMP_ID_ST_DATE_PK (EMPLOYEE_ID, START_DATE)
   JHIST_JOB_IX (JOB_ID)
```

마지막으로 employees 테이블과 departments 테이블의 관계를 employees 테이블을 기준으로 살펴보면 다음과 같은 사실을 알 수 있습니다.

그림 5-16 employees 테이블과 departments 테이블의 관계

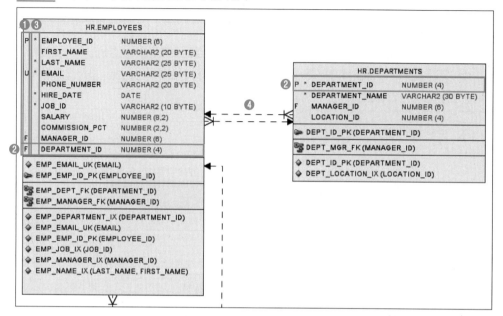

❶ employees 테이블은 employee_id를 기본 키(P)로 가지며 데이터 값을 식별합니다. email은 고유 키(U)이며, manager_id와 department_id는 외래 키(F)입니다.

❷ employees의 외래 키인 department_id는 departments 테이블의 기본 키인 department_id를 참조합니다.[4]

❸ employee_id, last_name, email, hire_date, job_id는 null 값을 가질 수 없습니다(* 표시).

❹ employees는 여러 개의 departments를 갖습니다. 즉, 직원 테이블은 부서 테이블과 부서 정보(department_id)로 논리적으로 연결되어 있으며 여러 개의 부서 정보를 가질 수 있다는 의미입니다. 또한 부서 정보가 없는 직원이 존재할 수 있다는 의미이기도 합니다.

---

4 6장 조인(join)에서 자세히 알아봅니다.

6장

조인과 집합 : 여러 개의 테이블 연결하기

조인(join)이란 관계형 데이터베이스의 테이블 안에 있는 행들을 논리에 따라 연결할 수 있도록 하는 기법입니다. 사용자는 의도에 따라 조인 조건을 다양하게 넣을 수 있으며 이를 통해 출력 결과를 조작할 수 있습니다. 이번 장에서는 관계형 데이터베이스의 핵심 요소인 조인에 대해 알아보겠습니다.

01 조인이란?

우리가 계속해서 언급하는 '관계형 데이터베이스'라는 명칭은 테이블들이 관계(relationship)를 맺고 조작되는 원리에서 유래하였습니다. 앞서 살펴보았듯이 테이블에는 각 유형에 맞는 데이터가 저장되어 있고 테이블들은 특정한 규칙에 따라 상호 관계를 맺습니다. 데이터는 테이블에 흩어져 저장되어 있으므로 사용자가 원하는 형태로 데이터를 조작하려면 특별한 방법이 필요합니다. 이를 위해 사용하는 기법이 조인입니다. 조인은 한 개 이상의 테이블과 테이블을 서로 연결하여 사용하는 기법을 말합니다.

그림 6-1 조인의 개념

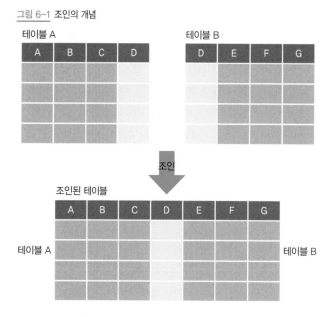

다음은 조인 기법의 종류입니다. 실무에서 가장 많이 쓰는 동등 조인, 외부 조인, 자체 조인을 알아보겠습니다.

조인 기법	설명
곱집합(cartesian product)	가능한 모든 행을 조인한다.
동등 조인(equi join)	조인 조건이 정확히 일치하는 경우에 결과를 출력한다.
비동등 조인(non equi join)	조인 조건이 정확히 일치하지 않는 경우에 결과를 출력한다.
외부 조인(outer join)	조인 조건이 정확히 일치하지 않아도 모든 결과를 출력한다.
자체 조인(self join)	자체 테이블에서 조인하고자 할 때 사용한다.

일반적으로 동등 조인의 문법은 다음과 같습니다.

```
SELECT   테이블 이름 1.열 이름 1 [ , 테이블 이름 2.열 이름 2, … ]
FROM     테이블 이름 1, 테이블 이름 2
WHERE    테이블 이름 1.열 이름 1 = 테이블 이름 2.열 이름 2;
                       두 테이블의 열이 갖고 있는 데이터 값을 논리적으로 연결. 연결 기호로는 등호(=)를 사용
             조회할 데이터 값이 있는 테이블 이름과 열 이름을 기술
```

조인을 사용할 때는 다음 규칙을 따릅니다.

- SELECT 절에는 출력할 열 이름을 기술합니다.
- FROM 절에는 접근하려는 테이블 이름을 기술합니다.
- WHERE 절에는 조인 조건을 기술합니다.
- FROM 절 외의 절에는 조회의 명확성을 위해 열 이름 앞에 테이블 이름을 붙입니다(조인할 때 각 테이블에 똑같은 열 이름이 존재할 수 있습니다. 이럴 때 테이블 이름을 붙이지 않으면 '열의 정의가 애매합니다.'라는 오류가 발생합니다).

  예 employees.employee_id ······ 열 이름
            ······ 테이블 이름

- 이름이 긴 테이블에 별칭을 사용하면 편리하게 사용할 수 있습니다. 권장

02 동등 조인 : 똑같은 데이터끼리 연결하기

SQL FOR EVERYONE

동등 조인(equi join)이란 양쪽 테이블에서 조인 조건이 일치하는 행만 가져오는 가장 일반적이고 자주 쓰는 조인입니다. 등호(=) 연결 연산자를 사용하여 조건 값이 정확하게 일치할 때만 행을 가져오기 때문에 equi-join 혹은 inner join이라고도 부릅니다. 기본 키(PK)와 외래 키(FK)의 관계를 이용하여 조인하기도 하고 키가 아니더라도 다양한 조건으로 조인할 수 있습니다.

```
SELECT   테이블 이름 1.열 이름 1, 테이블 이름 2.열 이름 2, …
FROM     테이블 이름 1, 테이블 이름 2
WHERE    테이블 1.열 이름 1 = 테이블 2.열 이름 2;
```

```
SELECT   *                              ┈┈ employees 테이블의 별칭을 A로 지정
FROM     employees A, departments B  ┈┈ departments 테이블의 별칭을 B로 지정
WHERE    A.department_id = B.department_id;
```
         조인하려는 열   등호(=)로 동등 조인   조인하려는 열

실행 결과

EMPLOYEE_ID	FIRST_NAME	LAST_NAME	SALARY	MANAGER_ID	DEPARTMENT_ID	DEPARTMENT_ID_1	DEPARTMENT_NAME	MANAGER_ID_1	LOCATION_ID
200	Jennifer	Whalen	4400	101	10	10	Administration	200	1700
201	Michael	Hartstein	13000	100	20	20	Marketing	201	1800
202	Pat	Fay	6000	201	20	20	Marketing	201	1800
114	Den	Raphaely	11000	100	30	30	Purchasing	114	1700
115	Alexander	Khoo	3100	114	30	30	Purchasing	114	1700
116	Shelli	Baida	2900	114	30	30	Purchasing	114	1700
117	Sigal	Tobias	2800	114	30	30	Purchasing	114	1700
118	Guy	Himuro	2600	114	30	30	Purchasing	114	1700
119	Karen	Colmenares	2500	114	30	30	Purchasing	114	1700

※ 양쪽 테이블에서 같은 값끼리 연결되었습니다.

부서에 대한 상세한 정보를 얻기 위해 employees 테이블에 속한 외래 키 department_id와 departments 테이블의 기본 키 department_id를 조인한 결과입니다. 데이터 값이 같은 것

끼리 연결되어 조회된 것을 확인할 수 있습니다. 열 전체를 조회(＊)하기 위해 사용했으므로 양쪽 테이블에 모두 존재하는 department_id를 구별하기 위해 자동으로 department_id와 department_id_1로 제목이 구분되어 출력되었습니다(별칭이 department_id_1로 바뀐 것은 아닙니다). 동등 조인을 그림으로 표현하면 다음과 같습니다.

그림 6-2 동등 조인

EMPLOYEE_ID	FIRST_NAME	LAST_NAME	SALARY	MANAGER_ID	DEPARTMENT_ID
200	Jennifer	Whalen	4400	101	10
201	Michael	Hartstein	13000	100	20
202	Pat	Fay	6000	201	20
114	Den	Raphaely	11000	100	30
115	Alexander	Khoo	3100	114	30
116	Shelli	Baida	2900	114	30

DEPARTMENT_ID	DEPARTMENT_NAME	MANAGER_ID	LOCATION_ID
10	Administration	200	1700
20	Marketing	201	1800
30	Purchasing	114	1700
40	Human Resources	203	2400
50	Shipping	121	1500

employees 테이블과 departments 테이블을 조인했더니 어떤 직원이 어느 부서에 속하는지 알 수 있게 되었습니다. departments 테이블과 locations 테이블을 location_id로 추가로 조인하면 부서의 상세한 위치 정보도 확인할 수 있습니다. 즉, 다수의 테이블에 대해서도 조인을 사용할 수 있습니다. 계속 조인 조건을 추가하려면 조건식과 마찬가지로 WHERE 절 다음에 AND 연산자를 사용합니다. 다음 예제를 살펴보겠습니다.

예제 6-1 employees 테이블과 departments 테이블과 locations 테이블을 조인하여 각 직원이 어느 부서에 속하는지와 부서의 소재지가 어디인지 조회해 보세요.

```
SELECT A.employee_id, A.department_id, B.department_name, C.location_id, C.city
FROM employees A, departments B, locations C
WHERE A.department_id = B.department_id    ·······조인 ❶
AND B.location_id = C.location_id;  ·······조인 ❷
      ⌐······· AND 연산자를 이용해서 조인 조건 추가
```

실행 결과

	EMPLOYEE_ID	DEPARTMENT_ID	DEPARTMENT_NAME	LOCATION_ID	CITY
1	100	90	Executive	1700	Seattle
2	101	90	Executive	1700	Seattle
3	102	90	Executive	1700	Seattle
4	103	60	IT	1400	Southlake
5	104	60	IT	1400	Southlake
6	105	60	IT	1400	Southlake
7	106	60	IT	1400	Southlake
8	107	60	IT	1400	Southlake
9	108	100	Finance	1700	Seattle
10	109	100	Finance	1700	Seattle

예제와 실행 결과를 그림으로 그려 보면 다음과 같습니다.

그림 6-3 동동 조인의 연결

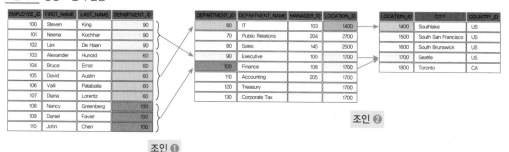

employees 테이블과 departments 테이블을 department_id로 조인하고, AND 연산자를 사용해서 departments 테이블과 locations 테이블을 location_id로 조인했습니다. 실행 결과를 보면 조인된 열의 데이터 값을 기준으로 행끼리 연결된 것을 알 수 있습니다. 이를 통해 department_id가 90인 경우는 departments 테이블을 조인하여 Executive 부서인 것을 알수 있습니다(조인 ❶). departments 테이블의 Executive 부서의 location_id는 1700이므로 location_id로 locations 테이블을 조인하면 소재 도시가 Seattle인 것을 알 수 있습니다(조인 ❷). Executive 부서와 Finance 부서는 location_id가 동일하므로 소재 도시가 같다는 것도 확인할 수 있습니다. 예제와 같이 AND 연산자를 이용해 조인 조건식을 계속 이어나가면서 원하는 정보를 조회할 수 있습니다.

03 외부 조인 : 모든 데이터를 연결하기

SQL FOR EVERYONE

동등 조인은 데이터 값이 정확히 일치하는 경우에만 결과를 출력합니다. 데이터 값이 일치하지 않는다면 결과가 조회되지 않습니다. 다음 코드를 살펴보겠습다.

```
SELECT   COUNT(*) 조인된건수
FROM     employees A, departments B
WHERE    A.department_id = B.department_id;
```

실행 결과

	조인된건수
1	106

앞서 살펴본 department_id로 동등 조인을 한 결과를 살펴보면 106건이 출력됩니다. 그런데 employees의 직원 정보는 전부 107건입니다. 1건이 차이가 나는 이유는 일치하지 않는 1건이 누락되었기 때문입니다. 확인해 보면 employees 테이블에서 employee_id가 178인 Kimberely Grant의 department_id는 null 값을 갖고 있습니다. 그러나 departments 테이블의 department_id에는 null 값에 대응하는 데이터 값이 없기 때문에 해당 건이 누락된 것입니다.

그림 6-4 외부 조인

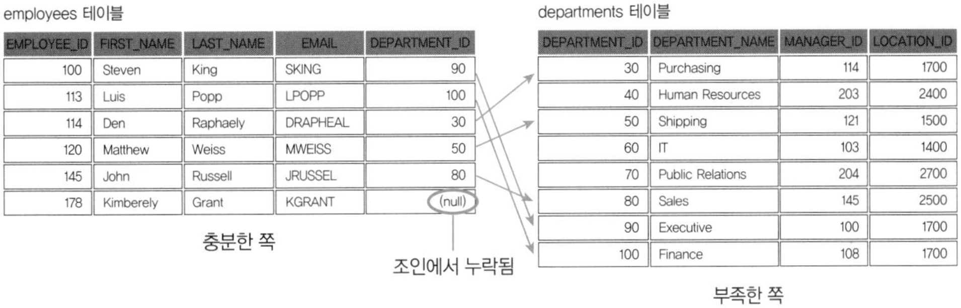

employees 테이블

EMPLOYEE_ID	FIRST_NAME	LAST_NAME	EMAIL	DEPARTMENT_ID
100	Steven	King	SKING	90
113	Luis	Popp	LPOPP	100
114	Den	Raphaely	DRAPHEAL	30
120	Matthew	Weiss	MWEISS	50
145	John	Russell	JRUSSEL	80
178	Kimberely	Grant	KGRANT	(null)

충분한 쪽

조인에서 누락됨

departments 테이블

DEPARTMENT_ID	DEPARTMENT_NAME	MANAGER_ID	LOCATION_ID
30	Purchasing	114	1700
40	Human Resources	203	2400
50	Shipping	121	1500
60	IT	103	1400
70	Public Relations	204	2700
80	Sales	145	2500
90	Executive	100	1700
100	Finance	108	1700

부족한 쪽

외부 조인(outer join)은 조건을 만족하지 않는 행도 모두 출력하기 위한 조인 기법입니다.

```
SELECT   테이블 이름 1.열 이름 1, 테이블 이름 2.열 이름 2, …
FROM     테이블 이름 1, 테이블 이름 2
WHERE    테이블 이름 1.열 이름 1 = 테이블 이름 2.열 이름 2(+);
```
　　　　　　　　　　　　　　　　　　　　외부 조인, 데이터가 부족한 쪽에 기술

외부 조인의 특징은 다음과 같습니다.

- 외부 조인은 동등 조인 조건을 만족하지 못해 누락되는 행을 출력하기 위해 사용합니다.
- 외부 조인은 (+) 기호를 사용합니다.
- (+) 기호는 조인할 행이 없는, 즉 데이터 값이 부족한 테이블의 열 이름 뒤에 기술합니다.
- (+) 기호는 외부 조인하려는 한쪽에만 기술할 수 있습니다. 테이블 양쪽에는 기술할 수 없습니다.

  예 A.department_id(+) = B.department_id(+) 불가
- (+) 기호를 붙이면 데이터 값이 부족한 테이블에 null 값을 갖는 행이 생성되어 데이터 값이 충분한 테이블의 행들이 null 행에 조인됩니다.

Kimberely Grant까지 출력하려면 데이터가 부족한 departments 테이블 쪽에 (+) 기호를 기술해야 합니다.

예제 6-2 employees 테이블과 departments 테이블을 department_id로 외부 조인하여 department_id가 null 값인 Kimberely Grant도 함께 출력해 보세요.

```
SELECT A.employee_id, A.first_name, A.last_name, B.department_id, B.department_name
FROM    employees A, departments B
WHERE   A.department_id = B.department_id(+)
ORDER BY A.employee_id;
```

EMPLOYEE_ID	FIRST_NAME	LAST_NAME	DEPARTMENT_ID	DEPARTMENT_NAME
176	Jonathon	Taylor	80	Sales
177	Jack	Livingston	80	Sales
178	Kimberely	Grant	(null)	(null)
179	Charles	Johnson	80	Sales
180	Winston	Taylor	50	Shipping
181	Jean	Fleaur	50	Shipping
182	Martha	Sullivan	50	Shipping
183	Girard	Geoni	50	Shipping

departments 테이블의 행에 null이 생성되어 조인되면서 동등 조인으로는 출력되지 않은 Kimberely Grant 직원이 출력된 것을 확인할 수 있습니다.

반대로 (+) 기호를 다른 쪽 테이블에 기술하면 어떻게 될까요?

```
SELECT A.employee_id, A.first_name, A.last_name, B.department_id, B.department_
name
FROM    employees A, departments B
WHERE   A.department_id(+) = B.department_id
              └──── 데이터가 부족한 쪽      └──── 데이터가 충분한 쪽
ORDER BY A.employee_id;
```

실행 결과

EMPLOYEE_ID	FIRST_NAME	LAST_NAME	DEPARTMENT_ID	DEPARTMENT_NAME
205	Shelley	Higgins	110	Accounting
206	William	Gietz	110	Accounting
(null)	(null)	(null)	180	Construction
(null)	(null)	(null)	190	Contracting
(null)	(null)	(null)	200	Operations
(null)	(null)	(null)	210	IT Support
(null)	(null)	(null)	220	NOC
(null)	(null)	(null)	230	IT Helpdesk

※ 결과는 분량상 생략합니다.

이번에는 반대로 employees 테이블의 데이터가 부족하고 departments 테이블의 데이터가 충분하다는 의미이기 때문에 departments 테이블의 일치하지 않는 department_id(데이터가 충분한 쪽)가 employees 테이블의 부족한 데이터에 대해 null로 조인되었습니다.

department_id로 조인되었기 때문에 같은 테이블 안의 열인 department_name 정보도 같이 출력되는 것을 확인할 수 있습니다.

이 결과는 다음처럼 해석할 수 있습니다.

- departments 테이블의 department_id에 대해 동등 조인이 되지 못한 데이터도 모두 출력하겠다는 의미입니다.
- departments 테이블의 department_id가 180, 190, 200, …(Construction, Contracting, Operations, …) 부서에 소속된 employees 테이블의 직원은 없다고 해석할 수도 있습니다.

외부 조인은 이처럼 일치하지 않는 데이터를 출력하고자 할 때 유용합니다.[1]

> 외부 조인은 연결하는 방법에 따라 레프트 아웃터 조인(Left Outer Join), 라이트 아웃터 조인(Right Outer Join)이라고 부르기도 합니다. 오라클 데이터베이스에서는 (+)가 붙지 않는 쪽을 기준으로 부릅니다. 예를 들어 A = B (+)라면 오른쪽에 null이 생성되어 왼쪽이 기준이 되어 조인되므로 레프트 아웃터 조인이라 부릅니다.

실무 활용 팁

외부 조인은 동등 조인과 함께 데이터 분석 시 가장 많이 사용되는 조인입니다. 외부 조인이 조금 어렵게 느껴진다면, 다음과 같이 쉽게 생각하세요.

1 양쪽 테이블 중 전부 출력하고 싶은 테이블 쪽을 먼저 생각한다.
2 (+)는 다른 쪽 테이블 쪽 조인 조건에 붙인다.

예를 들어 이번 절 첫 번째 예제 6-2에서 employees 테이블 쪽은 모두 출력하고 싶은 테이블이라고 생각할 수 있습니다(employees 테이블에 레프트 아웃터 조인).

---

1 다만 데이터를 조회할 때는 성능에 좋지 않은 영향을 끼칠 수 있으므로 신중히 사용해야 합니다.

SQL FOR EVERYONE

employees 테이블의 직원 정보 중에는 manager_id 열이 있습니다. 담당 매니저의 정보를 담고 있는 열인데, 데이터 값으로 담당 매니저의 employee_id(코드 값)만 갖고 있으므로 담당 매니저가 누구인지 인적 정보를 조회하려면 결국 다시 employees 테이블을 조인해야 합니다. 이렇게 자기 자신의 테이블을 조인하는 것을 자체 조인(self join)이라고 합니다.

그림 6-5 자체 조인

employees 테이블 A

EMPLOYEE_ID	FIRST_NAME	LAST_NAME	MANAGER_ID
100	Steven	King	(null)
101	Neena	Kochhar	100
102	Lex	De Haan	100
103	Alexander	Hunold	102
104	Bruce	Ernst	103
105	David	Austin	103
106	Valli	Pataballa	103
107	Diana	Lorentz	103
108	Nancy	Greenberg	101

employees 테이블 B

EMPLOYEE_ID	FIRST_NAME	LAST_NAME	MANAGER_ID
100	Steven	King	(null)
101	Neena	Kochhar	100
102	Lex	De Haan	100
103	Alexander	Hunold	102
104	Bruce	Ernst	103
105	David	Austin	103
106	Valli	Pataballa	103
107	Diana	Lorentz	103
108	Nancy	Greenberg	101

manager_id로
자체 조인

자체 조인을 사용하려면 별칭을 사용해야 합니다.

```
SELECT    테이블 별칭 1.열 이름 1, 별칭 2.열 이름 2, …
FROM      테이블 이름 1 별칭 1, 테이블 이름 2 별칭 2
                    ⌐⋯ 별칭 1을 사용        ⌐⋯ 별칭 1과는 다른 별칭 2를 사용
WHERE     테이블 이름 1.열 이름 1 = 테이블 이름 2.열 이름 2
```

employees 테이블을 자체 조인하여 직원별 담당 매니저가 누구인지 조회하세요.

```
SELECT A.employee_id, A.first_name, A.last_name, A.manager_id,
       B.first_name||' '||B.last_name manager_name
FROM   employees A, employees B
WHERE  A.manager_id = B.employee_id
ORDER BY A.employee_id;
```

실행 결과

EMPLOYEE_ID	FIRST_NAME	LAST_NAME	MANAGER_ID	MANAGER_NAME
101	Neena	Kochhar	100	Steven King
102	Lex	De Haan	100	Steven King
103	Alexander	Hunold	102	Lex De Haan
104	Bruce	Ernst	103	Alexander Hunold
105	David	Austin	103	Alexander Hunold
106	Valli	Pataballa	103	Alexander Hunold
107	Diana	Lorentz	103	Alexander Hunold
108	Nancy	Greenberg	101	Neena Kochhar
109	Daniel	Faviet	108	Nancy Greenberg

동일한 employees 테이블을 사용했지만 employees A 테이블은 manager_id, employees B 테이블은 employee_id로 조인하여 매니저가 누구인지 이름을 출력했습니다. 동등 조인과 원리는 같지만 테이블을 한 개만 사용한다는 차이점이 있습니다.

자체 조인은 다음과 같은 특징이 있습니다.

- 자기 자신의 테이블을 이용하여 조인합니다.
- 같은 테이블을 사용하기 때문에 각기 다른 별칭을 사용함으로써 마치 서로 다른 두 개의 테이블을 조인하는 것처럼 보입니다.
- 자체 조인을 할 때 테이블은 동일한 열로 구성되어 있기 때문에 조회할 때 반드시 '별칭.열 이름'의 형태로 명확하게 구별하여 조회해야 합니다. 그렇지 않으면 오류가 발생합니다.

실무 활용 팁

1 조인을 사용할 때는 테이블에 별칭을 사용합니다. 필수&권장

- 테이블 이름에 별칭을 사용하여 긴 테이블 이름을 축약하여 사용할 수 있습니다.
- 별칭을 사용하면 SQL 문을 간략하게 만들 수 있어 가독성도 높아지고 SQL 문을 효율적으로 작성할 수 있습니다.
- 길게 사용해도 되지만 가급적 짧게 사용하는 것이 좋습니다(필자는 주로 A, B, C, … 순서로 사용).
- SQL 로직이 복잡할 때는 테이블의 별칭에 의미를 부여해서 사용하는 것도 도움이 됩니다.
  예 employees → emp, departments → dept

2 테이블의 순서는 가장 중심이 되는 테이블을 앞에 기술합니다. 권장

- FROM 절에 기술되는 테이블의 순서를 가장 중심이 되는 테이블부터 기술하면, 조인할 때 SQL 로직을 확인하기가 수월해집니다.

3 조인하는 테이블이 여러 개라 논리적으로 복잡하게 느껴질 경우, AND 절 단위로 조인을 걸 때마다 결과를 확인하는 방법을 이용하면 정확한 결과를 출력할 수 있습니다.

05 집합 연산자 : 집합으로 연결하기

SQL FOR EVERYONE

지금까지 조인 기법은 FROM 절에 테이블을 기술하고 WHERE 절에 조건을 기술하여 테이블을 연결하여 조회하는 방식이었습니다. 조인 기법 외에도 테이블에서 데이터를 조회하는 방법이 한 가지 더 있는데 바로 집합 연산자(set operators)를 이용하는 방법입니다. 집합 연산자는 SELECT 문을 여러 개 연결하여 작성하며, 각 SELECT 문의 조회 결과를 하나로 합치거나 분리할 수 있습니다. 집합 연산자는 합집합, 교집합, 차집합의 논리와 같습니다.

집합 연산자의 종류는 다음과 같습니다.

표 6-2 집합 연산자의 종류

종류	설명	집합 종류
UNION	SELECT 문의 조회 결과의 합집합. 중복되는 행은 한 번만 출력한다.	합집합
UNION ALL	SELECT 문의 조회 결과의 합집합. 중복되는 행도 그대로 출력한다.	합집합
INTERSET	SELECT 문의 조회 결과의 교집합. 중복되는 행만 출력한다.	교집합
MINUS	첫 번째 SELECT 문의 조회 결과에서 두 번째 조회 결과를 뺀다.	차집합

```
SELECT   열 이름 1, 열 이름 2, 열 이름 3, …
FROM     테이블 이름
집합 연산자 ------ UNION, UNION ALL, INTERSET, MINUS
SELECT   열 이름 1, 열 이름 2, 열 이름 3, …
FROM     테이블 이름
[ORDER BY 열 이름 [ASC or DESC]]
```

집합 연산자는 다음 규칙을 따릅니다.

- SELECT 문에서 기술한 열과 두 번째 SELECT 문에서 기술한 열은 왼쪽부터 순서대로 일대일로 대응하며, 열 개수와 데이터 타입이 일치해야 합니다. 열의 순서가 다르거나 데이터 타입이 일치하지 않으면 오류가 발생합니다.
- SELECT 문에 대한 연산은 위에서 아래로 수행됩니다.
- ORDER BY 절은 SELECT 문의 맨 끝에 기술합니다.

지금부터는 두 개의 SELECT 문에 대해 집합 연산자를 사용한다고 가정하고 설명하겠습니다.

UNION

SQL을 이용해 SELECT 문의 실행 결과를 집합 하나로 만들 수 있습니다. 즉, 각기 다른 두 개 이상의 SELECT 문을 실행한 결과를 하나로 묶어서 출력할 수 있습니다. UNION 연산자는 집합을 하나로 묶을 때 사용하며 중복 행은 한 번만 출력하는 합집합 연산자입니다.

그림 6-6 UNION 개념

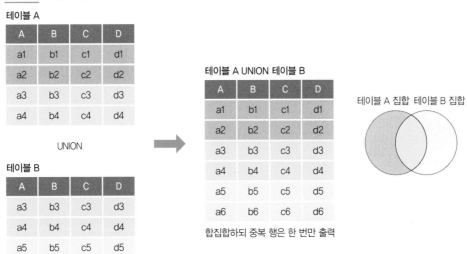

예제 6-4 employees 테이블의 department_id 집합과 departments 테이블의 department_id 집합을 UNION 연산자를 이용해 합쳐 보세요.

```
SELECT department_id
FROM    employees
UNION
SELECT department_id
FROM    departments;
```

실행 결과

	DEPARTMENT_ID
1	10
2	20
3	30
4	40
5	50
6	60
7	70
26	260
27	270
28	(null)

·········· 중복된 값이 없다.

employees 테이블의 department_id 107건과 departments 테이블의 department_id 27건을 UNION 연산자로 합쳤더니 중복 행이 합쳐지면서 총 28건이 출력되었습니다. 즉, 출력 결과는 유일한 값을 가진 department_id 데이터가 28건이라는 의미입니다.

UNION ALL

UNION ALL 연산자는 UNION 연산자와 동일한 기능을 합니다. 다만 UNION 연산자가 중복 행을 한 번만 출력하는데 반해 UNION ALL 연산자는 중복 행과 상관없이 양쪽에서 조회된 결과를 모두 출력합니다.

그림 6-7 UNION ALL 개념

테이블 A

A	B	C	D
a1	b1	c1	d1
a2	b2	c2	d2
a3	b3	c3	d3
a4	b4	c4	d4

UNION ALL

테이블 B

A	B	C	D
a3	b3	c3	d3
a4	b4	c4	d4
a5	b5	c5	d5
a6	b6	c6	d6

테이블 A UNION ALL 테이블 B

A	B	C	D
a1	b1	c1	d1
a2	b2	c2	d2
a3	b3	c3	d3
a4	b4	c4	d4
a3	b3	c3	d3
a4	b4	c4	d4
a5	b5	c5	d5
a6	b6	c6	d6

합집합하되 중복 행도 그대로 출력

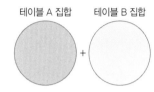

테이블 A 집합   테이블 B 집합

예제 6-5 employees 테이블의 department_id 집합과 departments 테이블의 department_id 집합을 UNION ALL 연산자를 이용해 합쳐 보세요.

```
SELECT department_id
FROM    employees
UNION ALL
SELECT department_id
FROM    departments
ORDER BY department_id;
```

실행 결과

	DEPARTMENT_ID
1	10
2	10
3	20
4	20
6	20
130	240
131	250
132	260
133	270
134	(null)

department_id 값이 중복되어 출력된다.

employees 테이블의 department_id 107건과 departments 테이블의 department_id 27건을 UNION ALL 연산자로 합치면 양쪽 테이블의 행을 모두 합한 총 134건이 출력됩니다. 마지막에는 ORDER BY 절을 이용해 오름차순으로 기본 정렬하였습니다.

INTERSECT

INTERSECT 연산자는 양쪽 SELECT 문의 결과에 존재하는 데이터만 출력합니다. 즉, 양쪽 SELECT 문 조회 결과의 교집합을 출력합니다.

그림 6-8 INTERSECT 개념

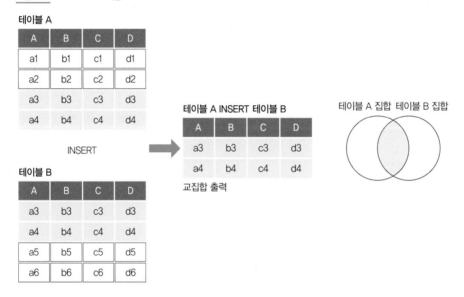

예제 6-6 employees 테이블의 department_id 집합과 departments 테이블의 department_id 집합의 교집합을 INTERSECT 연산자를 이용해 출력해 보세요.

```
SELECT department_id
FROM    employees
INTERSECT
SELECT department_id
FROM    departments
ORDER BY department_id;
```

	DEPARTMENT_ID
1	10
2	20
3	30
4	40
5	50
6	60
7	70
8	80
9	90
10	100
11	110

양쪽 SELECT 문의 결과에 모두 존재하는 행이 출력되었습니다. 앞서 UNION 연산자를 사용했을 때 출력되었던 department_id 270건은 departments 테이블에만 존재할 뿐 employees 테이블에는 존재하지 않으므로 INTERSECT 연산자를 사용할 때는 결과로 출력되지 않습니다.

MINUS

MINUS 연산자는 첫 번째 SELECT 문의 집합에서 두 번째 SELECT 문의 집합을 뺀 결과를 출력합니다. 첫 번째 SELECT 문의 집합에 대해 양쪽 테이블의 교집합을 뺀 결과를 출력하는 것과 같습니다.

그림 6-9 MINUS 개념

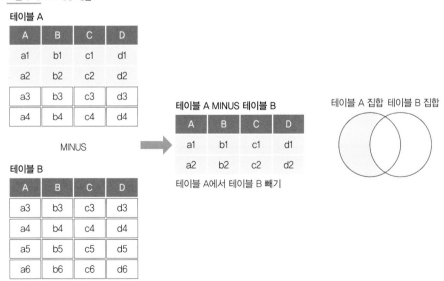

테이블 A

A	B	C	D
a1	b1	c1	d1
a2	b2	c2	d2
a3	b3	c3	d3
a4	b4	c4	d4

MINUS

테이블 B

A	B	C	D
a3	b3	c3	d3
a4	b4	c4	d4
a5	b5	c5	d5
a6	b6	c6	d6

테이블 A MINUS 테이블 B

A	B	C	D
a1	b1	c1	d1
a2	b2	c2	d2

테이블 A에서 테이블 B 빼기

테이블 A 집합 테이블 B 집합

예제 6-7 departments 테이블의 department_id 집합에서 employees 테이블의 department_id 집합을 MINUS 연산자를 이용해 빼 보세요.

```
SELECT department_id
FROM   departments
MINUS
SELECT department_id
FROM   employees;
```

실행 결과

	DEPARTMENT_ID
1	120
2	130
3	140
4	150
5	160
13	240
14	250
15	260
16	270

departments 테이블의 department_id 집합에서 employees 테이블의 department_id 집합을 뺀 결과입니다. departments 테이블에서 교집합 값은 마이너스되면서(빼기) 제거되었기 때문에 출력된 값은 departments 테이블의 department_id 집합이면서 양쪽 테이블의 교집합은 아닌 값입니다. departments 테이블에만 존재하는 department_id 값이라고 할 수 있습니다.

7장

서브쿼리 :
SELECT 문 안에
있는 SELECT 문

서브쿼리는 SELECT 문 안에서 보조로 사용되는 또 다른 SELECT 문입니다. 서브쿼리는 SELECT 문을 효율적으로 작성할 수 있도록 도와줍니다. 복잡한 SELECT 문을 작성할 때 거의 필수로 사용하는 기법이므로 차근차근 살펴보겠습니다.

01 서브쿼리란?

서브쿼리(sub query)란 SELECT 문 안에 다시 SELECT 문이 기술된 형태의 쿼리(query)입니다. 앞서 쿼리와 SELECT 문은 같은 의미라고 했습니다. 서브쿼리(하위 SELECT 문)의 결과를 메인 쿼리(상위 SELECT 문)에서 받아 처리하는 구조이기 때문에 중첩된(nested) 쿼리라고도 부릅니다. 서브쿼리의 결과는 메인 쿼리의 조건으로 사용됩니다. 단일 SELECT 문으로 조건식을 만들기에는 조건이 복잡할 때 또는 완전히 다른 테이블에서 데이터 값을 조회하여 메인 쿼리의 조건으로 사용하려 할 때 유용합니다. 이를테면 서브쿼리는 두 번 작성해서 결과를 출력해야 하는 SELECT 문을 한 번만 작성해서 처리할 수 있도록 합니다.

그림 7-1 서브쿼리의 개념

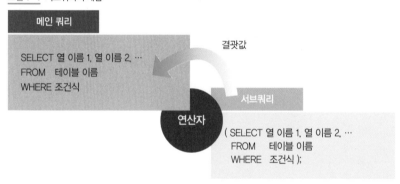

서브쿼리는 논리가 복잡한 SQL 문에서 거의 필수로 사용됩니다. 서브쿼리를 사용할 때는 다음 규칙을 따릅니다.

- 서브쿼리는 괄호(( ))로 묶어서 사용합니다. 메인 쿼리는 괄호로 묶을 필요가 없습니다.
- 메인 쿼리와 서브쿼리를 연결하기 위해 단일 행 연산자나 다중 행 연산자[1]를 사용합니다.
- 메인 쿼리와 서브쿼리의 연결 형태는 연산자에 따라 의미가 다릅니다.
- 메인 쿼리는 연산자의 왼쪽에 기술하고 서브쿼리는 연산자의 오른쪽에 기술합니다.
- ❷ 서브쿼리에서 ❶ 메인 쿼리의 순서로 SELECT 문이 실행됩니다.
- 서브쿼리의 서브쿼리 형태로 계속 중첩하여 SQL 문을 작성할 수 있습니다.

서브쿼리의 종류는 다음과 같습니다.

표 7-1 서브쿼리의 종류

서브쿼리 종류	설명
단일 행 서브쿼리	하나의 행을 검색하는 서브쿼리
다중 행 서브쿼리	하나 이상의 행을 검색하는 서브쿼리
다중 열 서브쿼리	하나 이상의 열을 검색하는 서브쿼리

서브쿼리의 종류에 따라 사용할 수 있는 연산자는 다음과 같습니다.

표 7-2 서브쿼리의 종류에 따라 사용하는 연산자의 종류

연산자 구분	종류	사용처
단일 행 연산자	=, >, >=, <, <=, <>, !=	단일 행 서브쿼리, 다중 열 서브쿼리
다중 행 연산자	IN, NOT IN, EXISTS, ANY, ALL	다중 행 서브쿼리, 다중 열 서브쿼리

---

1 단일 행 연산자는 단 하나의 행을 처리합니다. 다중 행 연산자는 여러 행을 동시에 처리합니다.

단일 행 서브쿼리는 서브쿼리 SELECT 문에서 얻은 한 개 행의 결괏값을 메인 쿼리로 전달하는 서브쿼리입니다. 이때 메인 쿼리와 서브쿼리를 연결하는 연산자로는 단일 행 연산자를 사용합니다. 단일 행 연산자는 하나의 행을 처리하는 연산자를 말합니다. 조건식인 WHERE 절에 기술되는 열의 개수와 데이터 타입은 메인 쿼리와 서브쿼리가 서로 같아야 합니다.

예제 7-1 employees 테이블의 last_name이 'De Haan'인 직원과 salary가 동일한 직원에는 누가 있는지 단일 행 서브쿼리를 이용해서 출력해 보세요.

```
SELECT *
FROM employees A
                        단일 행 연산자
WHERE A.salary = (
                SELECT salary
                FROM employees
                WHERE last_name = 'De Haan'
                );
```

실행 결과

	EMPLOYEE_ID	FIRST_NAME	LAST_NAME	JOB_ID	SALARY	COMMISSION_PCT	MANAGER_ID	DEPARTMENT_ID
1	101	Neena	Kochhar	AD_VP	17000		100	90
2	102	Lex	De Haan	AD_VP	17000		100	90

De Haan의 salary는 17000으로 단일 행입니다. 즉, 서브쿼리의 결괏값 17000을 메인 쿼리에 조건 값으로 전달했고, 메인 쿼리는 그 값을 받아 salary가 17000인 모든 직원을 출력했습니다.

그림 7-2 단일 행 서브쿼리 개념

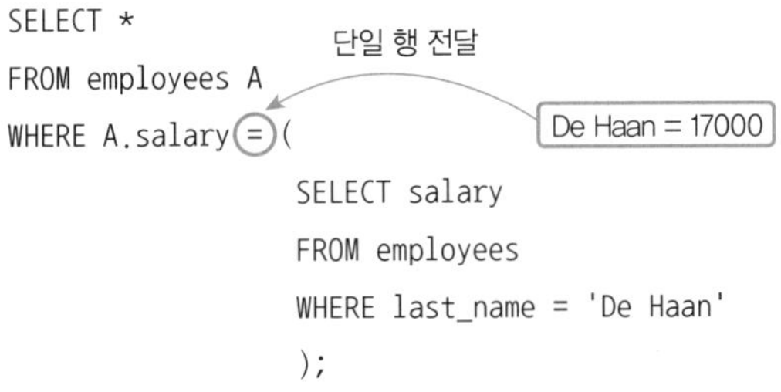

```
SELECT *                     단일 행 전달
FROM employees A
WHERE A.salary (=) (                      De Haan = 17000
                SELECT salary
                FROM employees
                WHERE last_name = 'De Haan'
                );
```

위 예제는 다음 SELECT 문과 같은 결과입니다.

```
SELECT *
FROM employees A
WHERE A.salary = 17000;
```

물론 'De Haan'이라는 last_name으로 salary를 조회하여 17000이라는 값을 알아낸 후, 위 코드처럼 17000을 직접 입력해서 salary가 17000인 직원을 조회할 수 있습니다. 다만 이렇게 하려면 SELECT 문을 두 번 작성해야 할 뿐만 아니라 논리적으로도 분리됩니다. 이런 비효율성을 최소화하고 SELECT 문을 효율적이고 논리적으로 사용할 수 있도록 하는 것이 서브쿼리입니다.

위 예제에서는 서브쿼리가 17000인 단일 행을 전달했기 때문에 단일 행 연산자인 등호(=)를 사용했습니다. 그런데 전달 결과가 다중 행일 때 단일 행 연산자를 사용하면 어떻게 될까요?

```
SELECT *
FROM employees A
WHERE A.salary = (
                SELECT salary
                FROM employees
                WHERE last_name = 'Taylor'
                );
```

전달 결과가 다중 행일 때 단일 행 연산자를 사용하면 다음과 같은 오류가 발생합니다.

그림 7-3 반환값 개수에 따른 연산 오류

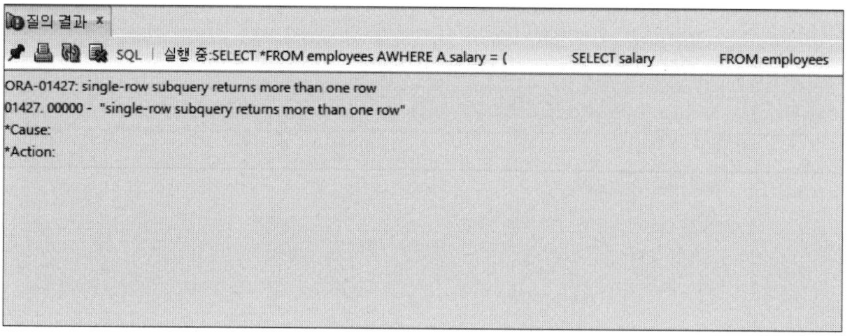

last_name이 'Taylor'인 직원이 두 명이 존재하며 이들은 각각 8600과 3200으로 두 개의 결과 행을 전달합니다. 하지만 단일 행 연산자를 사용했기 때문에 오라클 데이터베이스 시스템은 '단일 행 서브쿼리가 하나 이상의 행을 전달했습니다.'라는 오류를 출력합니다. 이런 경우에는 다음에 배우게 될 다중 행 서브쿼리를 사용해야 합니다.

03 다중 행 서브쿼리

SQL FOR EVERYONE

다중 행 서브쿼리의 사용법은 단일 행 서브쿼리와 같습니다. 다중 행 서브쿼리는 하나 이상의 결과 행을 메인 쿼리에 전달하는 경우에 사용하며 다중 행 연산자를 사용합니다.

다중 행 연산자의 종류는 다음과 같습니다.

표 7-3 다중 행 연산자의 종류

다중 행 연산자	설명	예
IN	같은 값	IN (10, 20) → 10이나 20이 포함
NOT IN	같은 값이 아님	NOT IN (10, 20) → 10이나 20이 포함되지 않음
EXISTS	값이 있으면 반환	EXISTS (10) → 10이 존재하면 참
ANY	최소한 하나라도 만족하는 것(OR) 〈, = 등 비교 연산자와 같이 사용	ANY (10, 20) → 10이나 20이 포함
ALL	모두 만족하는 것(AND) 〈, = 등 비교 연산자와 같이 사용	ALL (10, 20) → 10과 20이 포함

예제 7-2 employees 테이블에서 department_id별로 가장 낮은 salary가 얼마인지 찾아보고, 찾아낸 salary에 해당하는 직원이 누구인지 다중 행 서브쿼리를 이용해 찾아보세요.

```
SELECT *
FROM employees A
                ┌------ 다중 행 연산자
WHERE A.salary IN (
              SELECT MIN(salary) 최저급여
              FROM employees
              GROUP BY department_id
              )
ORDER BY A.salary DESC;
```

그림 7-4 다중 행 서브쿼리의 개념

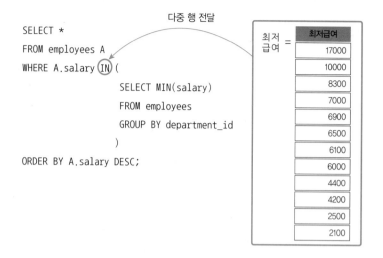

```
SELECT *
FROM employees A
WHERE A.salary IN (
            SELECT MIN(salary)
            FROM employees
            GROUP BY department_id
            )
ORDER BY A.salary DESC;
```

다중 행 전달

최저 급여	=	최저급여
		17000
		10000
		8300
		7000
		6900
		6500
		6100
		6000
		4400
		4200
		2500
		2100

실행 결과

	EMPLOYEE_ID	FIRST_NAME	LAST_NAME	JOB_ID	SALARY	COMMISSION_PCT	MANAGER_ID	DEPARTMENT_ID
1	101	Neena	Kochhar	AD_VP	17000	(null)	100	90
2	102	Lex	De Haan	AD_VP	17000	(null)	100	90
3	204	Hermann	Baer	PR_REP	10000	(null)	101	70
4	169	Harrison	Bloom	SA_REP	10000	0.2	148	80
5	156	Janette	King	SA_REP	10000	0.35	146	80
6	150	Peter	Tucker	SA_REP	10000	0.3	145	80
7	206	William	Gietz	AC_ACCOUNT	8300		205	110
21	191	Randall	Perkins	SH_CLERK	2500	(null)	122	50
22	140	Joshua	Patel	ST_CLERK	2500	(null)	123	50
23	119	Karen	Colmenares	PU_CLERK	2500	(null)	114	30
24	182	Martha	Sullivan	SH_CLERK	2500	(null)	120	50
25	144	Peter	Vargas	ST_CLERK	2500	(null)	124	50
26	132	TJ	Olson	ST_CLERK	2100	(null)	121	50

그룹 함수 MIN을 이용해서 department_id별 최저 salary를 조회하는 서브쿼리를 이용하여 다중 행을 조회한 다음 메인 쿼리로 전달했습니다. 다중 행 서브쿼리이므로 등호(=) 연산자를 사용하지 않고 다중 행 연산자인 IN을 사용했습니다. IN 연산자는 하나 이상의 행을 받아 처리하는 연산자입니다. 메인 쿼리에서는 다중 행의 salary 값을 결괏값이자 조건식으로 받아 일치하는 직원을 출력했습니다.

다중 열 서브쿼리는 메인 쿼리와 서브쿼리를 비교하는 WHERE 조건식에서 비교되는 열이 여러 개일 때 사용하는 서브쿼리입니다.

```
SELECT    열 이름                                    비교되는 열이 여러 개
FROM      테이블 이름
WHERE     (열 이름 1, 열 이름 2, …) IN ( SELECT 열 이름 1, 열 이름 2, …
                                          FROM   테이블 이름
                                          WHERE 조건식 );
```

예제 7-3 employees 테이블에서 job_id별로 가장 낮은 salary가 얼마인지 찾아보고, 찾아낸 job_id별 salary에 해당하는 직원이 누구인지 다중 열 서브쿼리를 이용해 찾아보세요.

```
SELECT *
FROM employees A
WHERE (A.job_id, A.salary) IN (
                              SELECT job_id, MIN(salary) 그룹별급여
                              FROM employees
                              GROUP BY job_id
                              )
ORDER BY A.salary DESC;
```

그림 7-5 다중 열 서브쿼리의 개념

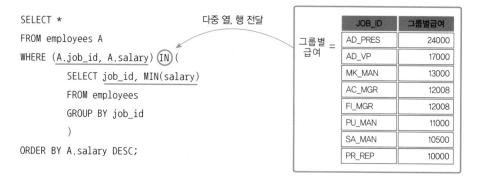

```
SELECT *
FROM employees A
WHERE (A.job_id, A.salary) IN (
        SELECT job_id, MIN(salary)
        FROM employees
        GROUP BY job_id
        )
ORDER BY A.salary DESC;
```

다중 열, 행 전달

그룹별	=	JOB_ID	그룹별급여
급여		AD_PRES	24000
		AD_VP	17000
		MK_MAN	13000
		AC_MGR	12008
		FI_MGR	12008
		PU_MAN	11000
		SA_MAN	10500
		PR_REP	10000

실행 결과

	EMPLOYEE_ID	FIRST_NAME	LAST_NAME	JOB_ID	SALARY	COMMISSION_PCT	MANAGER_ID	DEPARTMENT_ID
1	100	Steven	King	AD_PRES	24000	(null)	(null)	90
2	102	Lex	De Haan	AD_VP	17000	(null)	100	90
3	101	Neena	Kochhar	AD_VP	17000	(null)	100	90
4	201	Michael	Hartstein	MK_MAN	13000	(null)	100	20
5	205	Shelley	Higgins	AC_MGR	12008	(null)	101	110
14	202	Pat	Fay	MK_REP	6000	(null)	201	20
15	124	Kevin	Mourgos	ST_MAN	5800	(null)	100	50
16	200	Jennifer	Whalen	AD_ASST	4400	(null)	101	10
17	107	Diana	Lorentz	IT_PROG	4200	(null)	103	60
18	182	Martha	Sullivan	SH_CLERK	2500	(null)	120	50
19	119	Karen	Colmenares	PU_CLERK	2500	(null)	114	30
20	191	Randall	Perkins	SH_CLERK	2500	(null)	122	50
21	132	TJ	Olson	ST_CLERK	2100	(null)	121	50

그룹 함수 MIN을 사용하여 job_id별 최저 salary를 찾아내고, 해당 값을 다중 열 서브쿼리를 통해 메인 쿼리에 전달하여 해당 직원이 누구인지 찾는 SELECT 문입니다. 다중 열이자 다중 행이기 때문에 조건식에 IN 연산자를 사용했습니다. 다중 열 서브쿼리를 사용하려면 조건식의 메인 쿼리와 서브쿼리의 각 열이 일대일로 대응해야 하며 데이터 타입도 동일해야 합니다.

05 FROM 절 서브쿼리 : 인라인 뷰

SQL FOR EVERYONE

FROM 절에서 테이블을 기술해서 해당 테이블의 데이터 값을 불러올 수 있다는 것은 이미 배웠습니다. FROM 절에는 테이블뿐만 아니라 서브쿼리도 사용할 수 있습니다. 즉, FROM 절에 서브쿼리를 사용하면 특정 조건식을 갖는 SELECT 문을 테이블처럼 사용할 수 있습니다. 이를 통해 SELECT 문을 효율적이고 간결하게 작성할 수 있습니다. 이는 마치 가상 테이블, 즉 뷰(view)[2]와 같은 역할을 한다고 해서 인라인 뷰(inline view)라고도 부릅니다.

인라인 뷰는 SELECT 문에서 자주 활용됩니다.

```
SELECT    열 이름 1
FROM      테이블 이름 AS 별칭 1,
                        ( SELECT 열 이름 2
                          FROM    테이블 이름
                          WHERE   조건식 )  AS 별칭 2
WHERE    별칭 1.열 이름 1 = 별칭 2.열 이름 2
                          테이블처럼 사용
```

예제 7-4 직원 중에서 department_name이 IT인 직원의 정보를 인라인 뷰를 이용해 출력해 보세요.

```
SELECT *
FROM employees AS A,
                ( SELECT   department_id
                  FROM     departments
                  WHERE    department_name = 'IT') AS B
WHERE A.department_id = B.department_id;
```

---

2 뷰(view)는 11장에서 다룹니다.

그림 7-6 서브쿼리의 인라인 뷰 개념

```
SELECT *
FROM employees AS A,
            ( SELECT  department_id
              FROM    departments
              WHERE   department_name = 'IT') AS B
WHERE A.department_id = B.department_id;
```

인라인 뷰

	DEPARTMENT_ID
=	
1	60

실행 결과

	EMPLOYEE_ID	FIRST_NAME	LAST_NAME	JOB_ID	SALARY	COMMISSION_PCT	MANAGER_ID	DEPARTMENT_ID
1	103	Alexander	Hunold	IT_PROG	9000	(null)	102	60
2	104	Bruce	Ernst	IT_PROG	6000	(null)	103	60
3	105	David	Austin	IT_PROG	4800	(null)	103	60
4	106	Valli	Pataballa	IT_PROG	4800	(null)	103	60
5	107	Diana	Lorentz	IT_PROG	4200	(null)	103	60

departments 테이블에서 department_name이 IT인 데이터 값을 조회하는 SELECT 문을 마치 테이블처럼 FROM 절에 기술했습니다. 이는 department_id가 60이라는 데이터 값을 갖는 테이블과 같다고 할 수 있습니다. 이 서브쿼리에 B라는 별칭을 줘서 employees 테이블과 department_id로 동등 조인하였고, 이로서 IT부서에 속한 모든 직원을 출력했습니다. 이처럼 서브쿼리를 FROM 절에 기술하면 SELECT 문을 정교하게 작성할 수 있습니다.

이 장에서 살펴본 서브쿼리까지가 데이터 분석을 위한 SELECT 문의 기본입니다. 물론 지금까지 배운 내용이 SELECT 문의 모든 것이라고 말할 수는 없습니다. 다만 이 책에는 필자의 경험을 바탕으로 추린 핵심 내용을 담았으므로 지금까지 익힌 내용을 기반으로 지속적으로 익히고 응용해 나간다면 기본적인 데이터 조작과 분석은 충분히 할 수 있을 것입니다.

8장부터 배울 DML과 DDL은 데이터베이스의 데이터를 직접 조작하는 명령어 위주로 구성되어 있습니다. 데이터를 직접 변경하는 명령어이므로 조심스럽게 다뤄야 합니다. DML과 DDL은 데이터 분석에서 한발 더 나아가 애플리케이션 개발이나 데이터 분석 시스템 운영과도 관련이 많은 내용입니다.

필자의 생각으로는 굳이 나누자면 현업 분석 실무자에게는 SELECT 문까지가 핵심 데이터 조작 영역이고, 다음 단계부터는 부가 데이터 조작 영역이라고 할 수 있습니다. 물론 익혀 두면 SQL을 다루는 데 많은 도움이 되는 영역이므로 차근차근 알아보겠습니다.

서브쿼리의 특성을 고려하면서 SELECT 문을 쉽게 작성할 수 있는 몇 가지 팁을 소개합니다.

1 들여쓰기를 한다.

서브쿼리를 사용할 때는 들여쓰기를 해서 가독성을 높입니다. 서브쿼리 자체가 하나의 SELECT 문이므로 구분하기 쉽게 들여쓰기를 해서 작성하면 SELECT 문이 길고 복잡해질 때 해당 서브쿼리 구문만 따로 떼어 내 쉽게 해독하고 수정할 수 있습니다.

2 분리해서 실행한다.

논리가 복잡해지면 서브쿼리만 따로 분리해서 실행해 봅니다. 서브쿼리는 하위 단계에서 상위 단계로 결괏값을 반환하는 구조이므로 SQL 로직이 복잡해지면 가장 하위의 서브쿼리부터 분리해서 실행하고 결과를 확인해 보는 것이 도움이 됩니다.

3 주석을 사용한다.

결괏값이 예상한 대로 나오지 않는다면 전체를 수정하지 말고 행이라면 '--', 블록이라면 /* (문장) */의 주석을 사용하여 특정 구문을 주석으로 처리하여 부분 논리를 뺄 수 있습니다. SELECT 문의 로직을 점검해 볼 필요가 있을 때는 주석이 유용합니다.

4 다중 에디트 창을 사용한다.

워크시트 창을 여러 개 띄워 놓고 서브쿼리들을 실행시키면서 결과를 확인하면 하나의 워크시트 창에서 한 번에 확인하는 것보다 좀 더 쉽게 SQL 논리를 구성하고 테스트할 수 있습니다. 새로운 워크시트 창을 띄우려면 Oracle SQL Developer 상단의 🖳 아이콘을 클릭합니다.

그림 7-7 여러 개의 워크시트 창에서 코드 작성

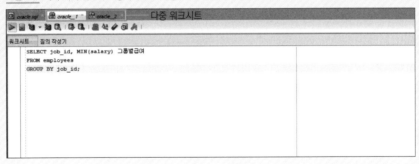

8장

DML : 데이터의 삽입/갱신/삭제

지금부터는 데이터를 직접 조작하는 방법을 알아보겠습니다. SELECT 문이 주로 데이터 출력을 위해 사용되었다면 이번 장에서 익힐 DML 명령어는 데이터를 직접 조작하는 데 사용됩니다. DML은 결과를 단순히 출력하는 SELECT 문과 달리 데이터를 직접 조작하는 명령어이므로 알아 두면 SQL 활용 범위를 넓힐 수 있습니다.

01 DML이란?

DML(Data Manipulation Language)은 말 그대로 데이터를 조작하는 명령어입니다. SELECT 문도 DML에 속하며 데이터를 조작하기는 하지만 단지 조회하여 출력할 뿐이었습니다. 앞으로 익힐 INSERT, UPDATE, DELETE는 데이터를 직접 삽입, 갱신, 삭제하는 명령어입니다. 데이터를 조작하여 저장하는 일련의 과정을 트랜잭션(transaction)이라고 합니다. DML은 트랜잭션을 다루는 명령어입니다. DML 명령어는 SELECT 문과 마찬가지로 테이블의 행을 기준으로 삽입, 갱신, 삭제합니다.

대표적인 DML 명령어의 종류는 다음과 같습니다.

표 8-1 DML의 종류

명령어	설명
INSERT	테이블에 새로운 행을 삽입한다.
UPDATE	테이블에 있는 행의 내용을 갱신한다.
DELETE	테이블의 행을 삭제한다.

02 INSERT : 행 삽입하기

SQL FOR EVERYONE

INSERT 명령어는 테이블에 새로운 행을 삽입할 때 사용합니다. 새로운 데이터(new data)를 행 단위로 입력합니다.

그림 8-1 INSERT의 개념

A
B
C
D
A
B
C
D

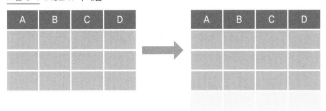

```
INSERT INTO  테이블 이름 [(열 이름 1, 열 이름 2, …)]
VALUES  (데이터 값 1, 데이터 값 2, …);
```

예제 8-1 departments 테이블에 department_id가 271, department_name이 'Sample_Dept', manager_id가 200, location_id가 1700인 행을 삽입해 보세요.

```
INSERT INTO departments ( department_id, department_name, manager_id, location_id)
VALUES
(271, 'Sample_Dept', 200, 1700);
```

그림 8-2 INSERT 결과

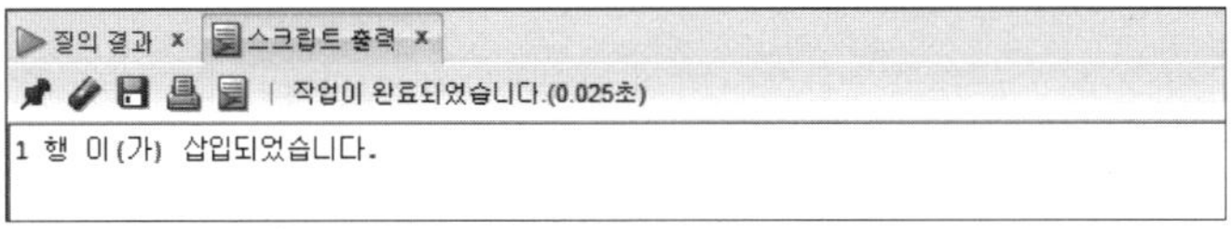

질의 결과
스크립트 출력
작업이 완료되었습니다.(0.025초)
1 행 이(가) 삽입되었습니다.

SELECT * FROM departments; 문으로 조회하면 다음처럼 추가된 것을 확인할 수 있습니다.[1]

실행 결과

	DEPARTMENT_ID	DEPARTMENT_NAME	MANAGER_ID	LOCATION_ID
1	271	Sample_Dept	200	1700
2	270	Payroll	(null)	1700
3	260	Recruiting	(null)	1700
4	250	Retail Sales	(null)	1700
5	240	Government Sales	(null)	1700
6	230	IT Helpdesk	(null)	1700
7	220	NOC	(null)	1700
8	210	IT Support	(null)	1700
9	200	Operations	(null)	1700

INSERT 명령어를 이용하여 테이블 이름 다음에 열 순서에 따라 차례대로 데이터 값을 기술해서 새로운 행을 삽입했습니다. VALUES 절에는 테이블의 한 행에 삽입될 값을 기술합니다. 다음처럼 열 이름을 모두 기술하지 않고 생략한 채로 열 순서에 맞게 데이터 값만 기술해도 새로운 행이 삽입됩니다.

[예제 8-2] departments 테이블에 department_id가 272, department_name이 'Sample Dept', manager_id가 200, location_id가 1700인 행을 삽입해 보세요.

```
INSERT INTO departments
VALUES
(272, 'Sample_Dept', 200, 1700);
```

다음처럼 1행이 삽입됩니다.

그림 8-3 INSERT 결과 2

열 이름과 입력되는 데이터 값이 일치하는지 확인하기 위하여 열 이름을 모두 기술할 것을 권장합니다. INSERT 명령어와 UPDATE 명령어로 데이터를 삽입하거나 갱신할 때는 입력되는

---

1 8장부터의 실행 결과는 특별한 언급이 없는 한 SELECT 문을 이용해 조회한 결과입니다.

데이터의 순서, 데이터 타입과 제약 조건(NOT NULL, UNIQUE 등)[2]에 주의해야 합니다. 다음 예를 확인해 보겠습니다.

```
INSERT INTO departments
VALUES
(271, Sample_Dept, 200, 1700);
```

그림 8-4 INSERT 오류

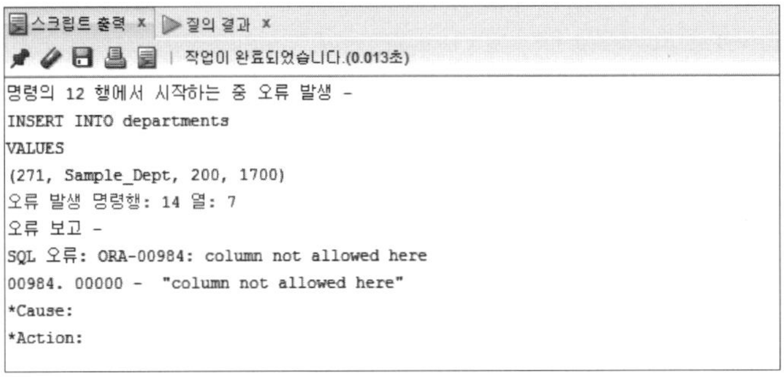

```
스크립트 출력 ×   질의 결과 ×
            작업이 완료되었습니다.(0.013초)
명령의 12 행에서 시작하는 중 오류 발생 -
INSERT INTO departments
VALUES
(271, Sample_Dept, 200, 1700)
오류 발생 명령행: 14 열: 7
오류 보고 -
SQL 오류: ORA-00984: column not allowed here
00984. 00000 -  "column not allowed here"
*Cause:
*Action:
```

departments 테이블의 속성과 제약 조건은 다음과 같습니다.

표 8-2 departments 테이블 속성과 제약 조건

COLUMN_NAME	DATA_TYPE	NULLABLE	DATA_DEFAULT	COLUMN_ID
DEPARTMENT_ID	NUMBER(4,0)	No	(null)	1
DEPARTMENT_NAME	VARCHAR2(30 BYTE)	No	(null)	2
MANAGER_ID	NUMBER(6,0)	Yes	(null)	3
LOCATION_ID	NUMBER(4,0)	Yes	(null)	4

VALUES에서 두 번째에 해당하는 department_name의 데이터 타입은 VARCHAR2 타입이므로 문자가 입력되어야 합니다. 그런데 문자를 입력할 때 사용하는 작은따옴표(' ')를 기술하지 않은 채로 INSERT 명령어를 실행했기 때문에 오라클 데이터베이스 시스템은 입력받은 값을 문자로 판단하지 않으므로 오류를 출력합니다. 마찬가지로 null 값이 허용되지 않는 기본 키인 department_id 열에 null 값을 입력해도 오류를 출력합니다. 이처럼 DML 명령어를 사용할 때는 테이블의 속성과 제약 조건에 주의를 기울여야 합니다.[3]

2　데이터베이스 규칙을 준수하기 위해 만족해야 하는 조건입니다. 9장에서 자세히 다룹니다.

3　제약 조건에 대한 자세한 내용은 9장에서 다룹니다.

INSERT 명령어를 실행했다고 해서 데이터베이스에 영구적으로 반영되는 것은 아닙니다. 실행한 DML 명령어를 최종적으로 데이터베이스에 반영하려면 커밋(commit, 영구적으로 저장)을 해야 합니다. 커밋하기 전까지 실행한 모든 DML은 데이터베이스에 반영되지 않습니다. 커밋하려면 commit;을 입력하여 실행하거나 Oracle SQL Developer 상단의 🔁 (F11) 아이콘을 클릭합니다.

commit;

커밋이 완료되면 다음처럼 '커밋 완료.' 메시지가 나타납니다.

그림 8-5 커밋 완료 화면

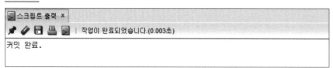

🔁 아이콘을 누르면 아무런 표시가 나타나지 않지만 실제로는 새로 추가한 데이터가 데이터베이스에 반영됩니다. 커밋을 하지 않은 채로 데이터베이스 시스템이 비정상으로 셧다운(중단)되면 커밋 전에 데이터베이스에서 변경된 데이터는 반영되지 않습니다.[4]

실무 활용 팁

INSERT 명령어를 사용할 때 열 이름과 입력되는 데이터 값이 정확한지 확인하려면 열 이름을 모두 기술할 것을 권장합니다. 이는 데이터 분석이나 프로그램을 개발할 때 단일 열이 아닌 다수 열을 조작하기 때문인데, 열 이름을 생략하거나 SELECT *와 같이 열을 한꺼번에 처리하도록 기술하면 열이 누락되거나 데이터 값이 일치하지 않아 오류가 발생해도 어떤 열에서 문제가 생겼는지 찾기 어렵기 때문입니다. 다른 DML 명령어를 사용할 때도 마찬가지입니다.

---

4 DML 명령어를 실행한 채로 커밋하지 않고 데이터베이스 시스템을 계속 운영하면 데이터베이스 시스템에 좋지 않은 영향을 끼칠 수 있으므로 주의합니다.

03 UPDATE : 행 갱신하기

UPDATE 명령어는 기존의 데이터 값을 다른 데이터 값으로 변경할 때 사용합니다. UPDATE 절에 WHERE 조건 절을 사용할 수 있으며, 갱신하려는 대상의 조건을 기술할 수 있습니다.

그림 8-6 UPDATE 개념

A	B	C	D
a1	b1	c1	d1
a2	b2	c2	d2
a3	b3	c3	d3
a4	b4	c4	d4

→

A	B	C	D
a1	b1	c1	d1
ax2	bx2	cx2	dx2
a3	b3	c3	d3
a4	b4	c4	d4

```
UPDATE   테이블 이름 ┄┄┄┄ 변경하려는 데이터가 있는 테이블
SET      열이름 1 = 데이터 값 1 [, 열 이름 2 = 데이터 값 2, …]
         변경하려는 열      변경하려는 데이터 값
[WHERE   조건식];
```

앞서 실습한 데이터에 UPDATE 명령어를 적용해 보겠습니다.

예제 8-3 departments 테이블에 department_name이 'Sample_Dept'인 행을 찾아서 manager_id를 201, location_id를 1800으로 변경하세요.

```
UPDATE  departments
SET     manager_id = 201,
        location_id = 1800
WHERE   department_name = 'Sample_Dept';
```

실행 결과

	DEPARTMENT_ID	DEPARTMENT_NAME	MANAGER_ID	LOCATION_ID
1	272	Sample_Dept	201	1800
2	271	Sample_Dept	201	1800
3	270	Payroll	(null)	1700
4	260	Recruiting	(null)	1700
5	250	Retail Sales	(null)	1700
6	240	Government Sales	(null)	1700
7	230	IT Helpdesk	(null)	1700
8	220	NOC	(null)	1700
9	210	IT Support	(null)	1700

department_name이 'Sample_Dept'인 행을 찾아서 manager_id와 location_id의 데이터 값을 갱신했습니다.

UPDATE 명령어도 서브쿼리를 사용하여 대량의 데이터를 갱신할 수 있습니다.

```
UPDATE    테이블 이름 ------ 변경하려는 데이터가 있는 테이블
SET       열 이름 1 [, 열 이름 2, …]=
                    ------ 변경하려는 열
                        (SELECT 열 이름 1 [, 열 이름 2,…]
                         FROM    테이블 이름 ------ 변경하려는 데이터 값
                         [WHERE  조건식])
[WHERE  조건식];
```

예제 8-4 departments 테이블에서 department_id가 40인 manager_id와 location_id의 데이터 값을 찾아내고, department_name이 'Sample_Dept'인 행의 manager_id와 location_id를 찾아낸 데이터 값과 동일하게 변경하세요.

```
UPDATE departments
SET    (manager_id, location_id) = ( SELECT manager_id, location_id
                                     FROM    departments
                                     WHERE   department_id = 40)
WHERE   department_name = 'Sample_Dept';
```

	DEPARTMENT_ID	DEPARTMENT_NAME	MANAGER_ID	LOCATION_ID
1	272	Sample_Dept	203	2400
2	271	Sample_Dept	203	2400
3	270	Payroll	(null)	1700
4	260	Recruiting	(null)	1700
5	250	Retail Sales	(null)	1700
6	240	Government Sales	(null)	1700
7	230	IT Helpdesk	(null)	1700
8	220	NOC	(null)	1700
9	210	IT Support	(null)	1700

다중 열 서브쿼리를 이용하여 데이터를 조회한 후 UPDATE 명령어를 실행한 결과입니다. UPDATE 명령어를 사용할 때 조건식이 잘못되면 엉뚱한 데이터 값으로 갱신될 우려가 있으므로 조건식이 정확한지 먼저 확인해야 합니다. 데이터 변경 작업이 끝나면 INSERT 명령어와 마찬가지로 커밋하여 변경된 데이터를 데이터베이스에 반영합니다.

UPDATE 명령어도 INSERT 명령어와 마찬가지로 제약 조건에 위배되는 데이터 값으로 갱신하려 하면 오류가 발생합니다.

```
UPDATE departments
SET     department_id = null
WHERE   department_name = 'Sample_Dept';
```

그림 8-7 UPDATE 오류

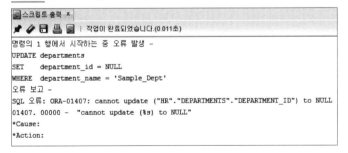

departments 데이터의 department_id는 기본 키이므로 null 값을 가질 수 없는데 null 값으로 갱신하려 하면 오류가 발생합니다.

04 DELETE : 행 삭제하기

SQL FOR EVERYONE

DELETE 명령어는 테이블의 데이터를 삭제할 때 사용합니다. UPDATE 명령어와 마찬가지로 WHERE 절을 사용할 수 있습니다. WHERE 절을 생략하면 조건식이 없기 때문에 모든 데이터가 삭제되므로 주의합니다.

그림 8-8 DELETE 개념

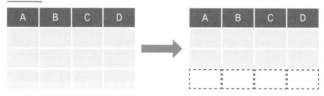

```
DELETE  [FROM] 테이블 이름
[WHERE   조건식];
```

예제 8-5 departments 테이블에서 department_name이 'Sample_Dept'인 행을 삭제하세요.

```
DELETE FROM departments
WHERE   department_name = 'Sample_Dept';
```

서브쿼리를 이용해도 삭제할 수 있습니다.

```
DELETE FROM departments
WHERE   department_id IN (SELECT department_id
                          FROM    departments
                          WHERE   department_name = 'Sample_Dept');
```

그림 8-9 DELETE 결과

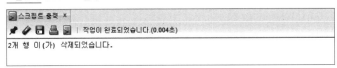

동일하게 두 개 행이 삭제되었습니다. 삭제된 데이터는 커밋 명령어를 실행해서 최종 데이터베이스에 반영합니다.

DML 명령어는 직접 데이터를 조작하는 명령어이므로 사용할 때 신중해야 합니다. DML 명령어를 실행할 때 알아 두면 유용한 팁을 소개합니다.

1 서브쿼리와 WHERE 절을 분리해서 조회한 후 DML을 실행한다.

DML 명령어에서 서브쿼리와 WHERE 절을 모두 사용할 수 있다고 배웠습니다. 서브쿼리를 사용하는 경우에는 메인 쿼리를 적용하기 전에 먼저 서브쿼리를 조회해서 의도한 결과가 나오는지 확인합니다.

```
UPDATE   테이블 이름
SET      열 이름 1, 열 이름 2 =
              (SELECT 열 이름 1, 열 이름 2          ┄┄┄ 먼저 서브쿼리만
              FROM 테이블 이름                              분리해서 조회
              [WHERE 조건식])          ┄┄┄
[WHERE      조건식];
```

WHERE 절을 사용하는 경우에는 WHERE 절을 SELECT 문으로 만들어서 의도한 결과가 나오는지 확인한 후 DML 문에 적용하여 실행합니다. 즉, 최종적으로 이상이 없다는 확신이 들 때 DML 명령어를 실행합니다.

```
〈WHERE 절〉                          WHERE 절을 SELECT 문으로        〈SELECT 문으로 변환〉
DELETE  [FROM]   테이블 이름              변환해서 조회                SELECT  *
WHERE    조건식          ──────────────────────────▶        FROM   테이블 이름
                                                             WHERE  조건식
```

2 DML을 실행한 후 커밋은 필수다.

데이터 값을 변경하면 커밋해야 합니다. 커밋하기 전에 DML 작업이 잘못되었다면 롤백[5]을 실행합니다.

3 DML을 잘못 실행하여 커밋했다면 데이터베이스 관리자(DBA)에게 도움을 요청한다.

여러분의 데이터베이스 시스템은 주기적으로 백업되고 데이터베이스 유지 보수를 위해 롤백 Segment 별로 관리되고 있을 가능성이 높습니다. 도저히 복원할 방법이 없다면 데이터베이스 관리자 혹은 유지 보수 담당자에게 특정 시점 이전으로 데이터를 되돌려 달라고 요청합니다. 다만 일부 데이터가 유실되는 상황을 각오해야 할 수 있습니다.

---

5 되돌리기(UNDO, REDO)와 같은 것으로 9장에서 배웁니다.

9장

데이터 무결성과 트랜잭션 : 데이터베이스 운영 기본 규칙

여러 사용자가 규칙 없이 아무 데이터나 입력하면 데이터베이스는 엉망이 되어 사용할 수 없게 될지도 모릅니다. 이를 방지하기 위해 관계형 데이터베이스 시스템은 몇 가지 규칙을 마련해 놓았습니다. 그중 대표적인 것이 데이터 무결성과 제약 조건, 트랜잭션과 동시성 제어입니다. 조금 어려울 수 있지만 데이터베이스 운영의 가장 기본 원리이므로 가볍게 살펴봅니다.

데이터베이스에서 무결성과 제약 조건은 반드시 지켜져야 하는 약속입니다. 무결성과 제약 조건이 어떤 내용인지 알아봅니다.

1 데이터 무결성

데이터베이스에 저장된 데이터 값과 사용자가 의도한 데이터 값은 일치해야 합니다. 또한 데이터는 정확성, 유효성, 일관성, 신뢰성이 지켜져야 하며 이를 어기는 잘못된 입력과 갱신 또는 삭제로부터 보호되어야 합니다. 예를 들어 employees 테이블의 employee_id 열은 기본 키로 주민등록번호와 같은 것이므로 데이터 값을 구별할 수 있는 유일한 값이어야 합니다. 그런데 기본 키 값에 중복 값이 입력되거나 null 값이 입력된다면 데이터 식별에 큰 문제가 생길 수 있습니다. 또 salary 열의 데이터 값에 숫자가 아닌 '이천이백'과 같은 문자 값이 입력되어 있다면 이 문자 값을 salary로 인정해야 할지 말아야 할지 결정하기 어렵습니다.

이처럼 데이터베이스 관리의 기본 규칙이 지켜지지 않으면 데이터베이스 시스템을 운영하는 데 큰 혼란이 올 수 있습니다. 데이터베이스의 데이터는 사용자의 목적에 맞게 입력되고 저장되어야 하며 규칙을 위배하지 않아야 합니다. 이를 위해 데이터베이스 시스템은 데이터에 접근하거나 데이터를 처리할 때마다 부적절한 데이터가 입력되는지 검사하여 데이터의 결점 없음, 즉 무결성을 유지합니다. 이를 지키기 위한 기본 규칙을 데이터 무결성(data integrity)이라고 합니다.

데이터 무결성의 종류는 다음과 같습니다.

표 9-1 데이터 무결성의 종류

유형	설명
개체 무결성 (entity integrity)	기본 키(primary key)로 선택된 열은 고유해야 하며 null 값을 가질 수 없다.
참조 무결성 (reference integrity)	기본 키와 외래 키의 관계이다. 외래 키가 있는 테이블의 경우에는 기본 키와 외래 키 간의 관계가 항상 유지됨을 보장한다. 참조하는 외래 키가 존재하면 행은 삭제될 수 없고 기본 키도 변경될 수 없다.
영역 무결성 (domain integrity)	데이터 형태, 범위, 기본값, 유일성에 관한 제한이다. 주어진 속성 값은 그 속성이 정의된 도메인에 속한 값이어야 한다. 예 값이 0 이상, YN 값 준수 여부, 기본값은 1 등
비즈니스 무결성 (business integrity)	사용자의 업무 규칙에 따른 비즈니스적인 제약 조건이다. 예 제약 조건, DEFAULT, TRIGGER 등의 사용자 정의

2 제약 조건

제약 조건(constraint)이란 정해 놓은 규칙에 맞는 데이터만 입력받고 규칙에 어긋나는 데이터는 거부하여 데이터 무결성을 지키는 방법입니다. 대표적인 제약 조건의 종류는 5장에서 살펴보았지만 다시 한 번 자세히 살펴보겠습니다.

NOTE

제약 조건 확인하기

테이블 속성의 제약 조건은 Oracle SQL Developer 상단의 **제약 조건** 탭에서 확인할 수 있습니다.

그림 9-1 Oracle SQL Developer에서 제약 조건 확인하기

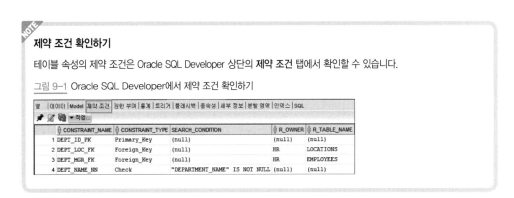

SELECT 문은 제약 조건을 위반할 일이 거의 없으므로 앞서 익힌 INSERT 명령어를 이용해서 일부러 제약 조건을 위반하는 상황을 만들어 보겠습니다. 모든 예는 INSERT 명령어를 이용해서 테이블에 새로운 행을 만든다고 가정합니다.

1 **기본 키 제약 조건** : UNIQUE + NOT NULL을 만족해야 한다. 또한 테이블을 대표하여 각 행을 유일하게 식별하는 값이어야 한다.

그림 9-2 기본 키 제약 조건

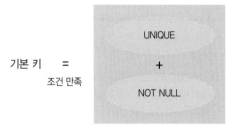

기본 키의 제약 조건을 위반하는 예를 살펴봅시다.

```
INSERT INTO departments
VALUES
(100, 'Sample_Dept', 200, 1700);
```

실행하면 다음과 같은 오류가 발생합니다.

```
명령의 1행에서 시작하는 중 오류 발생 -
INSERT INTO departments
VALUES
(100, 'Sample_Dept', 200, 1700)
      ┆┄┄┄┄ 중복 데이터 값
오류 보고 -
SQL 오류: ORA-00001: unique constraint (HR.DEPT_ID_PK) violated
00001. 00000 -  "unique constraint (%s.%s) violated"
*Cause:   An UPDATE or INSERT statement attempted to insert a duplicate key.
          For Trusted Oracle configured in DBMS MAC mode, you may see
          this message if a duplicate entry exists at a different level.
*Action:  Either remove the unique restriction or do not insert the key.
```

기본 키 제약 조건은 UNIQUE(유일 식별) + NOT NULL(null 값을 허용하지 않음)인데 이미 존재하는 중복 값 100을 기본 키에 삽입하려고 시도해서 오류가 발생했습니다. null 값을 입력하려 해도 같은 오류가 발생합니다.

❷ 외래 키 제약 조건 : 열 값이 부모 테이블의 참조 열의 값을 반드시 참조해야 한다. 참조되는 열은 UNIQUE하거나 기본 키이다.

그림 9-3 외래 키 제약 조건

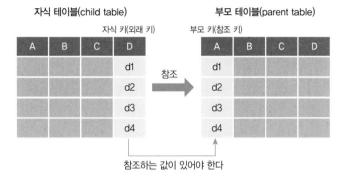

외래 키 제약 조건을 위반하는 예를 살펴봅시다.

```
INSERT INTO departments (department_id, department_name, manager_id, location_id)
VALUES
(273, 'Sample_Dept', 200, 1111);
```

실행하면 다음과 같은 오류가 발생합니다.

```
명령의 1행에서 시작하는 중 오류 발생 -
INSERT INTO departments (department_id, department_name, manager_id, location_id)
VALUES
(273, 'Sample_Dept', 200, 1111)
```
⌐----- 참조 값 없음

```
오류 보고 -
SQL 오류: ORA-02291: integrity constraint (HR.DEPT_LOC_FK) violated - parent key
not found
02291. 00000 - "integrity constraint (%s.%s) violated - parent key not found"
*Cause:    A foreign key value has no matching primary key value.
*Action:   Delete the foreign key or add a matching primary key.
```

INSERT 명령어를 실행할 때 외래 키에 매칭되는 기본 키 값이 없기 때문에 오류가 발생합니다. 즉, departments 테이블의 location_id는 locations 테이블의 기본 키인 location_id를 참조하는데, INSERT 명령어를 실행할 때 기본 키에 동일한 값인 1111이 없기 때문에 오류가 발생합니다. 이런 관계는 부모와 자식 관계와 같다 하여 참조되는 테이블을 부모 테이블 (parent table)과 부모 키(parent key, 또는 참조 키), 참조하는 테이블을 자식 테이블(child table)과 자식 키(child key, 또는 외래 키)라고 부릅니다.

❸ **유일 키** : 중복된 값을 허용하지 않는다. 유일한 값으로 존재해야 한다(null 값 허용 가능).

그림 9-4 유일 키 제약 조건

A열은 유일 값만 허용(UNIQUE)

A	B	C	D
a1	b1	c1	d1
a1	b2	c2	d2
a3	b3	c3	d3
a4	b4	c4	d4

유일 값 제약 조건을 위반한 예를 살펴봅시다.

```
INSERT INTO employees (employee_id, first_name, last_name, email, phone_number,
hire_date, job_id, salary)
VALUES
(207, 'fist_name' , 'last_name', 'SKING', '111.111.1111', to_
date('030617','YYMMDD'),'IT_PROG', 6000);
```

실행하면 다음과 같은 오류가 발생합니다.

```
명령의 14행에서 시작하는 중 오류 발생 -
INSERT INTO employees (employee_id, first_name, last_name, email, phone_number,
hire_date, job_id, salary)
VALUES                              ┄┄┄┄ 중복 값 입력
(207, 'fist_name' , 'last_name', 'SKING', '111.111.1111', to_
date('030617','YYMMDD'),'IT_PROG', 6000)
오류 보고 -
```

```
SQL 오류: ORA-00001: unique constraint (HR.EMP_EMAIL_UK) violated
00001. 00000 -  "unique constraint (%s.%s) violated"
*Cause:    An UPDATE or INSERT statement attempted to insert a duplicate key.
           For Trusted Oracle configured in DBMS MAC mode, you may see
           this message if a duplicate entry exists at a different level.
*Action:   Either remove the unique restriction or do not insert the key.
```

employees 테이블의 email 열에는 'SKING'이라는 데이터 값이 이미 존재하는데, 같은 데이터 값을 삽입하려고 시도하면 오류가 발생합니다.

❹ **NOT NULL** : null 값을 허용하지 않는다. 값을 반드시 입력해야 한다.

그림 9-5 NOT NULL 제약 조건

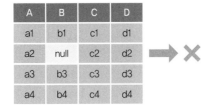

NOT NULL 제약 조건을 위반한 예를 살펴봅시다.

```
INSERT INTO departments (department_id, department_name, manager_id, location_id)
VALUES
(273, null , 200, 1700);
```

실행하면 다음과 같은 오류가 발생합니다.

```
명령의 1행에서 시작하는 중 오류 발생 -
INSERT INTO departments (department_id, department_name, manager_id, location_id)
VALUES
(273, NULL , 200, 1700)
오류 보고 -
SQL 오류: ORA-01400: cannot insert NULL into ("HR"."DEPARTMENTS"."DEPARTMENT_
NAME")
```

```
01400. 00000 -  "cannot insert NULL into (%s)"
*Cause:    An attempt was made to insert NULL into previously listed objects.
*Action:   These objects cannot accept NULL values.
```

departments 테이블의 department_name에는 null 값이 허용되지 않는데(NOT NULL), null 값을 입력하려 해서 오류가 발생했습니다.

❺ **CHECK** : 범위나 조건 등 지정된 값만 허용한다.

그림 9-6 CHECK 제약 조건

B열은 0 초과값만 허용

A	B	C	D
a1	100	c1	d1
a2	0	c2	d2
a3	200	c3	d3
a4	300	c4	d4

CHECK 제약 조건을 위반한 예를 살펴봅시다.

```
INSERT INTO employees (employee_id, first_name, last_name, email, phone_number,
hire_date, job_id, salary)
VALUES
(209, 'fist_name' , 'last_name', 'TEST', '111.111.1111', to_
date('030617','YYMMDD'),'IT_PROG', 0);
```

실행하면 다음과 같은 오류가 발생합니다.

```
명령의 1행에서 시작하는 중 오류 발생 -
INSERT INTO employees (employee_id, first_name, last_name, email, phone_number,
hire_date, job_id, salary)
VALUES
(209, 'fist_name' , 'last_name', 'TEST', '111.111.1111',
to_date('030617','YYMMDD'),'IT_PROG', 0)
                                            ┊┄┄┄┄┄0을 허용하지 않는데 0을 입력
```

```
오류 보고 -
SQL 오류: ORA-02290: check constraint (HR.EMP_SALARY_MIN) violated
02290. 00000 -  "check constraint (%s.%s) violated"
*Cause:    The values being inserted do not satisfy the named check

*Action:   do not insert values that violate the constraint.
```

employees 테이블의 salary는 0을 초과하는 값만 허용하는데 0을 입력하려 하면 오류가 발생합니다.

앞의 employees 테이블과 departments 테이블의 예처럼 관계를 갖고 있는 테이블들은 각 속성에 대한 무결성을 유지하기 위한 다양한 제약 조건이 적용되어 있습니다. 여러분이 사용하는 데이터베이스의 제약 조건은 이미 데이터베이스를 설계할 때 설계자가 적용해 놓았을 것입니다. 단순 SELECT 문이 아닌 데이터를 삽입, 변경, 삭제할 때는 제약 조건을 확인하는 것이 매우 중요합니다.

이 책에서는 INSERT 명령어만으로 제약 조건을 위배하는 상황을 확인했지만 UPDATE 명령어나 DELETE 명령어를 사용할 때도 제약 조건의 준수 여부가 중요합니다. 무결성과 제약 조건은 데이터를 정상으로 유지하기 위한 장치이므로 DML 명령어를 사용하기 전에는 반드시 확인하기 바랍니다.

02 트랜잭션 : 데이터 처리의 기본 작업 단위

SQL FOR EVERYONE

트랜잭션(transaction)이란 데이터베이스의 DML, 즉 삽입, 갱신, 삭제와 관련된 논리적인 작업을 말합니다. 트랜잭션은 DML 실행과 동시성 제어를 위한 중요한 개념입니다.

1 트랜잭션의 특징

트랜잭션은 데이터베이스의 데이터 무결성이 보장되는 상태에서 DML 작업을 완수하기 위한 기본 작업 단위입니다. 관계형 데이터베이스 시스템은 데이터를 처리할 때 트랜잭션을 통해 정상 종료나 사용자 프로세스 실패나 시스템 실패와 같은 비정상 종료에 대해 데이터의 신뢰성과 일관성을 보장합니다.

은행의 출금과 입금을 예로 들어 보겠습니다. 잔액이 100만원인 A 계좌가 있습니다. A 계좌에서 B 계좌로 10만원을 이체하면, A 계좌에서는 10만원이 빠져나가야 하고 B 계좌에는 10만원이 더해져야 합니다. 하지만 계좌 이체 도중에 장애가 발생하면 어떻게 될까요? 10만원은 어느 계좌에 속하는 것이 맞을까요?

또 다른 예를 살펴보겠습니다. ATM 기기와 인터넷 뱅킹으로 동시에 A 계좌를 조회했을 때 잔액은 똑같이 100만원이었습니다. ATM 기기와 인터넷 뱅킹으로 동시에 60만원씩 B 계좌로 이체를 실행하면 이체는 성공할까요, 둘 다 실패할까요? 이체가 된다면 어느 쪽에서 이체가 실행될까요?

이러한 이슈에 필요한 대응 논리가 트랜잭션입니다. 일반적으로 DML 실행과 실행에 대한 커밋/롤백 단계까지를 트랜잭션이라고 부르지만, 실무에서는 데이터베이스에서 SELECT 문으로 데이터를 조회하고 DML을 실행하여 종료하는 과정까지를 트랜잭션이라고 부릅니다.

또한 트랜잭션의 성공과 실패 여부에 따라 '트랜잭션이 성공했다'와 '트랜잭션이 철회되었다'라고 표현합니다. 트랜잭션은 정상적인 상황이라면 마지막 단계에서 커밋이나 롤백으로 종료됩니다.[1]

그림 9-7 트랜잭션 과정

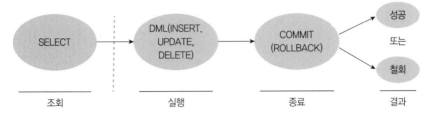

트랜잭션의 특징(ACID)은 다음과 같습니다.[2]

표 9-2 ACID

개념	내용
원자성(Atomicity)	트랜잭션의 처리가 완전히 끝나지 않았을 경우에는 전혀 이루어지지 않은 것과 같아야 한다 (all or nothing).
일관성(Consistency)	트랜잭션의 실행이 성공적으로 완료되면 데이터베이스는 모순 없이 일관성이 보존된 상태여야 한다.
고립성(Isolation)	어떤 트랜잭션도 다른 트랜잭션의 부분적 실행 결과를 볼 수 없다
지속성(Durability)	트랜잭션이 성공하면 트랜잭션의 결과를 영구적으로 보장해야 한다.

100만원의 잔액을 보유한 A 계좌와 보유 금액이 없는 B 계좌 사이의 계좌 이체를 예로 들어 ACID를 자세히 살펴보겠습니다.

원자성

이체 금액이 10만원이면 10만원이 완전히 이체되거나 전혀 이체되지 않는다는 의미입니다. 5만원까지만 이체되거나 9만원만 부분적으로 이체되는 경우는 없습니다(all or nothing).

---

1 DDL과 DCL 명령어나 자동 커밋은 자동으로 커밋하여 트랜잭션을 종결합니다.

2 개념의 앞자리만 따서 ACID라고 부릅니다.

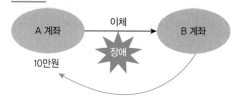

그림 9-8 원자성 개념

롤백(ROLLBACK), 계좌에는 아무런 변화가 없다

일관성

트랜잭션이 완료되면 데이터베이스의 데이터는 일관되게 유지되어야 합니다. 예를 들어 A 계좌에서 10만원이 출금되었으면 B 계좌에는 10만원이 입금되어야 합니다.

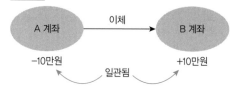

그림 9-9 일관성 개념

고립성

트랜잭션이 완료되지 않은 동안에는 다른 트랜잭션이 참조하거나 변경할 수 없습니다. 예를 들어 '가' 사용자의 A 계좌에서 이체가 실행되는 것에 대해서 '나' 사용자는 관여할 수 없습니다. '가' 사용자의 이체 실행이 완료되지 않으면, '나' 사용자는 최대의 경우 계좌를 조회할 수만 있을 뿐 다른 계좌로 이체 처리를 할 수는 없습니다.

그림 9-10 고립성 개념

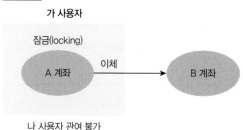

보존성

트랜잭션이 정상적으로 완료되면 해당 데이터는 저장되어 보존되어야 합니다. 보존을 보장함으로써 데이터베이스 시스템의 신뢰성과 일관성을 유지할 수 있으며 장애가 발생했을 때 복구가 가능해집니다.

그림 9-11 보존성 개념

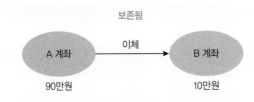

여기까지 ACID에 대해 알아보았습니다. ACID는 관계형 데이터베이스 트랜잭션의 가장 기본 원리이므로 알아 두기 바랍니다.

 트랜잭션의 상태 변화와 트랜잭션 제어어

트랜잭션의 실행 과정에서 데이터의 상태 변화 과정을 살펴보면 다음과 같습니다.

그림 9-12 트랜잭션의 수행 단계

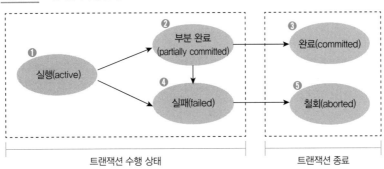

표 9-3 트랜잭션의 수행 단계

상태	설명
❶ 실행(active)	트랜잭션을 실행 중
❷ 부분 완료(partially committed)	DML 등 트랜잭션의 명령을 실행한 후의 상태
❸ 완료(committed = 커밋)	트랜잭션이 성공적으로 완료
❹ 실패(failed)	더 이상 정상적으로 실행될 수 없음을 발견
❺ 철회(aborted = 롤백)	트랜잭션이 복원되어 트랜잭션 수행 이전 상태로 돌아감

DML 명령어 중 UPDATE 명령어를 생각해 봅시다. employees 테이블에서 Steven King 직원의 email 정보를 SKING에서 S_King으로 수정하려 합니다. UPDATE 명령어를 이용해서 데이터를 변경할 명령어를 실행하면 트랜잭션이 시작됩니다(❶). UPDATE 명령어를 사용했기 때문에 데이터가 S_King으로 변경됩니다. 다만 현재 상태는 데이터베이스에 영구적으로 반영된 상태가 아니므로 다른 사용자가 해당 email 데이터를 조회했을 때는 기존 데이터인 SKING으로 출력됩니다(❷). 데이터가 문제없이 정확하게 갱신되었다면 커밋을 하고(❸), 데이터는 정상적으로 데이터베이스에 영구적으로 반영됩니다. 다만 ❷ 과정에서 제약 조건 위반 등 어떤 사유에 의해 UPDATE 명령어 실행이 실패되면(❹) 트랜잭션은 롤백되어 철회됩니다(❺).

트랜잭션을 확정하는 SQL 개념인 커밋과 롤백에 대해 다시 한 번 살펴보겠습니다. 커밋과 롤백은 트랜잭션 제어어(TCL, Transaction Control Language)라고도 하는데, 커밋은 우리가 워드프로세서에서 문서 작업을 마무리한 다음 파일로 저장하기 위해 '저장' 버튼을 누르는 것과 유사하고, 롤백은 문장이 틀렸을 때 되돌리기를 해서 방금 전 상태로 되돌아가는 것과 유사합니다. 차이점은 데이터베이스에서 커밋은 데이터베이스에 영구적으로 반영되기 때문에 커밋 이전으로 되돌리기가 쉽지 않다는 점입니다.

표 9-4 커밋과 롤백

개념	설명
커밋(commit)	트랜잭션의 모든 미결정 데이터를 영구적으로 반영함으로써 트랜잭션을 종료한다(저장과 유사).
롤백(rollback)	트랜잭션의 모든 미결정 데이터 변경을 포기함으로써 트랜잭션을 종료한다(되돌리기와 유사).

트랜잭션에 대한 커밋 이전과 이후의 데이터베이스에서 데이터가 어떻게 달라지는지 차이점을 살펴보면 다음과 같습니다.

그림 9-13 커밋 이전과 이후의 차이점

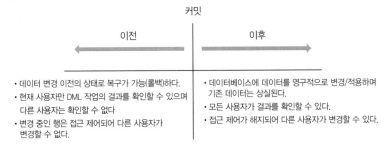

트랜잭션 제어어는 상황에 따라 수동 혹은 자동으로 실행됩니다. 일반적으로 DML 명령어를 실행할 때는 수동으로 커밋해야 하고 DDL 명령어를 실행할 때는 자동으로 커밋됩니다.

3 동시성 제어

동시성 제어는 동시에 실행되는 여러 개의 트랜잭션이 작업을 성공적으로 마칠 수 있도록 지원합니다. 은행이나 증권사 등 다중 사용자(multi-user) 환경으로 구성된 기업의 데이터베이스 시스템에서는 반드시 필요한 작업입니다. 지금까지 알아본 트랜잭션은 동시성 제어와 매우 밀접하게 관련되어 있습니다. 다중 사용자 환경에서 발생하는 예를 들어 보겠습니다.

다중 사용자 환경은 여러 명의 사용자가 동시에 데이터베이스에 접근하여 데이터를 조회하거나 조작하는 환경을 말합니다. 여러 명의 사용자가 존재하기 때문에 데이터베이스 안에 있는 데이터에 대한 접근 제어를 정확하게 하지 않으면 부정확한 데이터가 되고 맙니다. 동시성 제어 실패로 인한 대표적인 오류 현상에는 갱신 손실, 불일치 현상, 연쇄 복귀 등이 있는데 그중 불일치 현상에 대해 알아보겠습니다.

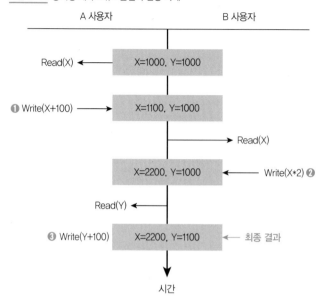

그림 9-14 동시성 제어 오류 : 불일치 현상 사례

예를 들어 A 사용자와 B 사용자는 서로 다른 부서에서 일하고 있습니다. 각자의 업무를 위해 동시에 같은 데이터베이스의 같은 데이터에 접근하여 작업한다고 가정하겠습니다. 먼저 A 사용자가 X 값 1000, Y 값 1000을 조회하여 X 값에 100을 더한 1100으로 갱신합니다(❶). 그 직후 B 사용자가 X 값 1100을 조회하여 2를 곱하여 2200으로 갱신합니다(❷). A 사용자가 다시 Y 값을 조회하여 100을 더해 1100으로 갱신합니다(❸).

최종 결과는 어떻게 될까요? A 사용자는 원래 값 X=1000, Y=1000에서 X에 100을 더하고 Y에 100을 더했기 때문에 결괏값으로 X=1100, Y=1100을 기대하지만 최종 결과는 예상과 다르게 X=2200, Y=1100이 되어 있습니다. B 사용자는 단지 X에 2를 곱했을 뿐이므로 X=2200, Y=1000을 기대하지만 역시 최종 결과는 의도한 것과 전혀 다른 값이 되어 있습니다.

그림 9-15 동시성 제어 실패 : 불일치 현상

	원래 값	조작 값	의도한 값

A 사용자
- X=1000 +100 =1100
- Y=1000 +100 =1100

최종 값
$\neq$ X = 2200
       Y = 1100

B 사용자
- X=1100 *2 =2200
- Y=1000   =1000

동시성 제어가 없다면 여러 사용자의 작업으로 인해 위와 같은 사례와 오류 데이터가 발생합니다. 다중 사용자의 작업에 의해 오류 데이터가 발생하지 않게 하는 것이 동시성 제어입니다. 동시성 제어를 위한 대표적인 기법은 다음과 같습니다.

표 9-5 동시성 제어 기법

제어 기법	설명
락킹(locking)	트랜잭션이 데이터에 잠금(lock)을 설정하면 다른 트랜잭션은 해당 데이터에 대해 잠금이 해제(unlock)될 때까지 접근/수정/삭제가 불가하다.
타임스탬프(timestamp)	시스템에서 생성하는 고유 번호인 타임스탬프를 트랜잭션에 부여함으로써 트랜잭션 간의 접근 순서를 미리 정한다.
적합성(validation) 검증	먼저 트랜잭션을 수행하고 트랜잭션을 종료할 때 적합성을 검증하여 데이터베이스에 최종 반영한다.

데이터베이스 시스템은 다음과 같이 트랜잭션 직렬화(serialization)를 보장하는 동시성 제어를 통해 트랜잭션을 정상적으로 수행합니다.

그림 9-16 트랜잭션 직렬화

데이터 처리 작업을 할 때는 트랜잭션과 동시성 제어의 개념을 인지하고 DML 명령어를 실행하여 신중하게 작업하기 바랍니다. 사실 동시성 제어는 데이터베이스 시스템이 자동으로 수행하므로 사용자가 동시성 제어에 직접 관여할 일은 없습니다. 동시성 제어는 다중 사용자와 트랜잭션을 제어하기 위한 관계형 데이터베이스의 기본 원리라고 알아 두면 됩니다.

10장

DDL : 테이블과
열 조작하기

DDL은 테이블과 열을 조작하기 위한 언어입니다. 데이터
베이스 관리자(DBA)가 주로 관리하는 영역인 DCL을 제
외하고 DDL까지 모두 익히면 데이터베이스와 데이터를
다루기 위한 기본적인 것을 익혔다고 할 수 있습니다. 이
번 장에서는 DDL이 무엇이고 DDL로 테이블과 열을 어떻
게 조작하는지 알아보겠습니다.

01 DDL이란?

테이블과 관련 열을 생성하고 변경하고 삭제하는 명령어를 데이터 정의어(DDL, Data Definition Language)라고 합니다. DDL 명령어는 따로 커밋하지 않아도 데이터베이스에 즉각 반영되며 데이터 사전(data dictionary)에 기록됩니다. 신규로 테이블을 생성하는 CREATE TABLE 명령어를 제외한 나머지 DDL 명령어는 데이터베이스에 이미 정의된 테이블을 수정하거나 삭제하기 때문에 제약 조건에 의해 적용이 어려울 수 있습니다. 제약 조건까지 조작하려면 데이터베이스의 전체적인 설계 요소를 확인해야 합니다. DDL 명령어로 제약 조건을 관리할 수도 있지만, 이 책의 지향점이 데이터베이스의 설계 및 관리가 아니므로 데이터 분석과 조작을 위한 기본적인 사용 방법을 위주로 설명하겠습니다.

CREAT TABLE 명령어는 새로운 테이블을 생성할 때 사용합니다.

```
CREATE  TABLE  테이블 이름•------생성하려는 테이블
    ( 열 이름 1   데이터 타입,
         └------ 사용하려는 열, 테이블 안에서 유일한 이름이어야 함
      열 이름 2   데이터 타입[(자릿수)],
      …
    );
```

예제 10-1 product_id(number 타입), product_name(varchar2 타입, 20자리), manu_date(date 타입) 열이 있는 sample_product 이름의 테이블을 생성해 보세요.

```
CREATE TABLE sample_product
    ( product_id    number,
      product_name varchar2(30),--------자릿수
      manu_date    date
    );
```

그림 10-1 테이블 생성 결과

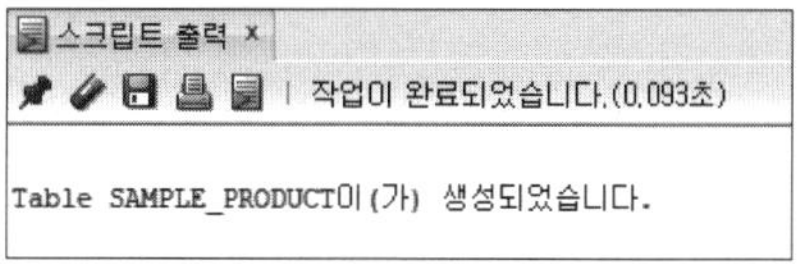

스크립트 출력 ×
작업이 완료되었습니다.(0.093초)

Table SAMPLE_PRODUCT이(가) 생성되었습니다.

sample_product 테이블이 생성되었습니다. DDL 명령어는 커밋하지 않아도 데이터베이스에 바로 반영됩니다. 예제 테이블도 별도의 커밋 없이 생성되었습니다. 생성한 테이블에는

아직 어떤 값도 들어 있지 않습니다. 이후 실습을 위해 sample_product 테이블에 신규 데이터를 삽입한 후 INSERT 명령어를 실행합니다. INSERT 명령어는 DML 명령어이므로 커밋하는 것을 잊지 마세요.

```
INSERT INTO sample_product VALUES ( 1, 'television', to_date('140101', 'YYMMDD'));
INSERT INTO sample_product VALUES ( 2, 'washer', to_date('150101', 'YYMMDD'));
INSERT INTO sample_product VALUES ( 3, 'cleaner', to_date('160101', 'YYMMDD'));
commit;
```

SELECT * FROM sample_product; 문으로 조회하면 다음처럼 생성된 테이블의 조회 결과를 볼 수 있습니다.

실행 결과

PRODUCT_ID	PRODUCT_NAME	MANU_DATE
1	television	14/01/01
2	washer	15/01/01
3	cleaner	16/01/01

테이블과 열의 이름을 정할 때는 다음 규칙을 따라야 합니다.

- 동일한 사용자가 동일한 이름의 테이블을 중복해서 생성할 수 없습니다. 또한 테이블 안의 열 이름도 동일한 이름으로 생성할 수 없습니다.
- SELECT, FROM, COUNT와 같은 예약어는 사용할 수 없습니다.
- 테이블 이름은 문자로 시작합니다. 한글과 특수문자도 사용할 수 있지만 시스템을 운영할 때 문제가 발생할 수 있으므로 권장하지 않습니다.
- 문자 길이는 1~30바이트 이내여야 합니다.

SQL FOR EVERYONE

이미 생성한 테이블에 열을 추가, 변경, 삭제할 수도 있습니다. ALTER TABLE 명령어를 이용하면 열을 추가, 변경, 삭제하여 테이블의 구조를 변경할 수 있습니다.

열 추가하기

ALTER TABLE 명령어에 ADD 절을 이용해서 열을 추가합니다.

```
ALTER TABLE   테이블 이름
      ADD (  열 이름 1   데이터 타입,
             열 이름 2   데이터 타입,
             …
          );
```

예제 10-2 sample_product 테이블에 factory(varchar2 타입, 10자리) 열을 추가하세요.

```
ALTER TABLE sample_product ADD (factory varchar(10));
```

실행 결과

PRODUCT_ID	PRODUCT_NAME	MANU_DATE	FACTORY
1	television	14/01/01	(null)
2	washer	15/01/01	(null)
3	cleaner	16/01/01	(null)

factory 열이 생성되었습니다. 기본값은 null입니다.

ALTER TABLE ~ADD 절의 특징은 다음과 같습니다.

- 새로운 열을 추가할 수 있지만 테이블에 있던 기존의 열은 삭제할 수 없습니다.
- 새로 생성되는 열은 위치를 지정할 수 없습니다(테이블의 마지막에 위치합니다).
- 테이블에 이미 행이 있다면 열을 추가했을 때 새로운 열의 데이터 값은 null로 초기화됩니다.

2 열 수정하기

ALTER TABLE ~MODIFY 절을 사용하여 열의 정의를 수정할 수 있습니다. 열의 수정 대상은 열의 데이터 타입과 크기, Default Value입니다.

```
ALTER TABLE   테이블 이름
      MODIFY ( 열 이름 1   데이터 타입,
               열 이름 2   데이터 타입,
               …
             );
```

예제 10-3 sample_product 테이블에 있는 factory 열의 데이터 타입과 크기를 char 타입 10자리로 바꿔 보세요.

```
ALTER TABLE sample_product MODIFY ( factory char(10));
```

접속 창에서 **실습용 HR → 테이블(필터링됨) → SAMPLE_PRODUCT**를 선택합니다. 다음처럼 factory 열의 속성이 CHAR(10 BYTE)로 바뀐 것을 확인할 수 있습니다. factory 열의 값이 null이기 때문에 데이터 타입은 char형, 자릿수는 10byte로 변경되었습니다.

그림 10-2 데이터 타입 변경

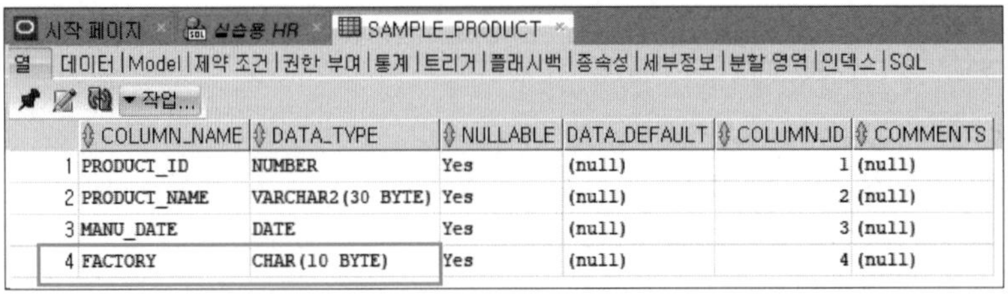

	COLUMN_NAME	DATA_TYPE	NULLABLE	DATA_DEFAULT	COLUMN_ID	COMMENTS
1	PRODUCT_ID	NUMBER	Yes	(null)	1	(null)
2	PRODUCT_NAME	VARCHAR2(30 BYTE)	Yes	(null)	2	(null)
3	MANU_DATE	DATE	Yes	(null)	3	(null)
4	FACTORY	CHAR(10 BYTE)	Yes	(null)	4	(null)

이미 데이터를 담고 있는 열이라도 허용 범위를 준수하면 열의 정의를 수정할 수 있습니다. 반대로 허용 범위에 맞지 않으면 다음과 같은 오류가 발생합니다.

```
ALTER TABLE sample_product  MODIFY ( product_name varchar(5));
```

실행 결과
```
명령의 1행에서 시작하는 중 오류 발생 -
ALTER TABLE sample_product
  MODIFY ( product_name varchar(5))
오류 보고 -
SQL 오류: ORA-01441: cannot decrease column length because some value is too big
01441. 00000 -  "cannot decrease column length because some value is too big"
*Cause:
*Action:
```

product_name 열의 기존 데이터가 새로 정의하려는 자릿수보다 이미 큰 값을 갖고 있기 때문에 오류가 발생합니다.

3 열 이름 바꾸기

ALTER TABLE ~RENAME COLUMN 절을 사용하면 열 이름을 수정할 수 있습니다.

```
ALTER TABLE  테이블 이름 RENAME COLUMN 열 이름 1 to 바꾸려는 열 이름 1;
```

예제 10-4 sample_product 테이블에 factory 열 이름을 factory_name으로 바꿔 보세요.

```
ALTER TABLE sample_product RENAME COLUMN factory to factory_name;
```

실행 결과

PRODUCT_ID	PRODUCT_NAME	MANU_DATE	FACTORY_NAME
1	television	14/01/01	(null)
2	washer	15/01/01	(null)
3	cleaner	16/01/01	(null)

4 열 삭제하기

ALTER TABLE ~DROP COLUMN 절을 사용하여 열을 삭제할 수 있습니다.

ALTER TABLE 테이블 이름 DROP COLUMN 열 이름;
                                   └────── 삭제하려는 열 이름

예제 10-5 sample_product 테이블의 factory_name 열을 삭제하세요.

```
ALTER TABLE sample_product DROP COLUMN factory_name;
```

실행 결과

PRODUCT_ID	PRODUCT_NAME	MANU_DATE
1	television	14/01/01
2	washer	15/01/01
3	cleaner	16/01/01

factory_name 열이 삭제되었습니다. 데이터가 있는 열도 삭제가 가능하므로 신중하게 사용해야 합니다.

04 TRUNCATE : 테이블의 내용 삭제하기

SQL FOR EVERYONE

TRUNCATE TABLE 명령어는 테이블의 데이터를 모두 삭제하고 사용하던 기억 공간도 해제합니다. 테이블에 생성된 인덱스[1]와 같은 객체도 같이 삭제됩니다. 다만 테이블의 모든 데이터가 삭제되지만 테이블의 구조는 삭제되지 않습니다. 삭제 여부를 묻지 않으며 삭제된 데이터는 자동으로 커밋됩니다.

> TRUNCATE TABLE 테이블 이름;

예제 10-6 sample_product 테이블을 TRUNCATE해 보세요.

```
TRUNCATE TABLE sample_product;
```

그림 10-3 TRUNCATE 결과

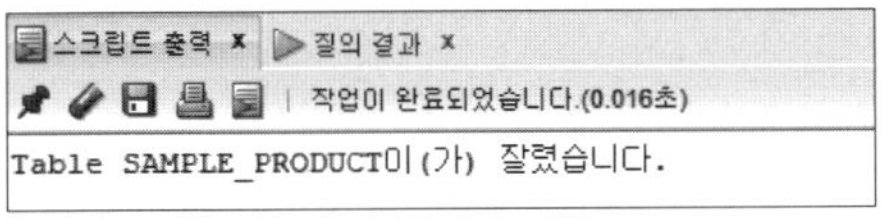

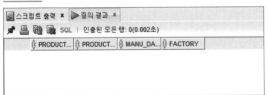

sample_product 테이블이 TRUNCATE되었습니다. 테이블 구조는 그대로 남아 있는 것을 확인할 수 있습니다.

그림 10-4 TRUNCATE 결과(테이블 구조)

---

1 데이터를 빨리 찾기 위한 데이터 주소록입니다. 11장에서 다룹니다.

05 DROP : 테이블 삭제하기

SQL FOR EVERYONE

DROP TABLE 명령어는 테이블을 완전히 삭제합니다. 테이블을 삭제할 때 데이터베이스는 테이블에 있는 모든 자료와 그와 연관된 모든 인덱스를 삭제하고 사용하고 있던 저장 공간을 돌려줍니다.

- 테이블의 모든 구조와 데이터가 삭제됩니다.
- DDL 명령어이므로 트랜잭션이 자동으로 커밋됩니다.
- 모든 인덱스와 제약 조건이 삭제됩니다.

```
DROP TABLE 테이블 이름;
```

다음 코드를 실행해 봅시다.

```
DROP TABLE sample_product;
```

테이블이 완전히 삭제되었기 때문에 조회하면 테이블이 없다는 오류가 발생합니다.

```
SELECT *
FROM sample_product;
```

```
ORA-00942: table or view does not exist
00942. 00000 -  "table or view does not exist"
*Cause:
*Action:
17행, 6열에서 오류 발생
```

삭제 명령어 비교

오라클 데이터베이스에는 DELETE, TRUNCATE, DROP과 같이 데이터 삭제 명령어가 여러 개 있습니다. 이 셋을 비교 정리하면 다음과 같습니다.

표 10-1 데이터 삭제 명령어의 종류

명령어	DELETE	TRUNCATE	DROP
구분	DML	DDL	DDL
기능	데이터만 삭제	테이블 구조만 남겨 두고 데이터 삭제(데이터, 인덱스, 테이블 공간 삭제)	테이블 포함 전체 삭제(데이터, 인덱스, 테이블 공간, 테이블 삭제)

모두 데이터를 삭제하는 기능을 포함하고 있어 헷갈리지만 명령어마다 쓰임새가 다릅니다. DELETE 문은 주로 SELECT 문에서 데이터를 자유롭게 삭제할 때 사용하고, TRUNCATE나 DROP 명령어는 테이블이나 테이블 안의 데이터를 일괄 삭제할 때 주로 사용합니다. 표의 오른쪽으로 갈수록 강력한 삭제 명령어라고 할 수 있습니다.

11장

관계형 데이터베이스의 주요 지식

관계형 데이터베이스에는 수많은 이론과 지식이 존재합니다. 가급적 많은 지식을 알면 좋지만 서두에 밝혔듯이 우리의 목적은 데이터베이스를 완전히 섭렵하는 것이 아니므로 데이터 분석과 조작을 위해 기본으로 알아 두면 좋은 내용을 위주로 설명하겠습니다.

01 뷰 : 가상의 테이블

뷰(view)는 테이블과 유사하지만 실제 데이터가 없는 테이블을 바라보는 매개체이자 '거울'과 같은 개념입니다. 뷰는 직접 테이블에 접근하는 것이 아니라 테이블에서 사용자가 필요로 하는 부분만 선택하여 만들어 놓은 데이터의 집합입니다. 즉, 가상의 테이블이라 할 수 있습니다.

테이블이 아닌 뷰를 사용하는 이유는 대체로 사용자의 편의와 데이터베이스의 보안 때문입니다. 원본 테이블에 직접 접근하지 않아도 사용자가 임의의 뷰를 구성하여 별도의 이름을 붙이거나 접근 가능한 사람을 지정할 수 있습니다. 이렇게 하면 데이터베이스의 데이터를 안전하게 유지하면서 필요한 사용자에게 적절한 데이터를 제공할 수 있습니다. 또한 임의의 뷰 구성을 통해 자주 사용되는 복잡한 SQL 문을 매번 작성하지 않도록 할 수 있습니다. 이처럼 테이블을 대체하여 편리하게 사용하기 위한 것이 뷰입니다.

그림 11-1 테이블 조인을 활용해 생성한 뷰

employees 테이블

EMPLOYEE_ID	FIRST_NAME	LAST_NAME	EMAIL	PHONE_NUMBER	DEPARTMENT_ID
100	Steven	King	SKING	515.123.4567 90	90
101	Neena	Kochhar	NKOCHHAR	515.123.4568 90	90
102	Lex	De Haan	LDEHAAN	515.123.4569 90	90
103	Alexander	Hunold	AHUNOLD	590.423.456760	60
104	Bruce	Ernst	BERNST	590.423.4568	60

departments 테이블

DEPARTMENT_ID	DEPARTMENT_NAME	MANAGER_ID	LOCATION_ID
10	Administration	200	1700
20	Marketing	201	1800
30	Purchasing	114	1700
40	Human Resources	203	2400
50	Shipping	121	1500

부서별 직원 현황 뷰

EMPLOYEE_ID	FIRST_NAME	LAST_NAME	DEPARTMENT_ID	DEPARTMENT_NAME
206	William	Gietz	110	Accounting
205	Shelley	Higgins	110	Accounting
200	Jennifer	Whalen	10	Administration
100	Steven	King	90	Executive
102	Lex	De Haan	90	Executive

뷰의 특징을 정리하면 다음과 같습니다.

- 뷰는 데이터 가공을 통해 마치 테이블처럼 내용을 보여 줄 수 있습니다.
- 자주 쓰거나 복잡한 SQL 문의 결과를 미리 만들어 놓을 수 있습니다.

- 여러 테이블을 조인하여 하나의 뷰로 생성할 수 있습니다. 예를 들어 테이블 세 개를 조인하여 결과를 하나의 뷰로 만들 수 있습니다.
- 사용자별로 접근 권한을 다르게 할 수 있습니다.
- 각기 다른 데이터베이스 시스템에서 각각의 데이터를 전달해야 하는 경우에도 유용합니다.

뷰의 종류는 다음과 같습니다.

표 11-1 뷰의 종류

종류	설명	비고
심플 뷰(simple view)	하나의 테이블에서 데이터를 생성한다.	CREATE VIEW 명령어로 생성한다.
컴플렉스 뷰(complex view)	여러 개의 테이블을 조인하여 데이터를 생성한다.	CREATE VIEW 명령어로 생성한다.
인라인 뷰(inline view)	SELECT 문의 FROM 절에 기술한 SELECT 문	1회용 뷰로 권한을 제어할 수 없다.

인라인 뷰는 다른 뷰와 특성이 달라 별도로 구분하기도 합니다.

다음 결과는 HR 데이터베이스 안의 emp_details_view를 조회한 결과입니다. employees 테이블의 내용 외에도 다른 테이블을 조회해야만 알 수 있는 부서 정보나 지역 정보가 부가적으로 생성되어 있습니다.

다음은 SELECT * FROM emp_details_view;로 emp_details_view 뷰를 조회한 결과입니다.

실행 결과

	EMPLOYEE_ID	JOB_ID	DEPARTMENT_NAME	JOB_TITLE	CITY	STATE_PROVINCE	COUNTRY_NAME
1	100	AD_PRES	Executive	President	Seattle	Washington	United States of America
2	101	AD_VP	Executive	Administration Vice President	Seattle	Washington	United States of America
3	102	AD_VP	Executive	Administration Vice President	Seattle	Washington	United States of America
4	103	IT_PROG	IT	Programmer	Southlake	Texas	United States of America
5	104	IT_PROG	IT	Programmer	Southlake	Texas	United States of America
6	105	IT_PROG	IT	Programmer	Southlake	Texas	United States of America
7	106	IT_PROG	IT	Programmer	Southlake	Texas	United States of America
8	107	IT_PROG	IT	Programmer	Southlake	Texas	United States of America
9	108	FI_MGR	Finance	Finance Manager	Seattle	Washington	United States of America
10	109	FI_ACCOUNT	Finance	Accountant	Seattle	Washington	United States of America

설명한 대로 emp_details_view 뷰 자체만으로도 활용할 수 있지만 기존 테이블과 뷰를 조인하여 데이터에 접근할 수도 있습니다.

예제 11-1 employees 테이블과 emp_details_view 뷰를 조인하여 employee_id가 100인 직원의 employee_id, hire_date, department_name, job_title을 출력하세요.

```
SELECT A.employee_id, A.hire_date, B.department_name, B.job_title
FROM   employees A, emp_details_view B
WHERE  A.employee_id = B.employee_id
AND    A.employee_id = 100;
```

실행 결과

Employee_id	HIRE_DATE	DEPARTMENT_NAME	JOB_TITLE
100		Executive	President

department_name과 job_title을 출력하려면 departments 테이블과 jobs 테이블을 조인해야 해서 복잡하지만 이미 emp_details_view 뷰가 해당 정보를 가지고 있으므로 간단하게 emp_details_view 뷰만 조인하여 원하는 결과를 출력했습니다.

실무 활용 팁

앞에서 살펴보았듯이 권한에 따라 사용자가 접근할 수 있는 테이블이나 뷰가 다를 수 있습니다. 실제 데이터베이스 운영 환경에서는 보안과 성능 문제 때문에 모든 사용자에게 전체 테이블을 공개하지 않을 수 있다는 말입니다. 이런 경우에는 업무에 꼭 필요하다면 데이터베이스 관리자(DBA)에게 요청하여 접근 권한을 획득해야 합니다. 또한 접근 권한에 따라 접근 환경이나 개발 환경을 다양하게 구성할 수 있는데, 이 역시 데이터베이스 관리자에게 요청해야 하는 경우가 대부분입니다.

02

옵티마이저 : 성능 최적화 관리하기

SQL FOR EVERYONE

옵티마이저(optimizer)란 실행 계획에 의한 정해진 우선순위 또는 통계 정보를 이용하여 SELECT 문의 질의 성능이 최적화될 수 있도록 실행 계획을 수립하는 데이터베이스 시스템 요소입니다. 옵티마이저는 사용자가 요청한 SELECT 문의 질의에 대해 실행 계획을 세우고 비용(필요한 자원)을 계산하여 최적의 성능을 낼 수 있도록 도와줍니다.

그림 11-2 옵티마이저 작동 원리

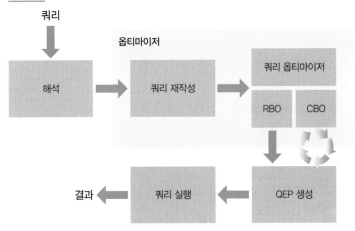

옵티마이저는 RBO(Rule Based Optimizer)와 CBO(Cost Based Optimizer) 방식이 있는데 실무에서는 주로 CBO 방식을 이용합니다.

표 11-2 RBO와 CBO 방식 비교

구분	RBO	CBO
개념	사전에 정의된 규칙 기반 계획	최소 비용 계산, 실행 계획 수립
기준	실행 우선순위	액세스 비용
성능	사용자의 SQL 작성 숙련도	옵티마이저 예측 성능
특징	실행 계획의 예측이 용이함	저장된 통계 정보의 활용
고려 사항	저효율, 사용자의 규칙 이해도	예측 복잡, 비용 산출 공식 정확성

옵티마이저는 최적화된 SQL 실행 순서, 실행 방법, 비용 등을 찾아주므로 사용자는 실행 계획을 확인하면서 SQL 문을 효율적으로 작성할 수 있습니다.

03 인덱스 : 빠른 검색을 위한 데이터 주소록

SQL FOR EVERYONE

우리가 지금까지 실습한 인사(HR DB) 데이터베이스는 데이터가 매우 적지만, 규모 있는 기업에서 운영하는 데이터베이스의 데이터는 용량이 수천만 건에서 수 테라바이트(TB)인 경우가 많습니다. 이런 경우에는 SELECT 문의 조회 논리가 효율적이지 않으면 결과가 바로 출력되지 않을 수도 있습니다(엄밀하게 말하면 출력되지 않는 것이 아니라 결과가 매우 느리게 반환되는 것으로, 이것은 실제 운영하는 데이터베이스 시스템에 악영향을 줄 수 있습니다).

인덱스(index)는 데이터를 찾기 위한 '색인'으로 데이터의 주소록이라고 부를 수 있습니다. 데이터를 빠르고 효율적으로 조회하기 위해 사용하는 것으로, 데이터베이스 시스템에 의해 자동으로 생성되기도 하고 사용자가 수동으로 생성하기도 합니다.

인덱스의 특징은 다음과 같습니다.

- 인덱스는 테이블의 데이터 값에 빠르게 액세스하도록 하는 데이터베이스 객체입니다.
- 데이터를 빠르게 찾을 수 있기 때문에 디스크 액세스 횟수를 줄일 수 있습니다.
- 데이터베이스 시스템이 인덱스를 자동으로 사용하고 유지 보수하므로 사용자는 인덱스를 직접 조작할 필요가 없습니다(수동으로도 생성 가능).
- 언제든지 생성하거나 삭제할 수 있으며 테이블이나 다른 인덱스에 영향을 주지 않습니다.

 ## 1 데이터를 조회하는 원리

지금까지 우리가 수행한 SELECT 문을 떠올려 봅시다. 우리는 Oracle SQL Developer에서 SELECT 문을 작성하여 실행한 것뿐이었지만 오라클 데이터베이스 시스템은 다음과 같은 과정을 거칩니다.

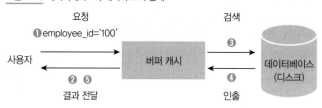

그림 11-3 데이터베이스의 데이터 조회 단계

employees 테이블에서 employee_id가 100인 직원을 찾는다고 가정하겠습니다. 사용자는 employee_id가 100인 직원의 정보 조회를 오라클 데이터베이스 시스템에 요청합니다 (❶). 오라클 데이터베이스 시스템은 사용자에게 SELECT 문의 질의를 받으면 데이터베이스 메모리 안의 버퍼 캐시를 살펴봅니다. 버퍼 캐시는 자주 사용되는 테이블의 데이터 정보가 저장되어 있는 일종의 '가속 장치'이므로 검색 데이터가 버퍼 캐시 안에 있다면 데이터는 빠르게 조회되어 출력됩니다(❷). 하지만 버퍼 캐시에 조회하는 데이터가 없다면 데이터베이스 시스템은 디스크에 저장되어 있는 데이터를 찾아내어(❸) 버퍼 캐시로 복사한 후(❹) 결괏값을 사용자에게 반환합니다(❺). 후자처럼 디스크 안에 담긴 데이터 파일을 조회하는 경우에는 과정이 훨씬 복잡하고 수행 속도가 느리기 때문에 결괏값을 반환하는 데도 시간이 더 걸립니다.

모든 데이터를 버퍼 캐시에 저장해 놓으면 좋겠지만 관리 효율성과 자원 비용 때문에 그럴 수 없습니다.[1] 결국 대부분의 데이터가 있는 디스크에서 데이터를 검색해야 하는데, 데이터가 굉장히 많다면 모든 디스크 영역을 검색해야 하므로 조회 결과를 반환하는 데 시간이 매우 오래 걸립니다. 하지만 어떤 데이터가 어디에 존재하는지 알려 주는 색인이 있다면 훨씬 효과적으로 데이터를 검색하여 반환할 수 있습니다. 이를 위해 데이터가 존재하는 색인 값만 별도로 만들어서 관리하는 기법이 인덱스입니다.

인덱스는 데이터의 검색 속도를 개선하기 위해 테이블의 행을 효율적으로 식별 가능하도록 합니다. 색인이 접근하는 행을 대표하는 주소 아이디를 로우 아이디(row id)라고 부릅니다. 로우 아이디는 데이터베이스 시스템에 의해 관리되는 주소 값입니다.

---

1   최근에는 이러한 이슈를 많이 개선한 인메모리 데이터베이스(in-memory database)가 등장했습니다.

그림 11-4 로우 아이디

그림 11-4 로우 아이디

	ROWID	EMPLOYEE_ID	FIRST_NAME	LAST_NAME
1	AAAEAbAAEAAAADNAAA	100	Steven	King
2	AAAEAbAAEAAAADNAAB	101	Neena	Kochhar
3	AAAEAbAAEAAAADNAAC	102	Lex	De Haan
4	AAAEAbAAEAAAADNAAD	103	Alexander	Hunold
5	AAAEAbAAEAAAADNAAE	104	Bruce	Ernst
6	AAAEAbAAEAAAADNAAF	105	David	Austin
7	AAAEAbAAEAAAADNAAG	106	Valli	Pataballa
8	AAAEAbAAEAAAADNAAH	107	Diana	Lorentz
9	AAAEAbAAEAAAADNAAI	108	Nancy	Greenberg

인덱스와 로우 아이디를 이용해서 데이터를 조회하는 절차는 다음과 같습니다.

그림 11-5 인덱스와 로우 아이디를 이용한 데이터 조회

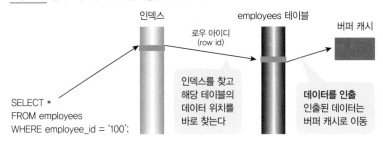

인덱스

employees 테이블

버퍼 캐시

로우 아이디
(row id)

SELECT *
FROM employees
WHERE employee_id = '100';

인덱스를 찾고
해당 테이블의
데이터 위치를
바로 찾는다

데이터를 인출
인출된 데이터는
버퍼 캐시로 이동

대표적인 인덱스의 종류에는 B 트리(B-tree) 인덱스와 비트맵(bitmap) 인덱스가 있습니다. B 트리 인덱스는 데이터의 종류가 많고 동일한 데이터가 적은 경우에 주로 사용합니다. 주로 일반적인 기업의 운영 데이터베이스 시스템에서 많이 사용됩니다. B 트리 인덱스의 종류는 다음과 같습니다.

표 11-3 B 트리 인덱스의 종류

종류	설명	사용 예
unique index	중복 데이터가 없는 경우(unique)에 사용한다.	기본 키, 유일 키 데이터
non-unique index	중복 데이터가 있는 경우에 빠른 검색 결과를 보장한다.	인덱스가 필요한 일반적인 데이터
descending index	내림차순 데이터 값으로 인덱스를 생성한다.	매출, 최근 일자 등
composite index	여러 열을 합쳐서 하나의 인덱스를 생성한다.	여러 조건이 필요한 경우 예 고객번호 and 성별

B 트리 인덱스는 루트 블록부터 리프 블록까지 사용자가 원하는 값을 스무고개하듯이 순차적으로 찾아가는 구조입니다. 이러한 이유 때문에 B 트리 인덱스를 트리 기반 인덱스라고도 부릅니다.

그림 11-6 B 트리 인덱스의 구조

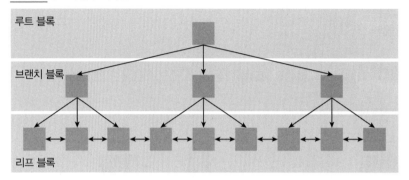

비트맵 인덱스는 B 트리 인덱스와 반대로 데이터의 종류가 적고 동일한 데이터가 많은 경우에 주로 사용합니다. 예를 들어 회원 가입 여부(Y/N), 성별(남/여), 양력/음력(S/M) 등이 해당됩니다. 비트맵 인덱스는 데이터 변경 빈도가 낮은 경우에 유리합니다.

인덱스는 데이터베이스 튜닝과도 관련되어 있기 때문에 데이터 조회와 분석 영역 중에서도 가장 후반부에 익히는 경우가 많습니다. 데이터베이스의 구조와 동작 원리를 정확히 알지 못한 상태에서 인덱스를 생성하거나 실행하는 것은 말이 안 되기 때문입니다. 잘못된 인덱스는 차라리 쓰지 않는 게 낫습니다.

실무 활용 팁

인덱스가 많다고 성능이 항상 보장되는 것은 아닙니다. 오히려 인덱스로 인해 성능에 문제가 발생할 수도 있습니다. 인덱스를 사용할 때는 다음 사항을 고려해야 합니다.

1 분석 시스템(OLAP)과 운영 시스템(OLTP)에 따라 인덱스 유형이 달라진다.

2 인덱스가 지나치게 많으면 과부하가 발생한다.

3 조인할 때 옵티마이저가 인덱스를 사용하도록 유도해야 한다.

4 데이터베이스 시스템 운영 상황에 따라 별도의 저장 공간으로 지정이 필요하거나 재생성이 필요할 수 있다.

5 DML 문을 자주 사용하는 경우에는 데이터베이스 시스템 성능에 악영향을 끼칠 수 있다.

인덱스는 다음과 같은 경우에 사용하는 것을 추천합니다.

1 열이 WHERE 절의 조인 조건으로 자주 사용된다.

2 열이 다양한 값을 포함한다. 또한 많은 수의 null 값을 포함한다.

3 테이블 크기가 대형이고 대부분의 질의가 행의 2~4% 이하보다 적게 읽어 들일 것으로 예상된다.

반대로 다음과 같은 경우에는 인덱스를 사용하지 않는 편이 낫습니다.

1 열이 WHERE 절의 조인 조건으로 자주 사용되지 않는다.

2 테이블 크기가 소형이고 열의 데이터 분포가 고르지 않다.

3 질의의 대부분이 행의 2~4% 이상을 읽어 들일 것으로 예상된다.

4 테이블이 자주 갱신된다. DML 문을 자주 사용하면 인덱스의 유지 작업을 위해 상대적으로 더 많은 시간이 걸린다.

12장

[실무 프로젝트]

최 과장과 함께 패밀리 레스토랑 신규 매출 분석하기

이번 장에서는 지금까지 익힌 SQL을 이용하여 실무 데이터를 분석해 보겠습니다. 현장감이 전해지도록 마케팅팀에서 근무하는 가상의 인물인 '최분석 과장'과 함께 SQL 분석을 진행하겠습니다. 여러분도 주인공인 최분석 과장의 입장이 되어 어떻게 문제를 해결해야 할지 함께 고민해 보기 바랍니다.

실습용으로 제공되는 데이터는 예약 데이터와 매출 데이터입니다. 실습하기 좋게 간소화시 컸지만 실제 운영 시스템에서 사용되는 데이터와 구조 및 형태가 매우 유사합니다. 실제로 는 수십만 건에 달할 수 있는 데이터지만 실습을 위해 의도적으로 최소 형태로 정리하였습 니다. 여러분이 다루고 있는 데이터베이스 구조와 어떤 점이 같고 어떤 점이 다른지 생각해 보고, 실제 SQL을 어떻게 활용하는지 눈여겨보며 실습하기 바랍니다.

분석 실습을 하려면 실습용 데이터를 설치해야 합니다. 설치는 계속 실습해 온 'HR 실습용' 데이터베이스에서 진행하겠습니다. 정상으로 설치가 완료되면 테이블이 총 다섯 개 생성됩 니다. 생성될 각 테이블의 내용은 다음과 같습니다.

표 12-1 실습용 데이터 정보

테이블 이름	내용	행 수
address	주소 정보	25
customer	고객 정보	183
item	상품 정보	10
reservation	주문 예약, 취소 정보	396
order_info	주문 상세 정보	391

본격적인 설치 작업에 앞서 데이터베이스에 실습용 데이터를 삽입(INSERT)할 때 한글이 제 대로 표시되지 않는 문제를 해결하기 위해 Oracle SQL Developer 환경을 설정해야 합니다. **도구 → 환경 설정 → 환경** 메뉴로 이동합니다. 환경 설정 창이 뜨면 인코딩을 **UTF-8**로 바꾸고 **확인**을 클릭합니다. 바뀐 환경을 적용하기 위해 Oracle SQL Developer를 종료하고 재시작합 니다.

그림 12-1 Oracle SQL Developer 인코딩 환경 설정

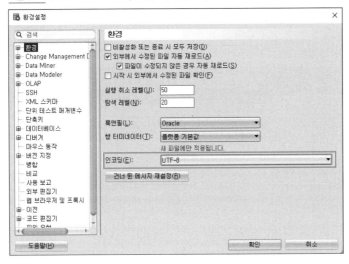

1 PC에 임의의 폴더를 생성한 후 내려받은 sql_practice.zip 파일의 압축을 풉니다. 이 책에서는 C 드라이브에 sql_practice 폴더를 생성한 후 해당 폴더에 실습 파일의 압축을 풀었습니다.

2 압축을 풀면 파일이 총 일곱 개 나타납니다.

그림 12-2 실습용 파일들

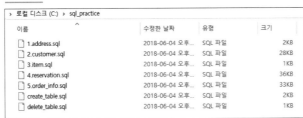

3 실습용 데이터의 테이블을 생성하려면 실습용 HR 데이터베이스에 접속한 상태에서 Oracle SQL Developer 편집 창 워크시트에 다음과 같이 입력한 후 Ctrl+Enter를 눌러 실행합니다. sql_practice는 create_table.sql 파일이 있는 폴더입니다.

```
@c:\sql_practice\create_table.sql;  Ctrl+Enter
        ⋮
        ⋯⋯⋯ 실습용 데이터 파일이 위치한 폴더
```

4　실행이 정상으로 완료되면 스크립트 출력 창에 테이블이 생성되고 변경되었다는 메시지가 출력됩니다.

그림 12-3 실습용 데이터 테이블 생성

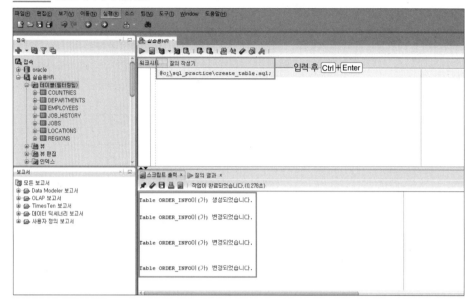

5　접속 창에서 **실습용 HR** 데이터베이스에 마우스 포인터를 위치시키고 마우스 오른쪽 버튼을 눌러 **새로 고침**을 선택합니다. 정상으로 처리되면 오른쪽 그림처럼 기존에 없던 address, customer, item, order_info, reservation 테이블이 나타납니다.

그림 12-4 실습용 데이터 테이블 생성 확인하기

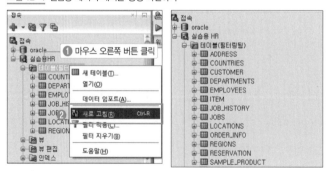

6 테이블에 데이터를 삽입(INSERT)할 차례입니다. 방금 전에 한 작업을 파일 번호 순서대로 실행하면 됩니다. 먼저 address 테이블을 생성하려면 다음과 같이 입력하고 실행합니다. 스크립트 출력 창에 오류 없이 '커밋 완료.'가 출력되면 데이터 INSERT가 정상으로 처리된 것입니다.

```
@c:\sql_practice\1.address.sql; Ctrl + Enter
         실습용 데이터 파일이 위치한 폴더
```

그림 12-5 address 테이블 생성

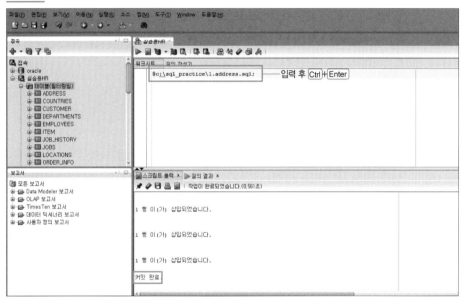

7 customer 테이블에 데이터를 삽입할 차례입니다. **6**과 마찬가지로 다음과 같이 명령어를 입력하고 실행합니다. 역시 출력 창에 오류 없이 '커밋 완료.'가 출력되면 데이터 INSERT가 정상적으로 처리된 것입니다.

```
@c:\sql_practice\2.customer.sql; Ctrl + Enter
         실습용 데이터 파일이 위치한 폴더
```

그림 12-6 customer 테이블 생성

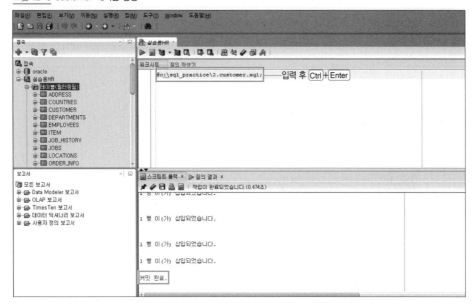

8 나머지 실습 테이블인 item, reservation, order_info의 데이터도 7과 같이 번호 순
   서대로 삽입합니다.

   ········· 번호 순서대로 실행하지 않으면 오류 발생

   @c:\sql_practice\3.item.sql; Ctrl + Enter ······ 명령문 실행

   @c:\sql_practice\4.reservation.sql; Ctrl + Enter

   @c:\sql_practice\5.order_info.sql; Ctrl + Enter

9 SELECT 문을 이용해 각 테이블에 데이터가 정확히 INSERT되었는지 확인해 봅니다.

   SELECT *
   FROM   order_info;

10 작업한 모든 테이블에 정확한 행의 개수로 데이터가 적재되어 있다면 실습용 데이터 설
   치 작업을 성공한 것입니다.

실행 결과

	ORDER_NO	ITEM_ID	RESERV_NO	QUANTITY	SALES
1	171210107298910010	M0002	2017121006	2	24000
2	171210517412210010	M0005	2017121007	4	140000
3	171211371966100100	M0001	2017121101	2	48000
4	171211137436110010	M0002	2017121102	2	24000
5	171212547862510010	M0001	2017121202	4	96000
6	171212607833610010	M0005	2017121203	4	140000
7	171212107393010010	M0004	2017121204	2	50000
8	171213378539100100	M0005	2017121301	2	70000
9	171213547302810010	M0002	2017121302	4	48000
10	171213547404510010	M0005	2017121303	1	25000

NOTE

실습용 테이블과 데이터를 삭제하는 방법

실습용 데이터를 삭제하려면 데이터가 설치된 데이터베이스에서 다음 명령문을 실행합니다. 실습을 하기 위해 생성한 테이블과 데이터가 모두 삭제됩니다.

```
@c:\sql_practice\delete_table.sql; [Ctrl]+[Enter]
```
└‥‥‥‥ 실습용 데이터 파일이 위치한 폴더

그림 12-7 실습용 데이터와 테이블 삭제하기

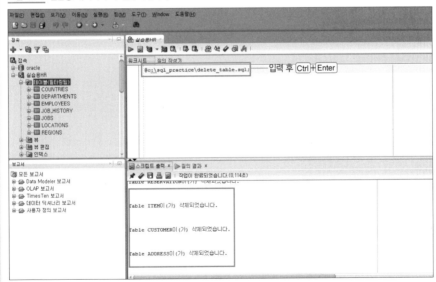

정상으로 삭제되면 출력 창에 'Table ~이(가) 삭제되었습니다.'가 출력됩니다. 접속 창에서 마우스의 오른쪽 버튼을 클릭하고 **새로 고침**을 선택하면 실습용 테이블과 데이터가 삭제된 것을 확인할 수 있습니다.

Oracle SQL Developer를 이용하여 데이터를 임포트하는 방법

지금까지는 실습을 위해 미리 만들어 놓은 SQL을 이용해 테이블을 만들고 데이터를 INSERT해서 입력했지만 Oracle SQL Developer를 이용해서 데이터를 임포트(import)해서 입력할 수도 있습니다. 그림과 같이 접속 창에서 임포트하려는 테이블에 마우스 포인터를 위치시키고 마우스 오른쪽 버튼을 클릭한 후 **데이터 임포트**를 선택하면 데이터가 질의 응답 식으로 편리하게 임포트됩니다. 데이터를 입력하려면 당연히 엑셀 등에 정리해 둔 기초 데이터가 준비되어 있어야 합니다.

그림 12-8 Oracle SQL Developer 데이터 임포트

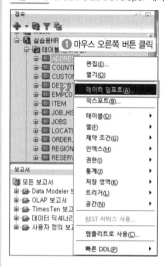

그림 12-9 준비된 데이터 불러오기

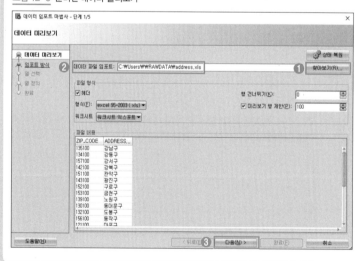

'씨퀄에프앤비' 마케팅팀에서 일하는 최분석 과장은 요즘 생각이 많습니다. 서울 지역 여러 곳에 패밀리 레스토랑 지점을 운영 중인 씨퀄에프엔비는 주로 오프라인 위주로 예약을 받고 상품 서비스를 제공해 왔습니다. 고급 음식과 질 높은 서비스로 브랜드를 차별화하였고, 이러한 마케팅 활동이 주효해서 고객들이 씨퀄에프앤비를 패밀리 레스토랑 브랜드 중에서도 고급 브랜드로 인식한다는 설문 결과가 발표되기도 했습니다. 하지만 최근 시장 경쟁이 치열해지면서 매출 성장의 한계가 뚜렷하게 나타나기 시작했습니다.

그림 12-10 치열한 패밀리 레스토랑 경쟁 시장

최 과장은 치열한 전통적 패밀리 레스토랑 사업에서 주도권을 가지려면 기존 활동에 더하여 홈페이지와 앱의 이용 편의성을 높이고 온라인에서도 적극적으로 마케팅 활동을 하여 고객을 유도해야 한다고 생각합니다. 하지만 가족 위주의 고객을 대상으로 고급 서비스 제공을 통해 성장해 온 브랜드다 보니 임원진은 브랜드 이미지 하락과 고객들의 부정적 반응을 우려해 온라인 마케팅 활동에 대한 예산 투자 확대에 확신을 갖지 못하고 있습니다. 그동안의 경험과 감에 따르면 급격한 변화는 실패할 가능성이 높다는 것이 임원진 이하 중역 다수의 생각입니다.

최 과장은 온라인 성향의 최신 트렌드와 관련된 시장조사 자료와 경쟁사 자료를 제출했지만 임원진은 쉽게 움직이지 않았습니다. 단지 최 과장의 직속상관인 김힘찬 부장만 최 과장의 의견에 조력하고 있을 뿐입니다. 최 과장은 성과를 통해 주장의 근거를 객관적으로 보여 줄 수밖에 없다고 생각했습니다. 이를 위해 지난 6월에는 온라인 예약 시스템 개편과 함께 김힘찬 부장의 도움을 얻어 온라인 전용 예약 메뉴 상품을 기획하여 출시했습니다. 온라인 전용 상품은 시장 반응 분석을 위한 실험(pilot) 상품이며 씨퀄에프앤비 홈페이지와 온라인 앱에서만 예약할 수 있는 특별 기획 상품입니다.

이제 출시한 지 7개월이 지났으므로 현재 시점에서 데이터 분석을 통해 성과를 확인해야 합니다.

현재 상황

- 씨퀄에프앤비는 서울 곳곳에 패밀리 레스토랑 지점을 운영 중이다.
- 씨퀄에프앤비는 지금까지 주로 오프라인과 가족 고객 위주로 매출 활동을 해 왔다.
- 최분석 과장은 디지털 마케팅의 중요성을 인지한 후 판매 활성화를 위해 온라인 예약 시스템 개편과 함께 온라인 예약 전용 메뉴 상품(이하 전용 상품)을 기획하여 출시했다. 전용 상품은 오프라인에서 예약할 수 없고 씨퀄에프앤비 홈페이지와 앱 등 온라인에서만 예약 가능한 메뉴이다. 기존 상품도 온라인 예약은 가능하다.
- 서울의 모든 지점에서 전용 상품을 서비스했고, 전용 상품의 서비스 기간은 2017년 6월 1일부터 2017년 12월 31일까지 총 7개월이다.

최 과장은 가장 먼저 할 일을 생각해 봤습니다. 일단 분석할 수 있는 데이터가 어떤 것이 있고, 어떤 구조로 얼마나 존재하는지부터 확인해야 한다고 생각했습니다. 어떤 재료가 있는지 알아야 무슨 요리가 가능한지 판단할 수 있기 때문입니다. 최 과장은 먼저 온라인 전용 상품 정보가 담겨 있는 온라인 예약 매출 시스템의 데이터베이스 구조가 어떻게 되어 있는지부터 확인하려 합니다. 이를 위해 예약 매출 시스템의 데이터베이스 ERD를 확인해 봅니다. 예약 매출 시스템의 데이터베이스 ERD는 다음과 같습니다.

그림 12-11 온라인 예약 매출 시스템의 데이터베이스 ERD

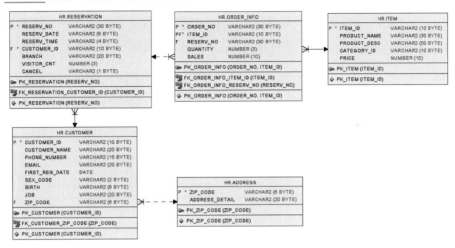

최 과장은 ERD를 보면서 다음과 같은 사실을 확인할 수 있었습니다.

- 온라인 예약 매출 시스템의 데이터베이스에는 고객 정보(customer), 주소 정보(address), 예약 정보(reservation), 주문 정보(order_info), 상품 정보(item)로 테이블이 총 다섯 개 존재한다.

- 주소는 고객을 여러 건 갖는다. 주소가 없어도 고객은 존재할 수 있다. = zip_code가 없는 고객이 있을 수 있다.

- 고객은 예약을 여러 건 갖는다. 고객 없이는 예약이 존재할 수 없다. = 고객 한 명은 예약을 여러 건 가질 수 있고, 예약할 때는 customer_id가 필수다.

- 예약은 주문을 여러 건 갖는다. 예약 정보 없이도 주문 정보는 존재할 수 있다(reserve_no가 없어도 주문할 수 있다). 단, reserve_no는 당일 예약에 대해 순차적으로 생성된다고 가정한다.

- 상품 주문을 여러 건 갖는다. 상품이 없다면 주문은 존재할 수 없다. = 주문은 item_id를 필수로 갖는다. 주문 번호는 주문이 완료된 경우에만 생성된다고 가정한다.

결론적으로 reservation 테이블에는 날짜 등 예약에 관한 정보, order_info 테이블에는 매출 등 주문 결과에 관한 정보가 담겨 있으므로 이 두 테이블을 중심으로 어떻게 조인하느냐에 따라 원하는 결과를 출력할 수 있다고 생각하면 이해가 빠를 것입니다.

※ 실습 데이터 구조 상 reservation 테이블의 예약 번호(reserv_no)는 order_info 테이블에서 주문 번호(order_no)를 대체하여 item_id와 조합하여 키로 사용할 수 있습니다. 원래대로라면 예약 번호 없이 방문하는 고객(walk-in)의 주문 정보도 존재해야 하지만 시나리오가 너무 복잡해지므로 그런 경우는 없다고 가정합니다. 즉, order_info 테이블에서 복합 키로 reserv_no + item_id가 order_no + item_id와 같은 역할을 할 수 있습니다.

※ 일부 날짜 데이터 타입 열은 VARCHAR2 타입과 DATE 타입을 섞어 썼는데 이는 의도한 것임을 미리 밝힙니다.

최 과장은 ERD를 보고 다음처럼 생각했습니다.

> '결국 고객 정보(customer)를 필수로 하는 예약 정보(reservation)가 있어야 하고, 예약 정보는 주문 정보(order_info)를 여러 개 가질 수 있군. 주문 정보(order_info)의 주문 번호(order_no)는 상품 번호(item_id)와 합쳐져 복합 키로 구성되어 있잖아? 주문 번호는 중복 없는 상품 번호를 여러 개 갖는다고 볼 수 있겠어.'

그림 12-12 예약-매출 업무 데이터 구성

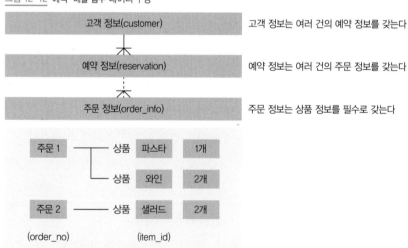

> '흠, 생각보다 복잡하지 않은 걸? 이 정도면 충분히 성과를 분석해 볼 수 있겠어.'

최 과장은 데이터베이스 구조가 생각보다 복잡하지 않은 것을 보고 안심했습니다. 한편으로는 결과가 어떻게 나올지 긴장되기도 했습니다.

03 매출 분석하기

'분석할 준비가 다 된 것 같군. 일단 전체 매출에 대한 특징 통계 값을 알아보자! 가장 기본으로 확인해 볼 것은 전체 상품의 주문 완료 건, 총 매출, 평균 매출, 최고 매출, 최저 매출 정도일 것 같아. 결괏값이 어떻게 나오는지 확인해 보는 것이 좋겠어!'

1 특징 통계 값 계산하기

분석1 전체 상품의 주문 완료 건 총 매출, 평균 매출, 최고 매출, 최저 매출을 출력해 보세요.

추천 SQL : 조인, COUNT, SUM, AVG, MAX, MIN

```
SELECT COUNT(*)      전체주문건,
       SUM(B.sales) 총매출,
       AVG(B.sales) 평균매출,
       MAX(B.sales) 최고매출,
       MIN(B.sales) 최저매출
FROM reservation A, order_info B
WHERE A.reserv_no = B.reserv_no;
                          ⋯⋯⋯①
```

① reserv_no로 조인, reservation 테이블과 order_info 테이블의 reserve_no는 예약 완료되어 주문 완료된 건에 대해 상호 짝(pair)을 이룹니다.

실행 결과

전체주문건	총매출	평균매출	최고매출	최저매출
391	24957000	63828.645	552000	6000

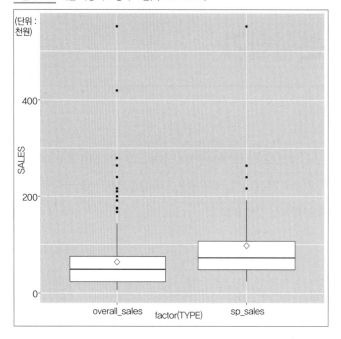

그림 12-13 매출 특징 비교 상자 그림(R, GGPLOT2)

그림 12-13의 그래프는 SQL을 이용해 매출 데이터를 전체 매출과 전용 상품 매출로 구분하여 출력한 후 결과를 텍스트 파일로 내려받아 R의 GGPLOT2를 이용해서 상자 수염 그림이라고도 부르는 상자 그림(boxplot)으로 표현한 것입니다. 상자 그림은 최댓값, 최솟값, 중앙값, 사분위수, 이상치 등을 알아보기 쉽게 나타내는 그래프입니다. 상자 아랫면의 선은 데이터 값의 1사분위(25% 위치), 상자 중앙 선은 중앙값(50% 위치), 상자 윗면 선은 3사분위(75% 위치)를 가리킵니다. 이 그래프는 SQL을 이용해서 출력한 결과를 다양하게 표현할 수 있다는 예시입니다. 이후 분석의 모든 그래프는 동일한 방식으로 R이나 엑셀 등으로 그렸습니다. 출력 결과를 파일로 내려받는 방법은 65쪽 '출력 결과 내보내기'에서 설명했습니다.

'전체 주문 건은 391건이고 총 매출은 24,957,000원이야. 평균 매출은 63,828원, 최고 매출은 552,000원, 최저 매출은 6,000원이네. 평균 매출이 최고 매출이나 최저 매출과 꽤 차이가 나는 걸? 다양한 패턴의 고객이 분포할 것으로 생각되는군. 특징 값을 통해 온라인 예약 매출의 개괄적인 내용을 잘 알 수 있었어. 그럼 다음에는 어떤 것을 분석해 볼까?'

최 과장이 가장 먼저 알고 싶은 것은 '전용 상품이 얼마나 팔렸느냐'입니다. 임원진이 확신하지 못하는 가운데 오로지 혼자 주장했던 결과가 궁금했고, 확신은 있었지만 객관적인 결과를 통해 본인의 주장이 틀리지 않았다는 것을 증명하고 싶었습니다. 그렇다면 전체 판매량 중에 전용 상품의 판매량이 어느 정도인지가 관건일 것입니다.

'전체 상품 중에 전용 상품이 얼마나 팔렸는지부터 확인해 보자. reservation 테이블과 order_info 테이블을 조인하면 매출액(sales)을 출력할 수 있겠어. 순수하게 매출 건만 보려는 거니까 일단 예약 취소 건은 제외시키자. SELECT 문을 쓸 때 item_id에 대해 DECODE 명령어를 사용하면 전용 상품만 따로 구분해서 집계할 수 있겠지?'

2 비교 분석 : 판매량과 매출액 비교

분석 2 전체 상품의 총 판매량과 총 매출액, 전용 상품의 판매량과 매출액을 출력해 보세요.
추천 SQL : 비교 연산자, DECODE, SUM

```
SELECT COUNT(*) 총판매량,
                 ─────❶
       SUM(B.sales) 총매출,
       SUM(DECODE(B.item_id, 'M0001', 1, 0)) 전용상품판매량,
                        ─────❷
       SUM(DECODE(B.item_id, 'M0001', B.sales, 0)) 전용상품매출
                                      ─────❸
FROM reservation A, order_info B
WHERE A.reserv_no = B.reserv_no
AND   A.cancel    = 'N';
              ─────❹
```

❶ 조인된 총 건수를 셉니다. 즉, 총 판매 건수가 구해집니다.

❷ 전용 상품(M0001)을 1로 치환하라는 의미입니다. SUM 명령어로 합계를 구하기 때문에 결국 전용 상품 개수를 세겠다는 의미입니다.

❸ 전용 상품의 매출 합계입니다.

❹ 예약을 취소하지 않은 건만 집계합니다. 위 SQL 문에는 cancel 여부를 기술했지만 cancel 여부를 기술하지 않아도 order_info 테이블에는 예약 완료 건 데이터만 존재하므로 예약 완료 건에 대해서만 연산됩니다. 하지만 예약 취소와 완료 여부를 구분할 때는 이 코드가 반드시 필요합니다.

총판매량	총매출	전용상품_판매량	전용상품_매출
391	24957000	59	5808000

그림 12-14 총 판매량과 전용 상품 판매량 비교(엑셀)

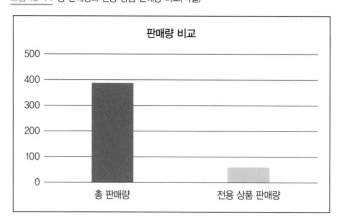

그림 12-15 총 매출과 전용 상품 매출 비교(엑셀)

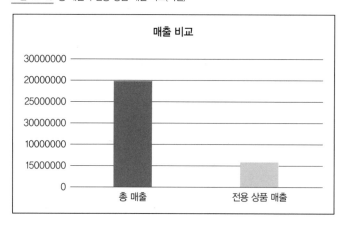

'오! 나쁘지 않아! 전체 판매량이 391건인데 그중에 59건이 전용 상품 판매라니, 총 판매량 중에 15% 를 차지하고 있어. 매출은 무려 23%를 차지하고 있어. 상품 개수 대비 매출의 상대 값을 생각했을 때도 매우 높은 수치야. 역시 내 생각이 틀리지 않았어!'

전용 상품 판매 성과가 높다는 것을 확인한 최 과장은 자신감이 붙었습니다. 이제부터는 다양한 형태의 매출 분석을 해 보기로 마음먹었습니다.

'좀 더 세부적으로 분석해 보자. 각 상품의 매출을 비교해 볼까? 상품별로 매출을 출력하려면 어떻게 해야 하지? 주문 정보에 대해 아이템 정보를 조인하고 상품별로 그룹화해서 상품 매출(sales)에 대해 전체 합계(SUM)를 계산하면 되겠군. 상품별이니까 같은 상품끼리 묶을 수 있는 GROUP BY를 쓰면 되겠지? 높은 매출액부터 내림차순(DESC)으로 정렬해 보자!'

 ## 3 그룹화 분석 : 상품별 매출 계산 및 순서 정렬

분석 3 각 상품별 전체 매출액을 내림차순으로 출력하세요.

추천 SQL : GROUP BY, ORDER BY

```
SELECT C.item_id 상품아이디,
       C.product_name 상품이름,
       SUM(B.sales) 상품매출        ❶      ❷
FROM reservation A, order_info B, item C
WHERE  A.reserv_no = B.reserv_no
AND    B.item_id   = C.item_id
AND    A.cancel    = 'N'
GROUP BY C.item_id, C.product_name·······❸
ORDER BY SUM(B.sales) DESC;·······❹
```

❶ 주문별 매출 정보(sales)가 담겨 있습니다.

❷ 상품 이름 정보(product_name)가 담겨 있습니다. 매출과 상품 정보를 연계한 결과를 출력하기 위해 order_info 테이블과 item 테이블을 조인합니다.

❸ '상품 아이디'와 '상품 이름'으로 그룹화합니다. 여기서는 상품 아이디와 상품 이름이 같은 레벨이기 때문에 두 개가 같이 그룹화됩니다.

❹ 상품 매출이 높은 순서부터 내림차순으로 출력합니다.

상품아이디	상품이름	상품매출
M0005	STEAK	9380000
M0001	SPECIAL_SET	5808000
M0006	SALAD_BAR	2075000
M0002	PASTA	1968000
M0003	PIZZA	1666000
M0004	SEA_FOOD	1625000
M0009	WINE	856000
M0008	SANDWICH	610000
M0007	SALAD	525000
M0010	JUICE	444000

그림 12-16 상품 매출(엑셀)

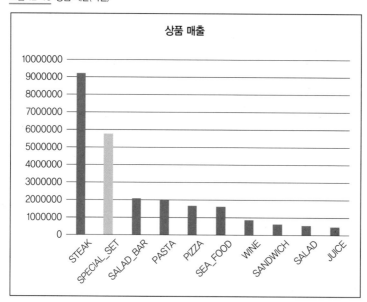

'전용 상품이 두 번째로 많이 팔렸다는 건 정말 놀라운 일이야! 온라인으로만 주문 가능한 상품이 이 정도라면 정말 히트 상품이라 불러도 모자람이 없겠어. 바꿔 말하면 우리 고객이 온라인에도 다수 존재한다고 말할 수 있겠어.

그럼 월별 매출도 확인할 수 있을까? 데이터 조작과 관련해서 SQL로 안 되는 건 없어. 월별 구분은 SUBSTR 명령어를 이용해서 예약 날짜(reserv_date, = 예약 날짜 = 매출 날짜)를 월 형태로 변환한 후 집계해 보면 되겠다.'

4 시계열 분석 : 월별 상품 매출 분석

분석 4 모든 상품의 월별 매출액을 출력해 보세요.

추천 SQL : SUBSTR, DECODE, SUM

```
                           ❶
SELECT SUBSTR(A.reserv_date, 1, 6) 매출월,  ❷
       SUM(DECODE(B.item_id, 'M0001', B.sales, 0)) SPECIAL_SET,
       SUM(DECODE(B.item_id, 'M0002', B.sales, 0)) PASTA,
       SUM(DECODE(B.item_id, 'M0003', B.sales, 0)) PIZZA,
       SUM(DECODE(B.item_id, 'M0004', B.sales, 0)) SEA_FOOD,
       SUM(DECODE(B.item_id, 'M0005', B.sales, 0)) STEAK,
       SUM(DECODE(B.item_id, 'M0006', B.sales, 0)) SALAD_BAR,
       SUM(DECODE(B.item_id, 'M0007', B.sales, 0)) SALAD,
       SUM(DECODE(B.item_id, 'M0008', B.sales, 0)) SANDWICH,
       SUM(DECODE(B.item_id, 'M0009', B.sales, 0)) WINE,
       SUM(DECODE(B.item_id, 'M0010', B.sales, 0)) JUICE
FROM reservation A, order_info B
WHERE A.reserv_no = B.reserv_no
AND    A.cancel    = 'N'
GROUP BY SUBSTR(A.reserv_date, 1, 6)        ❸
ORDER BY SUBSTR(A.reserv_date, 1, 6);
```

❶ 20170601의 데이터를 첫째 자리부터 여섯째 자리까지, 즉 201706으로 끊어 출력하라는 의미입니다. 가장 마지막에 GROUP BY 절이 있으므로 월 단위로 그룹화하여 연산합니다.

❷ 모든 상품 코드를 기술하고 DECODE 명령어를 이용해 해당 상품일 때 매출액을 집계합니다.

❸ SUBSTR 명령어로 날짜를 월 형태로 변환하여 그룹화했기 때문에 GROUP BY 절 그룹화도 같은 형태로 합니다.

매출월	SPECIAL_SET	PASTA	PIZZA	SEA_FOOD	STEAK	SALAD_BAR	SALAD	SANDWICH	WINE	JUICE
201706	144000	24000	0	0	385000	0	30000	10000	8000	12000
201707	408000	228000	102000	175000	525000	200000	0	70000	0	36000
201708	336000	108000	136000	225000	455000	175000	15000	90000	40000	42000
201709	264000	120000	238000	300000	280000	200000	90000	30000	16000	48000
201710	552000	336000	391000	200000	1120000	425000	135000	40000	32000	102000
201711	888000	492000	544000	425000	1715000	400000	105000	150000	304000	174000
201712	3216000	660000	255000	300000	4900000	675000	150000	220000	456000	30000

그림 12-17 월 별 상품 매출 현황(엑셀)

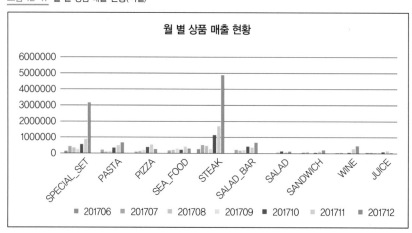

'11월과 12월에 유난히 전용 상품과 스테이크 매출이 높아. 매출에 상품 특성이 반영된 것이 분명해. 연말이면 연인과 가족이 분위기 좋은 레스토랑에서 스테이크류를 즐기기 마련이지. 마찬가지로 전용 상품도 스테이크와 같은 특성을 갖기 때문에 연말에 즐기기 좋은 상품이란 의미가 될 수 있다는 걸까? 흥미롭군!

그럼 마찬가지로 월별 총 매출액과 전용 상품 매출액도 확인해 보자. 상품별 집계는 필요 없기 때문에 오히려 더 간단한 형태가 될 거야.'

시계열 분석 : 월별 매출 분석

분석 5 월별 총 매출액과 전용 상품 매출액을 출력해 보세요.

추천 SQL : SUBSTR, DECODE, SUM, GROUP BY

```
SELECT SUBSTR(A.reserv_date, 1, 6) 매출월,
       SUM(B.sales) 총매출,
       SUM(DECODE(B.item_id, 'M0001', B.sales, 0)) 전용상품매출
FROM reservation A, order_info B
WHERE A.reserv_no = B.reserv_no
AND   A.cancel    = 'N'
GROUP BY SUBSTR(A.reserv_date, 1, 6)
ORDER BY SUBSTR(A.reserv_date, 1, 6);
```

실행 결과

매출월	총매출	전용상품매출
201706	613000	144000
201707	1744000	408000
201708	1622000	336000
201709	1586000	264000
201710	3333000	552000
201711	5197000	888000
201712	10862000	3216000

그림 12-18 월별 매출 추이(엑셀)

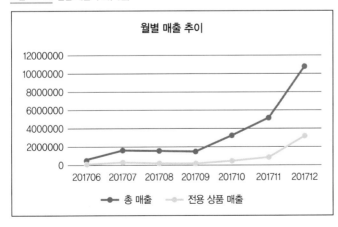

'월별로 보니까 확실히 시간 흐름에 따른 매출 양상을 알 수 있군. 온라인 마케팅 활동을 강화한 6월을 시작으로 매출이 꾸준히 증가하고 있어. 7월부터 9월까지는 월별 매출이 비슷하지만 연말로 갈수록 매출이 급증하고 있어. 그중에서 12월은 매출이 놀랄 만큼 늘었어! 연말 특성이 반영되어 총 매출과 전용 상품 매출이 동시에 늘었다고 판단해도 되겠어.

다만 이렇게만 보면 전체 매출 중에서 전용 상품의 매출 기여도가 얼마인지 알기가 어려워. 매출 기여율을 계산하는 항목을 추가해 보자. 기여율을 계산하려면 일반적인 백분율을 계산할 때처럼 나누기와 곱하기를 하면 되겠지. 소수가 나오면 소수점 둘째 자리에서 반올림하자. 반올림에는 ROUND 명령어를 쓰면 되겠다.'

6 산술 계산 : 매출 기여율 추가

분석 6 분석 5에 매출 기여율을 추가하세요. 기여율은 소수점 아래 두 번째 자리에서 반올림하여 출력하세요.

추천 SQL : 산술 연산자, ROUND

```
SELECT SUBSTR(A.reserv_date, 1, 6) 매출월,
       SUM(b.sales)
❶      SUM(decode(b.item_id, 'M0001', b.sales, 0)) 전용상품외매출,
       SUM(decode(b.item_id, 'M0001', b.sales, 0))    전용상품매출,
❷      ROUND(SUM(DECODE(B.item_id, 'M0001', B.sales, 0))/SUM(B.sales)*100, 1) 매출기여율
FROM reservation A, order_info B
WHERE A.reserv_no = B.reserv_no
AND   A.cancel    = 'N'
GROUP BY SUBSTR(A.reserv_date, 1, 6)
ORDER BY SUBSTR(A.reserv_date, 1, 6);
```

❶ 전체 상품 매출에서 전용 상품 매출을 빼면 전용 상품 외 매출이 계산됩니다.

❷ 백분율 계산식을 구현했습니다. ROUND 명령어로 소수점 둘째 자리에서 반올림합니다.

매출월	전용상품외매출	전용상품매출	매출기여율
201706	469000	144000	23.5
201707	1336000	408000	23.4
201708	1286000	336000	20.7
201709	1322000	264000	16.6
201710	2781000	552000	16.6
201711	4309000	888000	17.1
201712	7646000	3216000	29.6

그림 12-19 전용 상품 매출 기여도(엑셀)

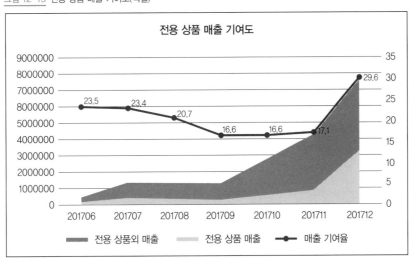

'프로모션 시작부터 높은 매출 기여도를 보이다가 8월부터 10월까지 점차 줄어드는 양상이야. 그러다가 연말에 기여도가 월등히 높아지는군. 맙소사! 12월에는 매출 기여율이 무려 29.6%야! 11월 대비 12월에 전용 상품 외 매출이 2배가 안 되게 느는 동안, 전용 상품은 3배 가까이 늘었어! 역시 전용 상품은 연말 시즌과 관련이 많은 것 같아. 조금 더 살펴볼 필요가 있겠어.

월별 매출 외에 총 예약 건에 대해 예약 완료 건과 예약 취소 건을 구분해서 확인해 보자. 계속 사용했던 취소 여부(cancel) 조건을 주석(--)으로 처리해서 빼면 전체 건이 나올 거야. 예약 완료는 'N'이고 예약 취소는 'Y'지? 전체 건을 조회해서 SELECT 절에서 DECODE 명령어를 이용해 처리하면 될 것 같아.'

7 외부 조인 : 부족한 데이터 처리

분석7 분석6에 총 예약 건수, 예약 취소 건수를 추가해 보세요.

추천 SQL : 외부 조인

```
SELECT SUBSTR(A.reserv_date, 1, 6) 매출월,
       SUM(B.sales) 총매출,
       SUM(B.sales)
       - SUM(decode(B.item_id, 'M0001', B.sales, 0)) 전용상품외매출,
       SUM(DECODE(B.item_id, 'M0001', B.sales, 0)) 전용상품매출,
       ROUND(SUM(DECODE(B.item_id, 'M0001', B.sales, 0))/SUM(B.sales)*100, 1) 매출기여율,
       COUNT(A.reserv_no) 총예약건,
       SUM(DECODE(A.cancel, 'N', 1, 0)) 예약완료건,
       SUM(DECODE(A.cancel, 'Y', 1, 0)) 예약취소건
FROM reservation A, order_info B
WHERE A.reserv_no = B.reserv_no
-- AND   A.cancel = 'N'
GROUP BY SUBSTR(A.reserv_date, 1, 6)
ORDER BY SUBSTR(A.reserv_date, 1, 6);
```

❶ 예약 완료 건과 예약 취소 건을 구분하여 계산합니다. 취소 여부를 주석으로 처리했기 때문에 전체 건에 대해 계산이 적용됩니다.

❷ 예약 완료와 취소 전체 건을 포함해야 하므로 해당 절은 주석으로 처리하거나 삭제해야 합니다. 이처럼 주석을 활용하면 코드를 삭제한 것과 같아져 SQL 로직을 간단하게 변경할 수 있습니다.

실행 결과

매출월	총매출	전용상품외매출	전용상품매출	매출기여율	총예약건	예약완료건	예약취소건
201706	613000	469000	144000	23.5	11	11	0
201707	1744000	1336000	408000	23.4	35	35	0
201708	1622000	1286000	336000	20.7	39	39	0
201709	1586000	1322000	264000	16.6	36	36	0
201710	3333000	2781000	552000	16.6	53	53	0
201711	5197000	4309000	888000	17.1	82	82	0
201712	10862000	7646000	3216000	29.6	135	135	0

'어라? 이거 뭔가 이상한데? 왜 총 예약 건과 예약 완료 건의 숫자가 같지? 그리고 예약 취소 건이

0건일 리 없잖아?'

최 과장은 분석 SELECT 문에 심각한 오류가 있다는 사실을 발견했습니다. 확인을 위해 ERD
를 다시 살펴봅니다. 그리고 곧 예약 테이블(reservation)은 주문 정보(order_info)를 갖지 않
을 수 있다는 점을 발견합니다. 즉, reservation 테이블에 reserv_no가 있다 해도 order_info
에는 reserv_no가 없을 수 있다는 사실입니다.

'아하, 온라인 예약이 취소되면 레스토랑에 방문하지 않을 테니까 당연히 주문 정보도 없겠구나. 그
렇다면 예약 취소된 건까지 출력하려면 외부 조인(outer join)을 사용해야겠어. 음… 데이터가 부족
한 쪽은 주문 정보(order_info)지. 그렇다면 주문 정보 테이블 쪽에 외부 조인 (+)를 넣어 주면 조건
이 맞지 않는 예약 정보(취소 건)는 주문 정보가 null로 조인이 될 거야'

```
SELECT SUBSTR(A.reserv_date, 1, 6) 매출월,
       SUM(B.sales) 총매출,
       SUM(B.sales)
       - SUM(decode(B.item_id, 'M0001', B.sales, 0)) 전용상품외매출,
       SUM(DECODE(B.item_id, 'M0001', B.sales, 0)) 전용상품매출,
       ROUND(SUM(DECODE(B.item_id, 'M0001', B.sales, 0))/SUM(B.sales)*100, 1) 매출기여율,
       COUNT(A.reserv_no) 총예약건,
       SUM(DECODE(A.cancel, 'N', 1, 0)) 예약완료건,
       SUM(DECODE(A.cancel, 'Y', 1, 0)) 예약취소건
FROM reservation A, order_info B
WHERE A.reserv_no = B.reserv_no(+)········❶
-- AND   A.cancel = 'N'
GROUP BY SUBSTR(A.reserv_date, 1, 6)
ORDER BY SUBSTR(A.reserv_date, 1, 6);
```

❶ 데이터가 부족한 쪽에 외부 조인을 적용해 줍니다. 데이터가 충분한 쪽에 null로 조인됩
니다.

매출월	총매출	전용상품외매출	전용상품매출	매출기여율	총예약건	예약완료건	예약취소건
201706	613000	469000	144000	23.5	13	11	2
201707	1744000	1336000	408000	23.4	41	35	6
201708	1622000	1286000	336000	20.7	45	39	6
201709	1586000	1322000	264000	16.6	41	36	5
201710	3333000	2781000	552000	16.6	61	53	8
201711	5197000	4309000	888000	17.1	94	82	12
201712	10862000	7646000	3216000	29.6	155	135	20

그림 12-20 예약 현황(엑셀)

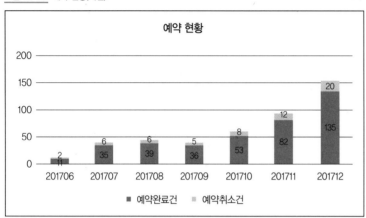

'역시 외부 조인을 걸지 않았던 것이 문제였어. SELECT 문을 수정하니 결과가 정확하게 나오는군. 예약 건 역시 다른 달에 비해 12월이 월등히 많군.

그런데 총 매출 대비 전용 상품 판매 비율, 총 예약 건 대비 예약 취소 건이 얼마나 되는지를 비율로 추가하면 한결 보기 편할 것 같군. 산술식을 이용해서 항목을 추가해 보자. ROUND 명령어를 이용해서 소수점 둘째 자리에서 반올림하여 첫째 자리까지만 표시하면 좀 더 보기 편할 거야. 데이터에는 '%' 기호도 붙여 볼까?'

8 데이터 처리 : 날짜 가공하기, 문자 붙이기

분석 8 분석 7에 총 매출 대비 전용 상품의 판매율, 총 예약 건 대비 예약 취소율을 추가해 보세요. 소수점이 나올 경우 소수점 아래 두 번째에서 반올림하여 OO.O% 형식으로 출력하세요.

추천 SQL : ROUND, ||

```
SELECT SUBSTR(A.reserv_date, 1, 6) 매출월,
       SUM(B.sales) 총매출,
       SUM(B.sales)
       - SUM(DECODE(B.item_id, 'M0001', B.sales, 0)) 전용상품외매출,
       SUM(DECODE(B.item_id, 'M0001', B.sales, 0)) 전용상품매출,
       ROUND(SUM(DECODE(B.item_id, 'M0001', B.sales, 0))/SUM(B.sales)*100, 1)||'%'
전용상품판매율,                                                            ❷
       COUNT(A.reserv_no) 총예약건,
       SUM(DECODE(A.cancel, 'N', 1, 0)) 예약완료건,
       SUM(DECODE(A.cancel, 'Y', 1, 0)) 예약취소건,
       ROUND(SUM(DECODE(A.cancel, 'Y', 1, 0))/COUNT(A.reserv_no)*100,1)||'%' 예약취소율
FROM reservation A, order_info B                        ❶
WHERE A.reserv_no = B.reserv_no(+)
-- AND   A.cancel = 'N'
GROUP BY SUBSTR(A.reserv_date, 1, 6)
ORDER BY SUBSTR(A.reserv_date, 1, 6);
```

❶ 소수점 둘째 자리에서 반올림합니다. 즉, 00.0% 형태로 표현합니다.

❷ 결과에 % 기호를 붙입니다.

실행 결과

매출월	총매출	전용상품외매출	전용상품매출	전용상품판매율	총예약건	예약완료건	예약취소건	예약취소율
201706	613000	469000	144000	23.5%	13	11	2	15.4%
201707	1744000	1336000	408000	23.4%	41	35	6	14.6%
201708	1622000	1286000	336000	20.7%	45	39	6	13.3%
201709	1586000	1322000	264000	16.6%	41	36	5	12.2%
201710	3333000	2781000	552000	16.6%	61	53	8	13.1%
201711	5197000	4309000	888000	17.1%	94	82	12	12.8%
201712	10862000	7646000	3216000	29.6%	155	135	20	12.9%

그림 12-21 전용 상품 판매율과 전체 예약 취소율 추이(엑셀)

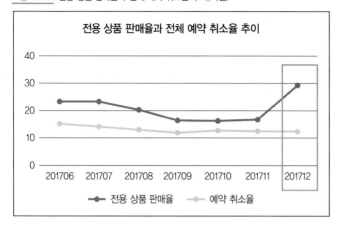

'확실히 월에 따라 구분되는 게 있군. 전용 상품 판매율과 전체 예약 취소율은 비슷하게 움직이고 있어. 다만 12월만은 유난히 예약 취소율이 낮아. 연말에는 사람들이 예약을 쉽게 취소하지 않는 심리가 반영된 걸까? 예약 단계에서는 어떤 상품을 주문할지 알 수 없으니까 정확히 알 수는 없지만, 마찬가지로 전용 상품을 이용하려 했던 고객의 12월 취소율도 낮았을 거야. 그렇다면 전용 상품 매출액을 요일별로 출력하려면 어떻게 해야 하지?'

 요일별 매출 분석 : 날짜 처리하기

분석 9 월별 전용 상품 매출액을 일요일부터 월요일까지 구분해 출력해 보세요.

추천 SQL : 인라인 뷰, TO_CHAR, TO_DATE

```
SELECT   SUBSTR(reserv_date, 1, 6) 날짜,
         A.product_name 상품명,                    ❶
         SUM(DECODE(A.WEEK, '1', A.sales, 0)) 일요일,
         SUM(DECODE(A.WEEK, '2', A.sales, 0)) 월요일,
         SUM(DECODE(A.WEEK, '3', A.sales, 0)) 화요일,
         SUM(DECODE(A.WEEK, '4', A.sales, 0)) 수요일,
         SUM(DECODE(A.WEEK, '5', A.sales, 0)) 목요일,
         SUM(DECODE(A.WEEK, '6', A.sales, 0)) 금요일,
```

```
            SUM(DECODE(A.WEEK, '7', A.sales, 0)) 토요일
FROM
      (
        SELECT A.reserv_date,
               C.product_name,
               TO_CHAR(TO_DATE(A.reserv_date, 'YYYYMMDD'), 'd') WEEK,
               B.sales
        FROM reservation A, order_info B, item C
        WHERE A.reserv_no = B.reserv_no
        AND   B.item_id   = C.item_id
        AND   B.item_id   = 'M0001'
      ) A        ❷
GROUP BY SUBSTR(reserv_date, 1, 6), A.product_name
ORDER BY SUBSTR(reserv_date, 1, 6);
```

❶ 인라인 뷰에서 가져온 데이터가 조건 요일에 해당한다면 매출 합계를 계산합니다.

❷ 인라인 뷰 영역, FROM 절에 기술된 서브쿼리로 마치 테이블처럼 사용합니다.

❸ 날짜 처리를 위해 TO_DATE 함수를 이용해 데이터를 날짜 데이터 타입으로 변환합니다.

❹ 날짜를 주(week)의 요일순 형태로 변환합니다.

__실행 결과__

날짜	상품명	일요일	월요일	화요일	수요일	목요일	금요일	토요일
201706	SPECIAL_SET	48000	0	0	48000	48000	0	0
201707	SPECIAL_SET	0	0	48000	96000	0	0	264000
201708	SPECIAL_SET	96000	0	24000	72000	72000	72000	0
201709	SPECIAL_SET	96000	0	48000	0	0	96000	24000
201710	SPECIAL_SET	120000	72000	168000	96000	96000	0	0
201711	SPECIAL_SET	168000	168000	264000	48000	48000	0	192000
201712	SPECIAL_SET	432000	48000	672000	600000	576000	72000	816000

그림 12-22 요일별 전용 상품 매출 현황(엑셀)

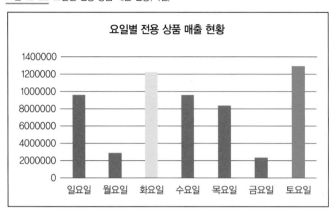

'주말이 높고 그중에 토요일이 가장 매출이 높아. 당연한 결과야. 어? 그런데 두 번째로 매출이 높은 요일이 평일 화요일이라니. 게다가 수요일과 목요일도 매출이 낮지 않아! 그런데 금요일과 월요일에 매출이 떨어지고 있어. 어떤 의미일까? 음… 혹시 직장인들의 근무일과 관련 있는 것은 아닐까? 월요일은 근무 첫째 날이고 금요일은 주5일 근무 때문에 직장인들이 약속 잡기를 기피하는 요일이 아닐까? 좋아, 일단 의미 있는 정보를 얻은 듯하군. 이번에는 월별 매출 실적이 가장 높은 레스토랑이 어디인지 확인해 보자. 우리 회사에서 비즈니스 중심 지역 매장으로 분류해서 관리하는 종로, 강남, 영등포 지점이 순위에 나타날까?'

10 순위 분석 : 월별 전용 상품 최대 실적 지점 확인하기

분석 10 월별 전용 상품 매출 1위부터 3위까지 지점이 어디인지 확인해 보세요.

추천 SQL : RANK, PARTITION BY

```
SELECT *
    FROM
    (
      SELECT SUBSTR(A.reserv_date, 1, 6) 매출월,
             A.branch                     지점,
             SUM(B.sales)                 전용상품매출,
        ❶─────RANK() OVER(PARTITION BY SUBSTR(A.reserv_date, 1, 6)─────❷
      ORDER BY SUM(B.sales) DESC) 지점순위─────❸
      FROM  reservation A, order_info B
      WHERE A.reserv_no = B.reserv_no
      AND   A.cancel    = 'N'
      AND   B.item_id   = 'M0001'
      GROUP BY SUBSTR(A.reserv_date, 1, 6), A.branch
      ORDER BY SUBSTR(A.reserv_date, 1, 6)
    ) A           ❹
    WHERE A.지점순위 <= 3;
```

❶ 순위를 매깁니다. 같은 순위가 있다면 같은 등급으로 순위를 매깁니다.

❷ 그룹 기준은 SUBSTR을 이용해서 날짜(월)로 변환합니다.

❸ 순위의 순서는 매출이 큰 순서부터 1등으로 합니다(정렬 순서 DESC 사용).

❹ 순위가 3 이하인 지점만 출력되도록 합니다.

날짜	방문지점	전용상품매출	지점순위
201706	종로	48000	1
201706	영등포	48000	1
201706	강남	48000	1
201707	관악	96000	1
201707	종로	96000	1
201707	서대문	72000	3
201708	마포	168000	1
201708	강남	96000	2
201708	강북	72000	3
201709	종로	96000	1
201709	금천	96000	1
201709	강남	72000	3
201710	용산	216000	1
201710	강남	168000	2
201710	영등포	72000	3
201710	관악	72000	3
201711	강남	216000	1
201711	노원	144000	2
201711	종로	120000	3
201712	강남	816000	1
201712	영등포	552000	2
201712	종로	384000	3
201712	송파	384000	3

'흠, 순위에 여러 번 든 지점들이 눈의 띄는 걸. 그런데 한눈에 들어오지 않네. 그렇다면 1위 지점만 다시 조회해 보자'

코드를 다음과 같이 바꿉니다.

```
SELECT *
    FROM
    (
    SELECT SUBSTR(A.reserv_date, 1, 6) 매출월,
            A.branch                 지점,
            SUM(B.sales)             전용상품매출,
    ❶------ROW_NUMBER() OVER(PARTITION BY SUBSTR(A.reserv_date, 1, 6)
            ORDER BY SUM(B.sales) DESC) 지점순위,
```

```
❷----→ DECODE(A.branch, '강남', 'A', '종로', 'A', '영등포', 'A', 'B') 지점등급
FROM   reservation A, order_info B
WHERE A.reserv_no = B.reserv_no
AND    A.cancel = 'N'
AND    B.item_id = 'M0001'
GROUP BY SUBSTR(A.reserv_date, 1, 6), A.branch,
        DECODE(A.branch, '강남', 'A', '종로', 'A', '영등포', 'A', 'B')
ORDER BY SUBSTR(A.reserv_date, 1, 6)
) A
WHERE A.지점순위 = 1;
-- AND 지점등급 = 'A'----→ ❸
```

❶ 같은 매출 데이터 값이 있더라도 순위를 매깁니다.

❷ 분석이 용이하도록 임의로 비즈니스 중심 지역 매장을 A, 나머지 매장을 B로 지정합니다.

❸ 주석 처리한 부분을 해제하면 1순위이자 A 분류 매장만 출력됩니다.

실행 결과

날짜	방문지점	전용상품매출	지점순위	지점등급
201706	강남	48000	1	A
201707	종로	96000	1	A
201708	마포	168000	1	B
201709	종로	96000	1	A
201710	용산	216000	1	B
201711	강남	216000	1	A
201712	강남	816000	1	A

'오, 놀랍군. 25개 지점 중에서 회사가 몰려 있어 비즈니스 중심 지역 매장으로 관리하는 '종로'와 '강남' 지점이 7개월 동안 월별 매출 1위를 다섯 번이나 차지했어! 앞의 분석 결과와 마찬가지로 직장인들이 전용 상품을 선호한다고 볼 수 있겠어. 최종 매출 리포트를 만들어서 이 사실을 부장님께 보고해야겠군.'

최 과장은 분석 결과 중에서 의미 있는 것만 모아 리포트를 만들어 김힘찬 부장에게 보고하기로 마음먹었습니다.

'지금까지 분석한 것 중에 분석 8 과 분석 10 을 합쳐서 하나로 만들어 보자. 전용 상품이 월별 매출에 얼마나 기여했는지, 가장 높은 매출을 일으킨 지점이 어디인지 한눈에 볼 수 있을 거야. 그렇다면 신규 프로모션이 얼마나 성공적인지도 알릴 수 있고, 분석 9 의 요일별 매출 분석과 함께 보고하면 전용 상품을 직장인이 선호한다는 사실도 보고할 수 있겠어!'

11 종합 리포트 만들기

분석 11 분석 8 의 결과와 분석 10 의 결과 항목을 월별로 합쳐서 리포트를 만들어 보세요.

추천 SQL : UNION, MAX

```
SELECT  A.매출월              매출월,
        MAX(총매출)          총매출,
        MAX(전용상품외매출)    전용상품외매출,
        MAX(전용상품매출)      전용상품매출,
        MAX(전용상품판매율)    전용상품판매율,
        MAX(총예약건)         총예약건,                    ❶
        MAX(예약완료건)       예약완료건,
        MAX(예약취소건)       예약취소건,
        MAX(예약취소율)       예약취소율,
        MAX(최대매출지점)     최대매출지점,
        MAX(지점매출액)       지점매출액
FROM
(
    SELECT SUBSTR(A.reserv_date, 1, 6) 매출월,
           SUM(B.sales) 총매출,
           SUM(B.sales)
           - SUM(DECODE(B.item_id, 'M0001', B.sales, 0)) 전용상품외매출,
           SUM(DECODE(B.item_id, 'M0001', B.sales, 0)) 전용상품매출,
           ROUND(SUM(DECODE(B.item_id, 'M0001', B.sales, 0))/SUM(B.sales)*100,
1)||'%' 전용상품판매율,
           COUNT(A.reserv_no) 총예약건,
           SUM(DECODE(A.cancel, 'N', 1, 0)) 예약완료건,
```

```
                SUM(DECODE(A.cancel, 'Y', 1, 0)) 예약취소건,
                ROUND(SUM(DECODE(A.cancel, 'Y', 1, 0))/COUNT(A.reserv_no)*100, 1)||'%'
예약취소율,
                ''  최대매출지점,
                0   지점매출액 ────────────②
        FROM reservation A, order_info B
        WHERE A.reserv_no = B.reserv_no(+)
        -- AND    A.cancel = 'N'
        GROUP BY SUBSTR(A.reserv_date, 1, 6), '', 0
UNION──────③
        SELECT A.매출월,
                0           총매출,  ·······················┐
                0           전용상품외매출,                │
                0           전용상품매출,                  │
                ''          전용상품판매율,                │
                0           총예약건,        ──────④      │
                0           예약완료건,                    │
                0           예약취소건,                    │
                ''          예약취소율, ·················┘
                A.지점      최대매출지점,
                A.전용상품매출 지점매출액
        FROM
        (
          SELECT SUBSTR(A.reserv_date, 1, 6) 매출월,
                A.branch                      지점,
                SUM(B.sales)                  전용상품매출,
                ROW_NUMBER() OVER(PARTITION BY SUBSTR(A.reserv_date, 1, 6)
        ORDER BY SUM(B.sales) DESC) 지점순위,
                DECODE(A.branch, '강남', 'A', '종로', 'A', '영등포', 'A', 'B') 지점등급
          FROM  reservation A, order_info B
          WHERE A.reserv_no = B.reserv_no
          AND    A.cancel    = 'N'
          AND    B.item_id   = 'M0001'
          GROUP BY SUBSTR(A.reserv_date, 1, 6), A.branch,
              DECODE(A.branch, '강남', 'A', '종로', 'A', '영등포', 'A', 'B')
```

```
          ORDER BY SUBSTR(A.reserv_date, 1, 6)
      ) A
      WHERE A.지점순위 = 1
      -- AND 지점등급 = 'A'
) A
GROUP BY A.매출월······❺
ORDER BY A.매출월;
```

❶ 아래 SELECT 문과 아래 SELECT 문을 UNION으로 합친후, 실제 값을 출력하고 더미 (dummy) 값을 제거하기 위해 MAX 함수를 사용합니다.

❷ 아래 SELECT 문과 합치기 위해 더미 열을 만듭니다.

❸ UNION을 이용해 위 SELECT 문과 아래 SELECT 문을 합칩니다. 중복 건은 제거합니다.

❹ 위 SELECT 문과 합치기 위한 더미 열입니다. 더미 값은 최종적으로 ❶의 MAX 함수에 의해 위 SELECT 문의 결괏값과 합쳐져 결국엔 사라지게 됩니다.

❺ 매출 월을 기준으로 그룹화합니다.

<u>실행 결과</u>

구분	매출현황				예약 현황				월별 최대 매출 지점	
매출월	총매출	전용상품외매출	전용상품매출	전용상품판매율	총예약건	예약완료건	예약취소건	예약취소율	최대매출지점	지점매출액
201706	613000	469000	144000	23.5%	13	11	2	15.4%	강남	48000
201707	1744000	1336000	408000	23.4%	41	35	6	14.6%	종로	96000
201708	1622000	1286000	336000	20.7%	45	39	6	13.3%	마포	168000
201709	1586000	1322000	264000	16.6%	41	36	5	12.2%	종로	96000
201710	3333000	2781000	552000	16.6%	61	53	8	13.1%	용산	216000
201711	5197000	4309000	888000	17.1%	94	82	12	12.8%	강남	216000
201712	10862000	7646000	3216000	29.6%	155	135	20	12.9%	강남	816000

'좋았어, 이 리포트라면 부장님께 보고할 수 있겠어. 부장님께 가 보자.'

최 과장은 분석 결과를 가지고 김힘찬 부장에게 갔습니다. 마침 김힘찬 부장은 상품 기획팀 이상만 팀장과 이야기를 나누는 중이었습니다.

"부장님, 말씀하신 전용 상품 매출 결과에 대해 보고하려 합니다."

김힘찬 부장은 말했습니다.

"오, 잘됐네. 이상만 팀장도 함께 있으니 결과를 확인해 봅시다."

최 과장은 지금까지 매출 분석한 결과를 김힘찬 부장과 이상만 팀장에게 모두 설명했습니다.

"…아울러 분석 결과를 바탕으로 전용 상품의 상품성을 강화할 필요가 있습니다."

김힘찬 부장이 놀랍다는 표정으로 말했습니다.

"오, 매우 잘됐네! 성과가 아주 좋군! 이 팀장 생각은 어떻습니까?"

이상만 팀장이 뭔가 알 수 없다는 표정으로 고개를 갸우뚱하더니 말했습니다.

"최 과장님 생각은 충분히 알겠습니다. 다만 단순히 전용 상품의 매출 분석만으로는 어떤 현상인지 정확하게 판단할 수 없군요. 단순히 매출이 높은 지점 부근에 고객이 거주하기 때문에 해당 지점을 방문한 게 아닐까요? 또 평일에 매출이 높다고 해서 전용 상품을 선호하는 것이 직장인일 거란 근거도 미약해요. 씨퀄에프엔비의 고객이 여전히 30, 40대일지 아니면 단순히 이벤트에 의해 젊은층이 일시적으로 유입된 건지도 알 수 없어요."

김힘찬 부장이 뭔가 아쉬운 듯이 최 과장에게 말했습니다.

"흠… 듣고 보니 이상만 팀장 말도 일리가 있네요. 최 과장, 전용 상품의 성공적인 판매는 축하할 만한 일이지만 내 생각도 비슷하네. 이미 좋은 결과가 확인되었으니 최 과장 생각에 조금 더 힘을 보탤 만한 분석이 필요하겠어."

최 과장은 생각했습니다.

'결국 인구 통계적으로도 분석이 필요하다는 얘기군. 좋아! 까짓거 하면 되지.'

"이 팀장님 그런 것이라면 SQL 분석을 통해 쉽게 알 수 있습니다. 그렇다면 우리 고객들의 인구학적인 분석 자료도 정리해서 공유해 드리겠습니다. 그렇게 하면 확신을 가질 수 있을까요?"

이상만 팀장이 고개를 끄덕이면 말했습니다.

"네, 그렇다면 좀 더 확신할 수 있을 것 같아요. 상품 개선은 분석 자료를 보고 얘기합시다."

김힘찬 부장이 최분석 과장의 어깨를 두드리면 말했습니다.

"최 과장, 조금만 더 수고해 주게."

약간 기운이 빠졌지만 최 과장은 분석을 좀 더 진행하기로 마음먹었습니다.

'먼저 기본적인 인구통계정보를 출력해 보자. 일단 나이, 성별, 거주지 비율, 거래 기간을 알아보자. 알고자 하는 대부분의 정보는 customer 테이블에 존재하는 것 같군. 거주지 정보를 알려면 address 테이블과 조인해야 하고 나이와 거래 기간은 MONTHS_BETWEEN 함수를 이용하면 계산할 수 있겠어.'

인구 특징 통계 분석

분석 12 고객의 수, 남녀 숫자, 평균 나이, 평균 거래 기간을 출력하세요.
추천 SQL : COUNT, SUM, AVG, ROUND, TO_DATE, MONTHS_BETWEEN

```
SELECT COUNT(customer_id) 고객수,
       SUM(DECODE(sex_code, 'M', 1, 0)) 남자,
       SUM(DECODE(sex_code, 'F', 1, 0)) 여자,
```

```
❶------ROUND(AVG(MONTHS_BETWEEN(TO_DATE('20171231', 'YYYYMMDD'), TO_DATE(birth,
'YYYYMMDD'))/12), 1) 평균나이,
      ROUND(AVG(MONTHS_BETWEEN(TO_DATE('20171231', 'YYYYMMDD'), first_reg_date)),
1) 평균거래기간
FROM customer;
```

❶ 2017년 12월 31일을 기준으로 생일과의 개월 수를 구하고 12로 나눕니다. 이렇게 하면 2017년 12월 기준 나이가 계산됩니다. 소수점이 나오면 소수 둘째 자리에서 반올림합니다.

실행 결과

고객수	남자	여자	평균나이	평균거래기간
183	114	39	31.8	3.8

그림 12-23 성별 나이 특징 비교 Boxplot(R, GGPLOT2)[1]

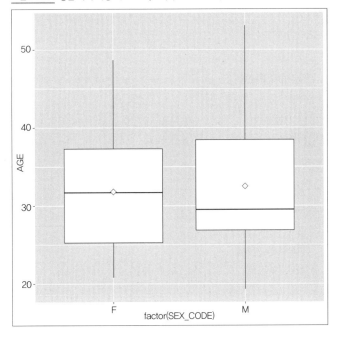

---

1 Boxplot에 대해서는 '[분석 1] 특징 통계 값 계산하기'에서 설명했습니다.

'남자 비율이 높고 전체 평균 나이는 31.8세야. 기존의 시퀄에프엔비 고객층보다 연령대가 낮은 편이지만 크게 차이 나지는 않아. 낮은 연령대의 고객이 주로 분포하는 온라인의 특성이라 볼 수도 있고, 온라인에서도 여전히 우리 고객을 확보할 수 있다는 의미로도 볼 수 있어.

그럼 본격적으로 분석을 시작해 볼까. 개인별로 현황이 어떤지 분석해 보자. 고객 아이디(customer_id)를 기준으로 그룹화하여 분석한다는 것 외에는 매출 분석 때와 방법이 크게 다르지 않을 거야.'

2 개인화 분석 : 개인별 매출 분석

분석 13 개인별 전체 상품 주문 건수, 총 매출, 전용 상품 주문 건수, 전용 상품 매출을 출력하여 전용 상품의 매출 기준으로 내림차순 정렬하세요.

추천 SQL : SUBSTR, DECODE, SUM, COUNT, GROUP BY

```sql
SELECT A.customer_id      고객아이디,
       A.customer_name    고객이름,
       COUNT(C.order_no)  전체상품주문건수,
       SUM(C.sales)       총매출,
       SUM(DECODE(C.item_id, 'M0001', 1, 0)) 전용상품주문건수,
       SUM(DECODE(C.item_id, 'M0001', C.sales, 0)) 전용상품매출
FROM customer A, reservation B, order_info C
WHERE A.customer_id = B.customer_id
AND    B.reserv_no    = C.reserv_no
AND    B.cancel       = 'N'
GROUP BY A.customer_id, A.customer_name
ORDER BY SUM(DECODE(C.item_id, 'M0001', C.sales, 0)) DESC;
```

고객아이디	고객이름	전체상품주문건수	총매출	전용상품주문건수	전용상품매출
W357565	고객165	2	612000	1	552000
W1338910	고객44	12	583000	6	312000
W371982	고객178	2	312000	1	264000
W1375244	고객116	2	474000	1	264000
W363739	고객170	3	836000	1	240000
W1337927	고객41	1	240000	1	240000
W1337923	고객40	13	1006000	2	240000
W1355059	고객87	2	291000	1	216000
W1369439	고객106	1	51000	0	0
W350149	고객153	3	134000	0	0
W1341553	고객55	2	27000	0	0
W1353435	고객86	1	35000	0	0
W349096	고객152	1	50000	0	0
W1373175	고객112	1	30000	0	0
W1376941	고객121	1	140000	0	0

그림 12-24 전용 상품 매출(엑셀)

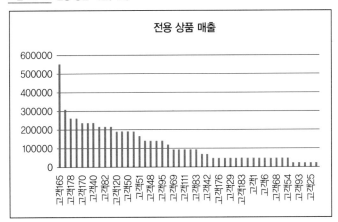

'개인별로도 다양한 매출 패턴을 보이는구나. 여러 번 주문한 경우도 있네? 매출 분석에서 확인했듯 이 직장인과 관련이 있을까?'

분석 14 상품을 구매한 전체 고객의 거주지와 전용 상품을 구매한 고객의 거주지를 각각 비교해 보고 상품을 구매한 전체 고객의 직업과 전용 상품을 구매한 고객의 직업을 각각 비교하세요.

추천 SQL : DISTINCT, COUNT

```sql
SELECT B.address_detail 주소, B.zip_code, COUNT(B.address_detail) 카운팅
FROM (                   -------❶
        SELECT DISTINCT A.customer_id, A.zip_code
        FROM   customer A, reservation B, order_info C
        WHERE  A.customer_id = B.customer_id
        AND    B.reserv_no   = C.reserv_no
        AND    B.cancel      = 'N'
        -- AND   C.item_id    = 'M0001'-------❷
        ) A, address B
WHERE A.zip_code = B.zip_code-------❸
GROUP BY B.address_detail, B.zip_code
ORDER BY COUNT(B.address_detail) DESC;
```

❶ 상품을 주문한 사람들의 고객 번호와 주소 코드를 단일 행으로 출력합니다.

❷ 앞서 한 분석들과 마찬가지로 해당 부분을 주석으로 처리하느냐 하지 않느냐에 따라 전체 상품을 구매한 고객으로 분석할지 전용 상품을 구매한 고객만 분석할지 결정할 수 있습니다.

❸ 상세 주소를 파악하기 위해 address 테이블을 조인합니다.

전체 고객의 거주지 실행 결과

주소	ZIP_CODE	카운팅
마포구	121100	15
서초구	137100	12
서대문구	120100	12
은평구	122100	10
관악구	151100	10
구로구	152100	8
용산구	140100	8
동작구	156100	8
양천구	158100	8

그림 12-25 전체 고객의 거주지(Google Fusion Table)

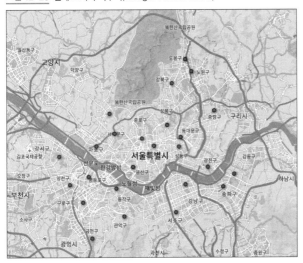

코드에서 주석(--)만 제거하면 전용 상품을 구매한 고객의 거주지가 출력됩니다.

전용 상품을 구매한 고객의 거주지 실행 결과

주소	ZIP_CODE	카운팅
마포구	121100	5
서대문구	120100	4
관악구	151100	3
중랑구	131100	2
용산구	140100	2
서초구	137100	2
동작구	156100	2
강서구	157100	2
강동구	134100	2

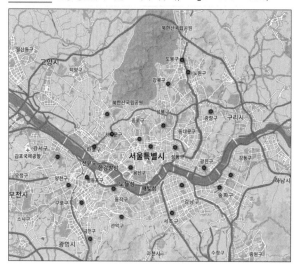

그림 12-26 전용 상품을 구매한 고객의 거주지(Google Fusion Table)

'전체 고객의 거주지와 전용 상품을 구매한 고객의 거주지를 비교해 보자. 거주지순으로 상위 고객만 살펴보았을 때 둘 간의 거주지 분포에는 별 차이가 없어. 거주지 순위가 조금씩 바뀌었지만 차이가 심하지 않고, 전용 상품의 매출을 분석할 때는 강남이나 종로 지점이 지점 중 최상위권이었는데(분석 10 참조), 전용 상품을 구매한 고객이 거주하는 상위 순위에는 강남과 종로가 나타나고 있지 않아. 최대 매출 지점과 고객 최다 거주지가 일치하지 않는다는 것은 우리 고객이 단지 거주지에서 가깝기 때문에 해당 지점을 방문한 게 아니라는 의미지.'

'우리 회사가 비즈니스 중심 지역 매장으로 관리하는 강남과 종로 지점이 단순히 약속 장소로 선호되기 때문일까? 그렇다면 직업도 분석해 보자. 전체 고객의 직업 비율과 전용 상품을 구매한 고객의 직업 비율에 차이가 있다면 결론이 확실해지겠지.'

```
SELECT NVL(B.job,'정보없음') 직업, COUNT(NVL(B.job,1)) 카운팅
FROM (
                                          ┄┄┄①
      SELECT DISTINCT A.customer_id, A.zip_code
      FROM   customer A, reservation B, order_info C
      WHERE  A.customer_id = B.customer_id
      AND    B.reserv_no   = C.reserv_no
      AND    B.cancel      = 'N'
      -- AND   C.item_id    = 'M0001'
```

```
        ) A, customer B
WHERE A.customer_id = B.customer_id
GROUP BY NVL(B.job, '정보없음')
ORDER BY COUNT(NVL(B.job, 1)) DESC;
```

❶ 데이터 값이 null인 경우 '정보없음'으로 출력합니다.

전체 고객의 직업 실행 결과

	직업	카운팅
1	정보없음	101
2	회사원	18
3	자영업	12
4	학생	8
5	대표	4
6	의사	4
7	변호사	3
8	강사	3
9	임원	3
10	무직	3
11	엔지니어	3
12	프리랜서	2
13	군인	2
14	주부	2
15	아르바이트	2

그림 12-27 전체 고객의 직업 비율(엑셀)

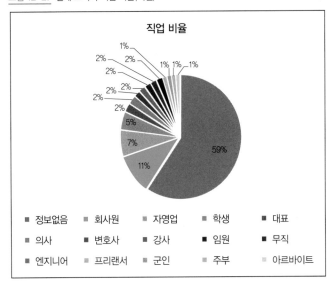

앞서와 마찬가지로 코드에서 주석(--)만 제거하면 전용 상품을 구매한 고객의 직업 비율이
출력됩니다.

<u>전용 상품을 구매한 고객의 직업 실행 결과</u>

직업	카운팅
정보없음	21
회사원	16
자영업	2
주부	1
대표	1
강사	1
임원	1
학생	1
군인	1
프리랜서	1

<u>그림 12-28</u> 전용 상품을 구매한 고객의 직업 비율(엑셀)

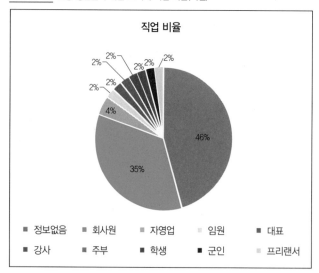

'오, 역시! 전용 상품을 구매한 고객의 직업은 회사원이 압도적으로 많아! 전체 고객의 직업 비율은
회사원과 자영업자 비율이 불과 4%로 큰 차이가 없지만, 전용 상품을 구매한 고객의 비율은 회사원
과 자영업자 비율이 31%로 크게 차이가 나고 있어! 역시 직장인이 전용 상품을 선호한다는 의미야!
결국 직장인이 우리 회사의 전용 상품에 매력을 느끼고 있다는 말이기도 하고, 주요 고객이 될 수 있
다는 말이기도 하겠군!'

그럼 전용 상품을 구매한 상위 10위 고객이 누구인지도 확인해 보자.

4 상위 고객 분석 : 상위 10위 고객 찾아내기

분석 15 전용 상품 매출 기준 상위 10위 고객을 확인하세요.

추천 SQL : ROW_NUMBER

```
SELECT *
FROM
(
  SELECT  A.customer_id,
          A.customer_name,
          SUM(C.sales) 전용상품매출,
  ❶------ROW_NUMBER() OVER(PARTITION BY C.item_id ORDER BY SUM(C.sales) DESC) 순위
  FROM customer A, reservation B, order_info C
  WHERE A.customer_id = B.customer_id
  AND   B.reserv_no   = C.reserv_no
  AND   B.cancel      = 'N'
  AND   C.item_id     = 'M0001'
  GROUP BY A.customer_id, C.item_id, A.customer_name
) A
WHERE A.순위 <= 10
ORDER BY A.순위;
```

❶ 데이터 값이 같아도 순서대로 순위를 매깁니다.

실행 결과

	CUSTOMER_ID	CUSTOMER_NAME	전용상품매출	순위
1	W357565	고객165	552000	1
2	W1338910	고객44	312000	2
3	W1375244	고객116	264000	3
4	W371982	고객178	264000	4
5	W1337927	고객41	240000	5
6	W1337923	고객40	240000	6
7	W363739	고객170	240000	7
8	W346987	고객148	216000	8
9	W1350798	고객82	216000	9
10	W1355059	고객87	216000	10

그림 12-29 전용 상품 매출(엑셀)

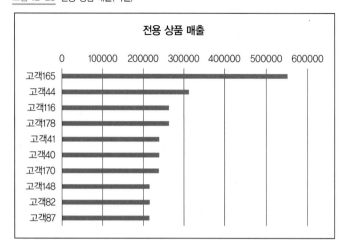

ROWNUM 명령어 : 순번 매기기

순위를 계산할 때는 ROW_NUMBER, RANK, DENSE_RANK 함수가 유용하지만 다음과 같이 행에 순번을 매기는 ROWNUM 명령어를 응용해서 순위를 계산할 수도 있습니다.

```
SELECT ROWNUM, A.*
FROM
       ❶
(
  SELECT A.customer_id,
         A.customer_name,
         SUM(DECODE(C.item_id, 'M0001', C.sales, 0)) 전용상품_매출
  FROM customer A, reservation B, order_info C
  WHERE A.customer_id = B.customer_id
  AND   B.reserv_no   = C.reserv_no
  AND   B.cancel      = 'N'
  GROUP BY A.customer_id, A.customer_name
  ORDER BY SUM(DECODE(C.item_id, 'M0001', C.sales, 0)) DESC ·······❷
) A
WHERE ROWNUM <= 10;
            ······❸
```

❶ 인라인 뷰에서 가져온 행에 순서대로 번호를 매깁니다.

❷ 전용 상품 매출을 내림차순으로 정렬합니다. 이렇게 하면 ROWNUM 순번을 매길 때 맨 위부터 1, 2, 3, ⋯ 식으로 번호가 매겨집니다.

❸ ROWNUM 명령어로 매긴 번호에 대해 10 이하만 출력합니다.

	CUSTOMER_ID	CUSTOMER_NAME	전용상품매출	순위
1	W357565	고객165	552000	1
2	W1338910	고객44	312000	2
3	W1375244	고객116	264000	3
4	W371982	고객178	264000	4
5	W1337927	고객41	240000	5
6	W1337923	고객40	240000	6
7	W363739	고객170	240000	7
8	W346987	고객148	216000	8
9	W1350798	고객82	216000	9
10	W1355059	고객87	216000	10

결과는 ROW_NUMBER 함수를 사용했을 때와 동일합니다. 다만 ROWNUM 명령어는 ROW_NUMBER 함수를 사용할 때보다 효율성이 떨어지고 논리가 복잡해지는 단점이 있습니다. 이 노트는 SQL을 작성할 때 한 가지 방법만 있는 것이 아니며, 사용자의 재량에 따라 다양한 방식으로 구현할 수 있다는 예를 보여 드린 것입니다.

'좋아, 상위 고객의 순위가 나왔어. 그렇다면 상위 10위 고객의 거주지는 어디고 직업은 무엇일까?'

```
SELECT A.주소, COUNT(A.주소) 카운팅
FROM
(
    SELECT A.customer_id          고객아이디,
           A.customer_name        고객이름,
           NVL(A.job, '정보없음') 직업,
           D.address_detail       주소,
           SUM(C.sales)           전용상품_매출,
           RANK() OVER(PARTITION BY C.item_id ORDER BY SUM(C.sales) DESC) 순위
    FROM customer A, reservation B, order_info C, address D
    WHERE A.customer_id = B.customer_id
    AND    B.reserv_no   = C.reserv_no
    AND    A.zip_code     = D.zip_code
    AND    B.cancel       = 'N'
    AND    C.item_id      = 'M0001'
    GROUP BY A.customer_id, C.item_id, A.customer_name,  NVL(A.job, '정보없음'),
D.address_detail
```

```
) A
WHERE A.순위 <= 10
GROUP BY A.주소
ORDER BY COUNT(A.주소) DESC;


SELECT A.직업, COUNT(A.직업) 카운팅
FROM
        ❶             ❶
(
  SELECT A.customer_id        고객아이디,
         A.customer_name      고객이름,
         NVL(A.job, '정보없음') 직업,
         D.address_detail      주소,
         SUM(C.sales)          전용상품_매출,
         RANK() OVER(PARTITION BY C.item_id ORDER BY SUM(C.sales) DESC) 순위
  FROM customer A, reservation B, order_info C, address D
  WHERE A.customer_id = B.customer_id
  AND   B.reserv_no   = C.reserv_no
  AND   A.zip_code    = D.zip_code
  AND   B.cancel      = 'N'
  AND   C.item_id     = 'M0001'
  GROUP BY A.customer_id, C.item_id, A.customer_name, NVL(A.job, '정보없음'),
D.address_detail
) A
WHERE A.순위 <= 10
GROUP BY A.직업┄┄❶
ORDER BY COUNT(A.직업) DESC;
                      ⋮
                      ❶
```

❶ 서브쿼리에서 이미 직업에 대한 행 결과를 반환하고 있기 때문에 가장 바깥쪽 SELECT 문
(메인쿼리)을 '주소'에서 '직업'으로 바꾸어 실행하면 고객의 직업을 셉니다. 이렇게 코드
를 조금만 바꿔도 완전히 다른 내용을 출력할 수 있습니다.

거주지

주소	카운팅
은평구	2
서대문구	2
종로구	1
강남구	1
양천구	1
마포구	1
중랑구	1
관악구	1

직업

직업	카운팅
회사원	5
정보없음	4
자영업	1

'거주지는 역시 넓게 분포하고 있어. 직업은 회사원이 다수고 앞의 분석과 크게 다르지 않아. 이것은 직장인이 전용 상품을 선호한다는 확실한 증거가 될 수 있어. 이 말은 회식이나 단체 상품으로도 전용 상품이 선호된다는 의미기도 해. 전용 상품을 선호하는 상위 10위 고객이 선호하는 두 번째 순위 상품은 어떤 걸까? 확인해 보자. 선호의 기준은 매출이 되겠지.'

5 선호도 분석 : 개인별 두 번째 선호 상품 분석

분석 16 전용 상품 매출 상위 10위 이상 고객이 두 번째로 선호하는 상품을 확인해 보세요.

추천 SQL : HAVING

```
SELECT *
 FROM (
        SELECT A.고객아이디,
               A.고객이름,
               D.product_name 상품명,
               SUM(C.sales) 상품매출,
```

```
              RANK() OVER(PARTITION BY A.고객아이디 ORDER BY SUM(C.sales) DESC) 선호
도순위
        FROM
        (
           SELECT A.customer_id        고객아이디,
                  A.customer_name       고객이름,
                  SUM(C.sales)         전용상품_매출
           FROM customer A, reservation B, order_info C
           WHERE A.customer_id = B.customer_id
           AND   B.reserv_no   = C.reserv_no
           AND   B.cancel      = 'N'
           AND   C.item_id     = 'M0001'
           GROUP BY A.customer_id, A.customer_name
           HAVING SUM(C.sales) > = 216000 ┄┄┄ ❶
        ) A, reservation B, order_info C, item D
        WHERE A.고객아이디     = B.customer_id
        AND   B.reserv_no    = C.reserv_no
        AND   C.item_id      = D.item_id
        AND   D.item_id      <> 'M0001' ┄┄┄ ❷
        AND   B.cancel       = 'N'
        GROUP BY A.고객아이디, A.고객이름, D.product_name
) A
WHERE A.선호도순위 = 1;
```

❶ 이미 전용 상품 상위 10위 고객의 매출이 216,000원 이상인 것을 알기 때문에(281쪽 참고) 일부러 HAVING 명령어를 사용했습니다. 물론 인라인 뷰에서 RANK 함수를 사용해도 됩니다.

❷ 전용 상품 매출 상위 10위 고객에 대해 전용 상품을 제외하고 출력하는 조건 때문에 전용 상품을 제외한 최대 매출 상품이 출력됩니다

	고객아이디	고객이름	상품명	상품매출	선호도순위
1	W1337923	고객40	STEAK	210000	1
2	W1338910	고객44	STEAK	210000	1
3	W1350798	고객82	PASTA	48000	1
4	W1355059	고객87	SALAD_BAR	75000	1
5	W1375244	고객116	STEAK	210000	1
6	W357565	고객165	SALAD	60000	1
7	W363739	고객170	STEAK	420000	1
8	W371982	고객178	PASTA	48000	1

'스테이크와 파스타를 가장 선호하는군. 매출 분석을 할 때도 스테이크는 전용 상품과 같은 매출 패턴을 보였지? 전용 상품을 개선할 때 메뉴 구성에 스테이크류와 다른 선호되는 메뉴를 조합하면 신상품 개발에 도움이 많이 되겠어. 자, 이 정도로 하고 결과를 김힘찬 부장님과 이상만 팀장에게 보고하자.'

최 과장은 매출 분석 결과와 인구 통계 분석 결과를 정리하여 보고했습니다.

보고를 받은 김힘찬 부장이 고개를 끄덕이며 말했습니다.

"좋아. 온라인 전용 상품임에도 불구하고 이렇게 성과가 높은 것은 우리 상품과 브랜드도 충분히 온라인에서 성공할 수 있다는 의미가 될 것 같네. 연말에 스테이크와 함께 매출이 폭발적으로 증가한 것은 고객에게는 전용 상품이 스테이크를 대체 혹은 보강할 수 있는 상품이라는 의미겠군. 주중, 연말 회식 특화 등 차기 신상품 개발에 큰 도움이 될 것 같아. 특히 평일에 매출이 높은 것을 확인하고 선호하는 고객 대부분이 직장인인 것을 분석한 것은 탁월했어. 우리 고객이 가족 성향 고객뿐 아니라 직장인에게도 수요가 클 수 있다는 거겠지! 이 팀장님, 최 과장과 함께 온라인 채널 강화를 위한 새로운 상품을 기획해 주세요. 최 과장이 많은 도움이 될 것 같습니다. 윗분들은 제가 설득하겠습니다."

이상만 팀장 역시 수긍하며 말했습니다.

"네 좋습니다. 최 과장님의 분석이 우리 씨퀄에프엔비의 사업 방향성에 일대 전환의 계기가 될 것 같습니다."

최 과장은 활짝 웃으며 말했습니다.

"감사합니다. 김 부장님, 이 팀장님, 많은 도움 부탁드립니다."

05 매출 데이터 분석 정리

SQL FOR EVERYONE

03과 04절에서 SQL을 이용하여 매출 분석과 인구 통계 분석을 실시했고 결과는 다음과 같습니다.

표 12-2 분석 결과

	분석 순서	분석 주제	분석 결과
매출분석	1	매출 특징 통계 분석	전체 주문 건, 총 매출, 평균 매출 등 특징 통계 값을 알 수 있다.
	2	판매량과 매출 비교	전용 상품은 전체 391건의 판매량 중 59건, 즉 **총 판매량의 15%, 매출의 23%를 차지하고 있다.**
	3	상품별 매출 계산 및 순서 정렬	전용 상품은 온라인으로만 주문 가능한 상품이지만 전체 상품 중 스테이크에 이어 두 번째로 많이 팔린다.
	4	월별 상품 매출 분석	**연말에 전용 상품의 매출이 높다. 스테이크 역시 연말에 매출이 높다,** 비슷한 패턴을 보인다.
	5	월별 매출 분석	전용 상품 매출은 연말로 갈수록 증가 추세다.
	6	매출 기여율 추가	전용 상품의 매출 기여도는 **12월에 대폭 상승**(29.6%)했다.
	7	부족한 데이터 처리	12월에 예약 건이 많이 늘었다.
	8	날짜 연산, 문자 붙이기	다만 취소율은 많이 늘지 않았다.
	9	날짜 처리하기	전용 상품 매출은 **평일 화요일이 두 번째로 높았고 수요일이 세 번째로 높았다.**
	10	월별 최대 실적 지점 확인하기	6개월 동안의 전용 상품 매출에서 **강남과 종로 지점이 5개월 동안 매출 1위를 차지한다.**
	11	종합 리포트 만들기	보고를 위한 통합 리포트를 작성했다.

	12	인구 특징 통계 분석	**고객 평균 연령은 31.8세, 기존 자사의 주 고객 연령층**이며 온라인에서도 활동이 활발하다.
인구통계분석	13	개인별 매출 분석	다양한 매출 패턴이 존재하며 여러 번 주문한 경우도 있다.
	14	거주지와 직업의 비율 분석	전용 상품을 주문한 고객의 **거주지는 전체 고객과 크게 다르지 않다.** 전용 상품을 주문한 고객의 **직업이 회사원**인 경우가 압도적으로 많다.
	15	상위 10위 고객 찾아내기	전용 상품을 주문한 상위 10위 고객의 거주지는 최고 매출액 지점 부근이 아니며, 직업 역시 회사원이 많다.
	16	상품 개선을 위한 선호 상품 분석	전용 상품 외 **두 번째로 선호하는 상품은 스테이크와 파스타** 순이다. 특히 스테이크는 매출 분석 때도 연관성이 높았다.

씨퀄에프엔비는 오프라인 성향이 강하고 변화에 소극적으로 대응하는 회사였습니다. 최 과장은 분석을 통해 다음 사실을 알게 되었습니다.

- 신규로 론칭한 온라인 전용 상품이 매출에 많은 기여를 했다(분석 2).
- 전용 상품은 연말에 유난히 많이 팔리며 '스테이크'와 매출 패턴이 유사하다(분석 3, 4).
- 연말에는 예약율이 높고 취소율은 낮다(부가 정보)(분석 7, 8).
- 그중 가장 중요한 정보는 평일에 매출이 높다는 것이다(분석 9). 아울러 강남과 종로 같이 비즈니스 중심 매장으로 분류하여 관리하고 있는 지점의 매출이 높다(분석 10).
- 온라인을 통해 예약한 고객의 평균 연령은 31.8세로 기존 고객의 나이대에서 크게 벗어나지 않는다(분석 12). 전용 상품을 구매한 고객의 거주지는 매장 근처가 아니며 대부분 회사원이다(분석 14, 15).
- 신상품 개발을 위해 선호도를 분석한 결과 '스테이크'가 두 번째로 선호되는 상품으로 확인되었으며, 전용 상품의 상품성과 관련이 있다고 확신할 수 있다(분석 16).

이러한 분석 내용은 데이터 분석 실습을 위해 꾸며진 가상의 환경이며, 그로 인해 논리적으로 비약이 있을 수는 있지만 현장의 분석 방법도 이와 크게 다르지 않습니다. 실제로는 이러한 과정을 통해 얻어진 힌트에 대해 가설을 세워 더욱 정교하게 분석합니다. 1장에서 언급한 데이터 분석 과정을 조금 더 상세히 풀어보면 일반적으로 다음과 같은 과정을 거칩니다.

그림 12-30 데이터 분석 과정

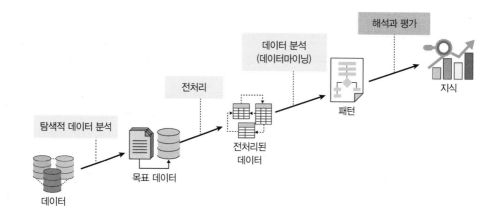

탐색적 데이터 분석

데이터 분석의 목적이 정해지면 필요한 데이터가 얼마나 있고 어떤 구조로 되어 있는지 파악합니다. 파악한 데이터에서 어떤 의미 있는 결과를 찾을 수 있을지도 탐색합니다. 이 과정은 본격적인 데이터 분석 전에 데이터의 기본 구조와 기초 통계 데이터를 확인함으로써 분석 인사이트를 확보하고 전체적인 데이터 분석의 방향을 잡아 가는 과정이라 해서 탐색적 데이터 분석(EDA, Exploratory Data Analysis)이라고 부릅니다. 분석 1~5 처럼 목표 데이터를 선택하고 특징 값을 찾아내고 의미 있는 것을 도출해 나가는 과정이라 할 수 있습니다. SQL은 데이터베이스에 직접 접근할 수 있기 때문에 탐색적 데이터 분석 과정에 매우 유용합니다.

전처리

데이터 분석을 위해서 필요하다면 데이터 '전처리' 작업을 해야 하는데, 전처리는 분석을 위해 데이터가 없을 때 외부 조인을 한다거나 직업 정보가 없을 때 '정보 없음'으로 출력한다거나 수치 값을 소수점 둘째 자리로 맞춘다거나 하는 식으로 데이터를 정규화하거나 표준화하는 작업입니다. 이렇게 해야 데이터를 분석할 때 틀린 값이나 오류 값이 나타나지 않습니다. 전처리를 하지 않으면 누락되거나 틀린 값이 나올 수 있습니다. SQL은 전처리 작업에도 매우 유용합니다. 전처리 작업을 통해 데이터는 표준 형태로 변환됩니다.

데이터 분석

전처리를 통해 데이터를 변화시키고 표준화했다면 다음으로 의미 있는 결과를 도출하거나 패턴을 분석합니다. 데이터마이닝이라 불리는 이 과정은 통계 분석 기술이 많이 포함되지만 이 책의 분석 과정에서 찾자면 기초 통계 분석(분석 1, 12), 특징 분석, 선호도 분석(분석 14~16) 단계일 것입니다.

해석과 평가

분석 결과의 '해석과 평가'를 통해 의미를 도출해 내고 반영합니다. 이 과정에서는 근거를 통한 분석가의 주관이 포함될 수 있습니다. '온라인에서도 사업성이 충분히 높을 것이다, 직장인들이 타깃 고객이 될 수 있다, 스테이크의 상품 특성을 고려한 신 메뉴 상품을 만들어야 한다' 등의 논리가 이러한 과정을 통해 도출되었습니다. 이 과정에서는 보고자에게 의미를 쉽게 전달하기 위해 데이터를 그림과 도표로 이해하기 쉽게 표현하는 데이터 시각화 작업을 진행하기도 합니다. 12장 실습에서 살펴본 각종 그래프가 데이터 시각화에 해당합니다.

이처럼 데이터 분석은 여러 과정을 거치며, 결과는 분석가의 재량과 판단에 따라 달라질 수 있습니다. 즉, 최분석 과장과 김힘찬 부장이 내린 분석에 대한 결론 말고도 얼마든지 다르게 해석할 수 있고 결과도 달라질 수 있습니다. 어느 하나의 데이터에서 의미 있는 결과를 도출한다기보다는 다양한 데이터를 유기적으로 연결하여 진정한 의미를 도출해야 하는 것이 데이터 분석가의 사명입니다.

혹자는 대용량 데이터 통계 분석이나 빅데이터 활용의 중요성을 먼저 강조하는데, 이것은 가장 기본이 되는 데이터와 데이터가 모여 있는 데이터베이스가 잘 정리되고 관리되고 있다는 것이 전제 조건입니다. 기본 데이터가 관리되지 않은 상태에서 높은 단계의 데이터 분석과 활용은 사상누각입니다. 고도의 분석 기술을 논하기 전에 기본 데이터의 조작과 분석을 얼마나 잘 하고 있는지 돌아볼 필요가 있습니다.

기업은 수많은 데이터를 가지고 있지만 이를 어떻게 활용할지 모르는 경우가 태반입니다. 필자는 이름만 대면 알 만한 유명한 기업조차 데이터를 정리하고 관리하지 못하는 경우를 많이 봐 왔습니다. 그럼에도 불구하고 불변인 사실은 대다수의 기업이 데이터를 데이터베이스에 저장하고 관리하고 있다는 것입니다. 가장 원초적이고 기초적인 데이터를 집약해서 저장한 곳이 데이터베이스입니다. 이러한 데이터베이스를 다루고 분석할 수 있는 것이 SQL입니다. SQL을 통해 데이터베이스에서 의미 있는 정보를 찾아 해석해 낼 수 있습니다.

무슨 이유 때문인지 모르지만 국내 데이터 분석 영역에서 SQL을 활용한 데이터 분석은 그동안 홀대를 받았습니다. IT개발 요소로만 치부되었기 때문일지도 모르겠습니다. 하지만 이 책에서 밝혔듯이 SQL을 활용한 데이터 분석 또한 매우 가치 있고 중요한 일입니다.

이 책의 내용이 독자들에게 조금이나마 도움이 되길 바라며, 실무 환경에서 SQL을 적극적으로 활용할 수 있게 만드는 계기로 작용하길 기대합니다.

찾아보기